重認中國
台灣人身分問題的出路

鄭鴻生

人間出版社

目錄

序

呂正惠

一

本書作者鄭鴻生，跟我是同一個世代。他小我三歲(一九五一年生)，在台灣的學制上低我兩屆，他考進台灣大學社會系時，我升上中文系三年級，他大二轉入哲學系時，我們就成為鄰居。他出生於台南，我出生於嘉義，都是南部人，閩南語是我們共同的母語。能夠在成長背景和教育背景如此相似的朋友中，找到一個同屬統派的人，我真是非常高興。記得一九九〇年代，在一次宴會上，有一個同鄉前輩突然問我：呂正惠，你不是嘉義人嗎？怎麼會是統派？我一時不知如何回答，只好笑笑。現在如果有人問我同樣的問題，我就會說，我的朋友鄭鴻生是台南人，他也是統派，他還寫了一本書，談論這個問題，你可以買來讀一讀。

當我越來越明確知道鴻生也是統派時(近十年的事)，我也很好奇：幾乎所有朋友都變成獨派，為什麼鴻生始終堅持他的中國人立場，我很想拿他的經驗來和我的作比較。這一次有機會系統閱讀他這方面的文章，才發現，我們的論述方式有一個很大的區別。我一開始就從中國近代史的角度出發，論證台灣淪為日本的殖民地是中國近代被侵略歷史的一部分，說台灣不是中國的土地，說台灣人不是中國人，完全是無稽之談。鴻生採取的是另一種策略，他談自己家族三代(祖父、父親和他自己)的不同經驗，他詳述自己受教育和成長的歷程，由此得出結論：台灣人的身分認同問題是歷史造成的，要徹底解決，只有「重認中國」這一條出路。

鴻生謙稱自己不懂理論，只能談論自己的經驗。但鴻生很容易就看出，班納迪克·安德森《想像的共同體》一書所提出的民族理論，主要是從近代東南亞國家被殖民的歷史歸納得來的，很多地方無法解釋歷史悠久、民族成分複雜的中國。鴻生在台灣和美國接受過不少「理論」，但他最終發現，這些「理論」會形成各種各樣意識形態上的「政治正確性」，像是心靈的緊箍咒，嚴重禁錮了內在的自由，讓台灣知識分子在思想上日漸萎縮(參看本書259頁)。鴻生特別重視歷史經驗，就是對這種僵化的「理論」建構及其應用的一種強烈的反彈。但鴻生從自身的台灣經驗出發，經由不斷反省、考察的結果，在我看來，卻得出一個有關近代世界史的非常重要的「理論」，或者一個具有重大理論意義的觀察，值得濃墨重彩加以表彰。

鴻生的家世比我好得多，他生長在台灣最早的文化中心府城(今台南市中心區)，曾祖父經營布店生意，祖父上過幾年漢文書房，閩南語是他的生活語言。日本統治台灣以後，用各種手段讓漢學堂無法繼續存在下去，並要求台灣人入日本設立的公學校讀書。鴻生的父親生活上仍然使用閩南語，但卻學會了作為知識語言的日語。當時日本是東亞最現代化的國家，鴻生父親所習得的日語當然涵有許多現代化知識。於是父親自以為比祖父更具「現代文明」，只熟悉閩南語、不懂日語的祖父在兒子面前自然矮了一截。

鴻生接受的完全是「中華民國」的教育。一九六三年剛上初中時，他因某一事件隨著台灣的輿論譴責日本政府，父親企圖為日本政府講話，兒子以他學來的國語詞彙夾雜著閩南語，「理直氣壯」的挑戰父親，在論述層次上只會使用日語的父親無力反駁，只好「無話可說」。以後這種狀況就變成常態，父親也在兒子面前嚐到了祖父曾經嚐到的滋味 (參看本書 365-7 頁)。所以，從教養上來講，鴻生的祖父屬於前清一代，父親接受的是日本教育 (鴻生稱之為「乙未新生代」)，而鴻生卻完全在「中華民國」的歷史文化教育下長大 (鴻生自稱為「戰後新生代」)，鴻生一家三代先後經歷了三種政權的統治。

我從小生長的小農村，和鴻生的府城背景相差很大。我讀完小學五年級才離開農村，據我的記憶，我們那個村子很少人讀過書。我在村子裡沒有聽過村中的長輩講過日語，而我們這一代開始進入「中華民國」的小學就讀，也很少人把國語學得好的，村子中只聽到閩南語，而且只有生活語言，沒有知識語言。小學六年級我們家遷居台北，我的國語才慢慢進步，「中華民國」所教導我的東西才開始在我腦海中生根。可以說，日本人對我祖父、父親那兩代影響非常小，而在我一九六〇年十二歲離開農村之前(我父親賭博賣了田，不得不到台北謀生)，「中華民國」對我們這一代的影響也非常微弱。我們這一代到了城市以後，才開始脱離傳統農村，接受了現代化的生活。

台獨派認為，日本的統治對台灣的現代化貢獻很大，我所以不能接受，就是來源於我小時候的農村經驗。事實上，日本的公學校教育，還比不上「中華民國」的小學教育那麼深入農村，大片的農村過的仍然是傳統的閩南社會的生活。太平洋戰爭末期，日本雖然大力推行皇民化政策，但其實只有在城市還勉強推得動，原因就在於絕大部分的台灣農民根本不會講日本話〔補一，見文末〕。

我小時候在農村中只接觸到兩種傳統農村所沒有的事物，除了「中華民國」的小學教育之外，另一項就是電燈。按我的記憶，很小的時候我們家還兼用煤油燈，後來電燈才開始普及。我們仍然使用井水或者用「幫浦」抽水，還沒有自來水。大便仍然蹲茅坑，小便則使用房間角落的大木桶，因為這些將來都可以處理成肥料。自來水可能比抽水馬桶使用得早，我大學快畢業的時候(一九七〇左右)，我伯父才裝上抽水馬桶。日本統治台灣時，重視的是水利灌溉的改善和鄉間道路的鋪設，對於農民的教育和生活基本上是不關心的。台灣農村的大變化，來源於「中華民國」實行耕者有其田政策以後，農村慢慢富裕起來，普遍買得起自行車和收音機。交通工具(村人要上嘉義市一般都騎自行車，至少要一個半小時)和通訊設備(透過收音機才能了解外面的生活)的普及，才打破了農村的封閉狀態。

綜合鴻生和我的經驗，從日據時期到一九六〇年之前，台灣中南部大致可以分成兩大塊，一塊是以府城、嘉義市、彰化市、台中市為核心，地主階級大半集中居住在這些區域，日本公學校教育比較普及，受日本現代化的影響比較大。另一塊則是農村，就像我描述過的我從小生長的村子。耕者有其田政策實行以後，地主階級一般都「怨恨」國民黨，但他們的底子還是比較雄厚，子弟比較能夠受到良好的教育，特別是大學畢業以後有條件到美國留學。這些地主階級的子弟，後來就成為台獨運動的主力，他們沒有在真正的農村生活過，因此就根據自己的城市經驗，美化日本的殖民統治，認為日本對台灣的現代化貢獻巨大，其實跟真正的歷史相距甚遠。

我到台北以後，整個教育成長背景就跟鴻生一致了，我喜歡讀書，相信「中華民國」政府所說的一切，是標準的好學生。我是鄉下小孩，生性羞澀，不像鴻生那樣，在府城讀高中時，就能交到一些好朋友，還有機會和中部、北部著名高中的學生「串連」。但我在台北讀的是建國中學和台灣大學，自然容易處身於「最進步」的文化氛圍之中。在我們心智成長的過程中，六〇年代是非常重要的，鴻生稱這一段時期是台灣的「文藝復興」，也許有一點誇大，但確實是李敖、殷海光、柏楊等人打破了國民黨嚴密的思想控制，讓我們的心靈開始活躍起來。

「中華民國」從小學、中學到大學建構了一套嚴密而完整的中國歷史、文化和愛國教育體系。關於前者，國民黨所教導的大致如下：中國文化是世界四大古老文明中唯一完整延續至今的文明，歷史悠久，我們應該以此為榮，並有責任將其發揚光大，尤其需要繼承以儒家思想為基礎的仁義和忠孝美德。

關於黨國教育，國民黨說：偉大的中國自近代以來開始積弱不振，備受帝國主義的侵略。還好在八年抗戰之中，在「蔣總統」的英明領導下，終於打敗了日本，廢除了不平等條約，中國終於躋身世界五大強國之列，成為聯合國安全理事會的常任理事國。不幸的是，因為「共匪」叛亂，大陸淪陷。我們必須鞏固台灣這塊基地，等待時機反攻大陸。我們從小所熟悉的口號就是，「還我河山，恢復中華。」

從一九五〇年到一九七〇年，只要在台灣各級學校受過教育的人，一開始都完全接受「中華民國」所傳授的歷史和文化，並且相信自己的責任就是要「反攻大陸」和「復興中華文化」。當時的台灣學生都很熱情的接受這種教育，立志要做一個堂堂正正的中國人，鴻生在書中對此有生動的描寫 (參看本書 38-40 頁)。鴻生、我，還有鴻生提到的那些人，都是「中華民國」培養出來的標準的好學生。

但到了一九七〇年代，「中華民國」的統治危機開始出現。「中華民國」一再強調，它是中國合法的政權，而統治中國絕大部分土地的對岸政府只是一批「土匪」(「共匪」)，他們經由陰謀鬼計「竊據」了大陸，所以「中華民國」在聯合國有席位，而對岸的「共匪」則不被國際社會所承認。我們當學生的時候，對這種國際形勢並不了解，其實有識之士內心很清楚，總有一天，「中華民國」的中國代表權要被對岸的「中華人民共和國」所取代。一九七一年就發生了這樣一件驚天動地的大事件。你如果不是生長在隨時準備「反攻大陸」的台灣，你就不能了解這件事對我們的震憾有多大！如果「中華民國」沒有了，那我們是什麼人呢？台灣人的認同問題至此完全浮上台面。

「中華民國」喪失了中國代表權之後，它在台灣內部統治的穩定性也就出現了問題。既然「中華人民共和國」已經進入聯合國，「中華民國」就不再可能「反攻大陸」了，那麼，它為什麼還能以代表全中國的名譽來統治台灣呢？在這之前，國民黨所帶來的外省人士占據了「中央政府」的絕大部分重要的職位，本省人的參政權基本上只限於省政府和縣市政府(當然這是本省人的主觀感受)，而且，以前為了「反攻大陸」，「中央民意代表」從來不改選。在一九七一年之後，這一切都不再有合法根據。本省人士隨著「中華民國」合法性危機的出現，順勢進一步爭取更多的中央參政權，七〇年代風起雲湧的民主運動就這樣產生了。當然，台灣的中產階級和知識分子都盼望，國民黨能夠取消戒嚴體制，讓台灣更加民主自由，但不可否認的，主要的動力還是本省人(尤其是在台灣經濟發展中日漸壯大的中產階級)越來越熱切的想要取得更多的參政權，以便自己能夠在未來決定台灣的前途問題。

從法理上來講，「中華人民共和國」現在已經是中國唯一合法的政權，而台灣是中國的一個省分(國民黨和共產黨都這樣講)，那麼，台灣將來當然要回歸「中華人民共和國」，而這樣的出路，正是作為台灣民主運動主流的台籍人士所反對的。他們喊出的口號是「革新保台」，「革新」就是要改變台灣一黨專政的體質，讓它更民主化，這樣就能夠抵抗共產黨的「併吞」企圖，如此才能達到「保台」的目的。一九七九年國民黨藉機逮捕了幾乎所有台灣省籍的重要反對派領袖，以「叛國」罪控告他們，但在美國的壓力下，不得不公開審判。在審判過程中，主要嫌犯之一的姚嘉文，在法庭上公開陳述他的「革新保台」的理論，引起很大的共鳴。其實，「革新保台」就是拒絕跟共產黨統治下的中國統一，是台獨派在不能公開表明自己的主張之前的一種「靈活」的說法，具有很大的蠱惑性，因為當時台灣社會的人確實很怕未來被共產黨「統一」。

在一九七一年的時候，所有台灣人都了解，如果「中華民國」不存在，台灣只能屬於「中華人民共和國」，但大家都不願意接受這一現實，都想要阻攔這種可能性。明明知道台灣是中國的，但卻不願意跟現在的中國政權統一，這是台灣人焦慮之所在。這種局面的形成，追根究底來講，要追溯到一九五〇年。韓戰爆發以後，美國派第七艦隊保護「中華民國」政權，同時與西方盟國在聯合國大力支持「中華民國」的中國代表權，把「中華人民共和國」排除在國際社會之外長達二十年之久。同時美國還對「中華民國」大力進行軍事和經濟援助。沒有這一切作為，「中華民國」不可能生存下去，遲早要被共產黨消滅掉。就這樣，一個被聯合國承認、但實際上只統治了中國最小的一個省的「中華民國」，一個不被聯合國承認，卻統治了中國最大部分的土地和最大多數的人民的「中華人民共和國」，二十年來並存於世，這一「怪現狀」其實是美國蓄意造成的。一九七一年「中華民國」雖然喪失了國際地位，但台灣的社會與經濟經過二十年的發展，已經有了相當的穩定性，所以，兩岸如何統一的問題，就變得非常複雜了。

這一切的主謀者當然是美國，但國民黨也難辭其咎，對此，鴻生的評論可以一字不漏的引述如下：

「總的來說，中國大陸在全世界範圍取得了代表中國的名號，國民黨體制因為失去中國代表性而陷入合法性危機，而以戰後新生代為主力的新興台獨勢力，則藉由民主運動逐步在台灣取得了政治正當性。**這三者在一九七〇年代同時發生，正是台灣由自居中國走到反中國之路的關鍵時刻(重點引者所加)**。

這個中國人身分竟然那麼容易受到外在局勢的影響，

顯示國民黨的這個文化共同體的中國概念有著嚴重的弱點。一九四九年國民政府撤退來台，兩岸敵對所帶來的斷裂，其實比日本據台五十年還要嚴重，它完全切斷了兩岸人民的具體接觸與互動。更嚴重的是，國民黨政權為了其代表中國的統治正當性，又做為全球冷戰的前哨，無所不用其極的將對岸描繪成妖魔之境的『匪區』。

國民黨在台灣施行了看似強大的中華民族教育，然而卻是頗為片面的中國人身分教育。對我們學生而言，炎黃以降各個時代的人物是中國人，參與到辛亥革命、五四運動以及八年抗戰的當然是中國人；本省人與流亡到台灣來的外省人是中國人，港澳人士、或留學在外甚至已轉成僑民的當然也是中國人。但是有一種人處於模糊地帶，那是一九四九年以後中國大陸的那好幾億人口。

當時在台灣說我們中國人如何如何，中國青年應當如何如何時，是不包括那將近十億人口的。我們宣稱要『反攻大陸，解救大陸同胞』，這個『大陸同胞』是無臉、抽象、觸摸不到的，幾乎不在『我們中國人』的意識裡，我們從教科書上知道的只是停留在一九四九年之前的統計數字『四萬萬六千萬人』。可以說國民黨把這抽象的『四萬萬六千萬人』一起帶到了台灣，而將具體多樣的大陸人民描繪成『苦難同胞』的刻板形象，於是後來當活生生的大陸同胞出現在台灣人面前時，竟然頗為陌生。攤開中華民國地圖，我們也只看到一九四九年之前的三十五省行政區劃和有限的鐵公路連線。『中國』凍結在一九四九年。

在兩岸如此長期嚴重對立、不相往來，以及反共教育的強烈灌輸之下，我們對大陸的認識弔詭的隱含著將中國本身妖魔化的元素。於是當一九七〇年代國際局勢發生巨大變化，使得國民黨在台灣建立起來的中國代表性面臨嚴厲衝擊之後，台灣人對大陸的祖國想望遂逐漸萎縮，剩下來的卻是妖魔形象。」(42-4 頁)

國民黨教育體制下的中國，一方面是歷史性的，是一九四九年以前的中國，而且經過國民黨意識形態的嚴重染色；另一方面對於存在於中國大陸的現實，又完全加以妖魔化，這就使得台灣人在一九七一年「中華民國」喪失中國代表權以後，不知道如何面對現在已被國際承認的「中華人民共和國」。更嚴重的是，國民黨的反共思想和美國的冷戰意識形態相結合，在台灣形成了非常堅強的、以美國觀念為普世價值的一套思想體系。以這一思想體系來衡量中國大陸現在的一切政治、社會和經濟現實，「中國」就成為世界上一切落後的集大成者。這樣的「中國」，他們怎麼願意去認同？在這方面，鴻生的分析也很精采，值得引述：

「在二戰結束後的冷戰局勢裡，作為冷戰前哨的中華民國被嵌入一個類似美國保護國的位置。在那種國共鬥爭的嚴峻情境下，台灣的主流思想基本上是受限於親美反共的思想框架的。這時的黨國體制不僅在思想上，同時也在實際行動上，對左派進行全面鎮壓與肅清。一九五〇年代的左翼肅清遂造成台灣從日據以來的左派傳承完全斷裂，以致在隨後的幾十年甚至到今天，都極為缺乏左翼的聲音與挑戰，可謂全世界少有。國民黨於是很成功的在台灣建立了一個幾乎不受任何挑戰的反共社會。

在缺乏能對美國價值進行批判的左翼思想的環境下，台灣的進步運動只能在有限的親美反共的範圍內，尋找反抗的資源。這就是一九五〇年代以降，雷震、殷海光、李敖等人的自由主義與全盤西化，以及早期黨外人士所啟動的民主運動的主流思想。從那時起，我們的反抗，包括剛萌芽的黨外運動，基本上都是在親美反共的框架下運作，當年能擺脫戒嚴體制管轄的知識菁英也多半前往美國或英國留學，在島內能對此有所反思的左翼則被迫淪為另類與邊緣，這個『消失的左眼』正是台灣進步運動的嚴重缺憾。

這個親美反共的意識形態與作為，不僅為台灣的民族想像事業清除了思想上的抗體，也在其發展上起了推波助瀾的作用，就是建立一個將對岸的中國人視為對立他者的心理潛意識。然後國民黨又被有意無意的認定是傳統中國的代表，**於是在我們戰後這一代的西化潮流中，反國民黨、反傳統與反中國遂有了心理連結的可能。**」(65-6頁，重點引者所加)

非常諷刺的是，國民黨的反共思想和美國的價值觀結合在一起，成為台灣的主流思想，而國民黨本身卻成為落後的中國傳統的代表者，和共產黨捆綁在一起，成為「反中國」可以指認的具體對象。「台灣」是現代化的「國家」，而「中國」永遠是封建和落後的，這種鮮明的對比，是台獨派論述結構的基礎。按照這種思路，台獨派自然而然就把台灣「建國」的源頭追溯到日據時代。因為有了日本的統治，台灣才開始現代化，台灣才能夠脫離中國，而有了「獨立建國」的機會。這也是台獨派絕口不談國民黨的統治對台灣全面現代化的貢獻的原因，因為如果承認國民黨對台灣現代化也有貢獻，就不能一勞永逸的把「中國」打入永遠落後的「黑牢」之中。

台灣被迫和大陸長期分離，然後再恢復接觸，這種歷史經驗前後有兩次。第一次是一九四五年日本戰敗，「中華民國」來接收台灣，第二次是一九八七年台灣解除戒嚴令，開放兩岸探親。如果把這兩次經驗加以對比，就會發現一個很有趣的「共同」傾向，即「現代化」的台灣嘲笑大陸或中國的落後。

鴻生在〈水龍頭的普世象徵〉和〈「二二八事件」可以避免嗎？〉兩文中，對國民黨來接收台灣時兩岸的文明差距做了詳盡的分析。台灣透過日本的殖民，相對於大陸來講，比較的「文明化」。現在還流傳著一些故事，譬如國民黨的軍隊衣衫不整，背著大鍋，拿著雨傘，讓台灣人非常失望。又譬如，國民黨的士兵看到牆壁上的水龍頭竟然冒出水來，覺得很神奇，就拔了下來，但往別的牆上一插，卻又沒有水流出來。這些故事都是要表明，當時的「中華民國」有多麼落後，而台灣又是多麼文明。兩岸開放探親以後，先到大陸去的主要還是外省人，而這些外省人回到台灣，大半都會宣揚大陸如何落後，他們所講的最大的笑話是，大陸的廁所竟然沒有門，或者大陸竟然還在使用臭不可聞的茅坑。水龍頭和廁所，就成為兩岸兩次恢復接觸時「文明對比」的象徵，可謂無獨有偶。

前面講過，我一九六〇年才從農村搬到台北，那個時候我才知道有水龍頭和抽水馬桶，所以這兩個笑話我覺得一點都不可笑。如果這樣，那麼一九五〇年代的台灣農村就應該成為被嘲笑的對象。說一九四五年台灣比「中國」進步很多，又說一九八、九〇年代，大陸大大落後於台灣，我覺得都是「台灣人」要標榜自己如何的「文明進步」。而且，八、九〇年代的「台灣人」，主要還是跟著國民黨撤退來台灣的外省人。這樣，我們就能理解這些喜歡嘲笑別人落後的人，恐怕心理是很有問題的。

標榜自己如何文明，別人如何落後，這種心理主要來源於西方文明對落後國家的絕對優勢，落後國家因此不得不亦步亦趨的努力學習西方文明。這個過程，在世界各地區有著複雜而又相互區別的進程，在這裡我們只能涉及日本和中國，以及曾被中國割讓給日本的台灣。鴻生對此所作的種種分析，是全書最精采的部分。

談到日本對台灣的統治，鴻生是這樣說的：「日本在台灣實行現代化是由上而下強力推行的，不僅上層菁英必須屈從，下層庶民也不放過，企圖在整個社會進行現代化。英國在香港則重在培養幫它治理的中上層管理菁英，庶民只要順從，大半放任其自求多福。日本帝國的這種強勢作為有個特殊的心理因素，就是它作為後起的現代帝國，學習西方先進帝國，它不甘認輸，要做『帝國主義世界的模範生』……由此來看，日本在其現代化過程中確實有其自主性，然而從它後來的帝國作為卻也可看出，它在這過程中也在進行某種心理與精神上的『自我殖民』，由此而產生了對自己過去『落後』狀態的羞恥感與自卑感，與追求模範生心態互為表裡。這種羞恥感與自卑感在它要對其鄰近的亞洲地區進行侵略與殖民時，特別不能忍受這些殖民地的『落後』狀態，而要對其實施全面的現代化改造。」(111-2 頁)

鴻生還談到日本自十九世紀開始的「脱亞入歐」熱潮，鴻生說：「他們所謂的脱離指的是脱離精神上、思想上的羈絆，講白一點就是不再跟你中國玩東方文明的那一套了。日本從此走向西方帝國主義的霸業之路，甚至到了戰敗之後也回不來，此後它在東亞的存在就一直是個西方文明的象徵物，像是歐美世界從北美洲跨過太平洋延伸到東亞邊緣的前哨。」(76 頁)

對西方文明的無限崇拜，使得日本成為學習西方文明的模範生，同時它還比西方人更瞧不起亞洲國家，非常不能忍受亞洲的落後。太平洋戰爭期間它對它所奪取的亞洲土地上人民的暴虐統治，其程度甚至超過西方人，這就可以看出日本表面強勢所掩藏的內心的虛弱與自卑。

日本統治台灣，其實是非常瞧不起台灣人的，一直稱台灣人為「清國奴」，而一般的台灣人(強烈抗日的例外)面對比自己文明的日本，內心既自卑，又痛苦，這只要讀皇民化時代陳火泉所寫的小說〈道〉就可以充分體會到。戰後由於封鎖中國的需要，台灣受到美國的保護，在美國和國民黨的聯合打造下，一時成為日本之外亞洲經濟最繁榮的地區，台灣可謂「發家」了。但是令人想像不到的是，台獨派卻說，這一切都是日本殖民現代化帶給台灣的，是台灣最應該感謝的對象。其實日本的殖民現代化只是範圍很有限的起點，真正大規模的現代化是在美國協助下由國民黨完成的。

關於這一點，鴻生形容得很生動：「現代化啟蒙有若信仰基督上帝般的宗教感召，乙未新生代基本上是經由日本統治帶來的現代化而啟蒙的，是第一批受到現代化教育的台灣人，這對他們而言是有特殊的生命意義；傳遞給他們『現代文明』的日本帝國，就有如傳遞基督教義給第一批台灣信徒的長老教會那樣，戴上了神聖光環。」(143頁)因此，日本就如同台灣的「再生父母」。既然日本脫亞入歐，台灣作為日本的模範生當然也要脫亞入歐，日本瞧不起亞洲國家，特別是中國，台灣當然也要有樣學樣(台灣對於來自亞洲的外籍勞工和外籍新娘的歧視就是最好的例子，而相反的對於在台灣打工賺錢的美國人——教美語為生，則極盡巴結之能事)。

但台灣到底不是日本，日本本來就是一個獨立的國家，它在精神上脫離中國而走向西方，但不曾否認自己的歷史與傳承，而台獨派的「脫亞入歐」的想像是以割捨其文化母體的中國文明為代價，而將其主體掏空了。鴻生說：

台獨運動並不真正想要以先人與歷史來做為其主體的基礎，甚至自慚形穢。如此所謂的主體性就變得空洞虛無了，可說竟是在自我「去主體化」。

這種歷史虛無主義的空洞主體，最近還表現在從 2017 年起中央不再紀念鄭成功這位「台灣人主體」的開創者這件事上。台獨運動看似對過去在台灣曾經存在的所有政權一視同仁，都認定為外來政權，包括統治台灣長達二百多年的清朝及其之前的明鄭。如此就將這兩百多年間移民台灣的閩南語族，也就是如今台獨運動的主要成分，歸為外來政權的後代了。這種自我否定就難以避免的要去鄙視自己的先祖，否定自身的來歷，割斷自己的歷史，包括遺忘日據時期的台民抗日史與前清先民的勞動成果，進而棄絕閩南文化的母體。（79 頁）

在這種自我否定的空洞主體狀態下，心理上為求補償，台獨運動抬高日本殖民統治對台灣的貢獻、懷念日本所賜予的種種現代化建設、重建日本神社等等行為，就很可理解了。然而這些都只是以日本的現代性來填補自我的空虛，卻完全沒學到日本對歷史傳承的自我肯定精神，反而成為其未曾反省清理的法西斯遺毒的重災區。(80 頁)

這是我所看過的、對台獨派這種「思想怪胎」所作的最深刻的心理分析。

二

但是，這麼精采的論述，也只是鴻生全部創見的一部分而已。鴻生還進一步從中國現代化的艱難而複雜的歷程，來分析中國為了要建設成現代化國家時，不得不面對的巨大的困難。這個整體的歷史見解，才是鴻生為我們提出的一個非常具有「理論」意義的、有關近代世界史的大詮釋。我們先看鴻生怎麼說：

「總的來說，傳統中國在受到西方現代帝國侵略，被迫進行西方現代化改造，以其規模之龐大、際遇之多樣，就有了多重不同的現代化路徑。台灣被日本帝國從上而下強勢施以日本殖民式現代化改造，香港被大英帝國有選擇的、較不強勢的施以英國殖民式現代化改造，兩地在回歸之後確實有著不一樣的後殖民情境。而中國大陸若是先不管其局部分歧，整體而言則是自我摸索著一條較為自主的道路，最後由中共的路線取得主導。

不管是哪條路徑，這個現代化的過程都造就出一批新的知識與政治菁英，接受不同的西方(或西化的日本)理念的灌輸與栽培，各自在其社會取得論述主導者的地位。例如接受日本皇民化教育的台灣的李登輝及其同輩，又如接受港英教育栽培的香港知識與管理菁英。這批新型知識與政治菁英構成現代化後的新得利者，然而也構成回歸後解決後殖民問題的巨大障礙。由於有著不同的現代化路徑而產生不同的『現代身分』，當這幾個不同身分互相碰撞時就產生了一時難以消解的現代問題。以台灣為例，這些人一方面構成反國民政府的力量，另一方面也構成台灣分離運動的基礎。二二八事變除了有國共內戰及光復後復出的左翼分子的因素外，也有大陸與台灣不同現代化過程所產生的不同現代身分衝突的因素。這個面向在九七回歸後的香港應該也構成了重要的背景。

不同的現代化造就了不同的現代身分，不同的現代『中國身分』、『台灣身分』與『香港身分』……可以說不同的現代化路徑所產生的歧異是二二八事變的底層因素，當時雙方都沒有機會與條件進行心靈與意識的祛殖民工作。九七之後的香港所面臨的也有同樣的情境，構成今日占中衝突的底層因素。

所以說，作為現代化得利者的知識菁英這一階層是特別麻煩的，他們在被各種現代化方案養成之後，往往以各自的『帝國之眼』——西方帝國的文明世界觀，來看待自己社會的傳承、下層勞動者 、各種『落後』的現象，以及母國整體。例如在台灣『水龍頭的故事』自光復之後就一直被分離運動者用來貶抑大陸來台人士；或者以西方社會個人主義為基礎的『自由民主』來看待自身社會的政治安排；或者對自身社會或第三世界國家都抱著深怕被西方『恥笑』的焦慮不安。這些帝國之眼引起的焦慮不安，在台灣甚為尋常，在香港今天的衝突中也一一具現。」(121-3 頁)

鴻生這一段分析，點出了西方文明對全世界的征服最特殊的一點，即它不只是武力的征服，更是文明的征服，這是已往的帝國征服所沒有的，從這個角度來看西方與中國的關係就再清楚不過了。自從中華文明形成以來，其核心區曾經好多次面對塞外遊牧民族的入侵。當核心區全部或部分由遊牧民族占領並進行統治時，中華文明不但沒有就此消失，而且還因為終於同化了入侵者 ，而讓自己煥發出更強大的生命力。可以說，每一次大規模同化入侵者以後，中華文明就會產生一次大飛躍。

但是，十九世紀中葉西方 (以及西化成功以後的日本) 的入侵，卻和以往的歷史經驗全然不同。在長達一百年的、事關國家民族興亡的奮鬥過程中，中國人自己逐漸喪失了自信心。在承認西方的武力 (船堅砲利) 比自己強大以後，接著又不得不承認西方文明確實了不起。在維護傳統文化與學習西方文化之間很難找到平衡的方法與途徑。如果拿日本和中國相比，就可看出，日本幾乎是輕而易舉的「全盤西化」，從而「脫亞入歐」去了，而中國卻深陷泥淖之中，舉步維艱。當西方的「模範生」日本打敗了曾經長期是它的導師的中國、而且不斷的向著中國內陸入侵，先是蠶食，接著就要鯨吞，中國人的憤懣與悲痛達到了頂點。

中國人喪失文化自信心的徵兆，在五四運動時就已出現了。當時想要廢棄漢字，將漢語拼音化的潮流頗為盛行，而當安特生提出中國文化西來說時，竟然有一些人就輕易相信了，這些都是最好的代表。所以當日本全面入侵時，認為中國不可能打贏，寧可選擇妥協或投降的人還真不算少。

在面對西化大潮時，知識分子的立場最容易「軟化」。優秀的知識分子，比起一般老百姓，更容易學好西方的語言，以及各種科技、經濟、法律、管理知識。憑著這些本領，只要他願意，就可以為入侵中國的各種勢力「服務」，從而取得優渥的待遇，可以過得起最現代化的生活，不必和一般人民一樣，陷於水深火熱之中。這種例子太多了，無需舉例。但我們也得趕快聲明，雖然知識分子可以輕易這麼做，不過願意和全體人民共同為建設新中國而奮鬥的人仍然占絕大多數，這也是盡人皆知的歷史。這裡要強調的是，選擇從自己的民族「異化」出去，以便和西方人或日本人一起過著文明、幸福的日子，知識分子比起一般老百姓「機會」要多得多。

西方開始征服全世界時，其原有的領土和人口規模在全世界範圍內所占有的比例其實是非常小的，而且有過海外殖民經歷的國家，數量也有限，也就只有西班牙、葡萄牙、荷蘭、英國、法國、德國、義大利、比利時幾國而已，當然還要加上後來急起直追的美國和日本。在二十世紀初期，真正稱得上殖民強國的，也不過英、法、德、美、日五國，義大利都還沒有資格入列。然而，它們卻能夠一方面鬥垮東鄰的奧匈帝國、俄羅斯帝國、奧斯曼帝國，另一方面又先後征服伊斯蘭、印度、中國這三大文明區，其豐功偉績，確實讓人驚嘆。

征服事業的開端當然要靠武力，但西方的武力所以能夠超越一些古老帝國，主要還是靠傳統文明區想像不到的科技。當英國敲開中國的國門時，中國人以「船堅砲利」來加以形容，可謂簡潔而生動。伴隨著科技的，還有工業生產，因此而來的是源源不絕的物資，這樣就衝垮了像印度和中國這樣具有悠久文明傳統的較為封閉型的經濟。當然，這一切的背後，還有金融、貿易、法律等等技術型知識。當這一切瓦解了西方所征服或控制的地區時，這些地區的傳統秩序陷入一片混亂之中，只得任由西方人予取予求了。

自救之道只有一種途徑，即從學習西方開始，而且以科技和軍事改革為開端，然後不得不以西方為模範，全面改變教育體制。但是，改革越是深入，就越是陷入金庸小說所生動形容的西方「吸星大法」之中，你使力越多，你的力量隨即為西方所吸納，又反過來對付你。就這樣，奧斯曼帝國終於消失於無形，印度次大陸全部淪為英國的殖民地，而中國則陷入「豆剖瓜分」的危機，傳統文明區真是求救無門。

向西方學習所產生的最大問題是，滿腦子西方現代知識的落後地區的菁英階層，發現他們很難改變人數極為眾多的老百姓的行為方式與觀念。在這種情形下，要改變原有的社會結構與習俗，以建成現代化國家，就變得非常困難。最極端的例子要算土耳其，現在土耳其的統治菁英，在凱末爾的強力主導下，幾乎已經完全西化了，而他們所統治的人民仍然生活在伊斯蘭的宗教習俗之下，整個國家就這樣由西化派和傳統派兩大塊所組成。印度的狀況也有些類似。印度被英國殖民近兩百年，印度的菁英非常西化，他們的科技人才之多世所公認。但整個印度社會還有廣大的落後地區，很大比例的民眾仍然維持著傳統生活習慣，沒有改變。西化往往會擴大傳統文明區統治菁英與一般民眾的差距，而不是使其更緊密的結合在一起。

但我們也不能因此批評一般民眾愚頑不靈。知識分子因各種條件的湊合，很幸運的獲得知識與技術，他們容易相信，任何人只要肯努力，都可以達到這一成就；國家民族之所以不能現代化，就是民眾沒有覺醒，因此要不斷的進行啟蒙工作。事實決非如此。單就與啟蒙相關的教育而言，要對全民進行普及性的教育，國家要投入多少經費，而且還要有一大群人無私無我的長期投身奉獻。再深入而言，當社會已進入某一階段時，菁英與大眾的區隔已經產生，我們怎麼可能想像可以把整個大眾全部教育成菁英。當西方資產階級逐漸形成時，為了對抗占據統治地位的封建階級，他們以個人主義和自由主義捍衛自己的權利。當資產階級終於成為統治者以後，個人主義和自由主義就被奉為普世價值。這種思想的出發點是，只要你有機會發揮你的才幹，你就能出頭。相反的假設就是，你所以淪為庸眾，就是因為你既無才能，又不努力。在陀斯妥也夫斯基的小說《卡拉馬佐夫兄弟》的〈宗教大審判官〉那一節裡，曹西瑪長老說，民眾需要有上帝，不然他們無法生活。我以前從左派的觀點出發，認為這種思想純屬反動。現在我越來越相信，社會分成菁英、大眾兩大塊，這種結構很難改變。自由、民主制的設想是從西方資產階級的成功經驗推導出來的，當他們控制了全世界的財富與知識以後，我們如何能夠讓全世界被侵略地區的「大眾」翻身呢？同樣的當一個落後國家的菁英越來越西化，而且離他們自己的群眾越來越遙遠時，我們又如何教化這些「冥頑不靈」的群氓呢？從這種假設出發，肯定不能解決被西方侵害的「落後地區」的社會重建問題。

中國的狀況比任何傳統文明區都還要複雜，因為中國早在西元一千年左右就沒有了貴族制度，中國老百姓不可能像日本、土耳其或印度那樣聽從現有貴族階級(或類似貴族的那一階層)的安排。而且中國幅員廣大，民族眾多，各地民情極端複雜，完全不能為西化的現代菁英所了解，因此，絕對不可能像日本那樣，由一個具有基本共識的貴族菁英從上到下來進行現代化改革。從一九二七年開始統治全中國的國民黨原來就想走這一條路，但在抗戰勝利之後的內戰中敗給共產黨，就證明了這一條路當時並沒有得到民意的支持。

共產黨在八年抗戰中，由於在北方農村和農民密切合作，終於尋找出一條道路，即聯合基層農民，從下到上改變整個社會結構，先讓國家有了一個統一的意志，再由這個意志來執行貫徹全國的改革。有了這個基礎，再發動群眾運動，要求全民在共產黨的領導之下，為了國家的現代化建設，一起先過著苦日子。這樣的時間長達三十年，知識菁英剛開始大半都真心的配合，但經過反右和文革之後，知識分子開始有了異心。文革結束，改革開放開始，知識分子比較能自由進出國門，才赫然發現，西方國家的生活比他們好太多了，甚至台灣、香港、新加坡都比他們好，這樣他們的心態產生了極大的變化，他們認為過去三十年完全走錯了，從現在開始，應該回頭重新學習西方。

即使到了現在，仍然有很多人認為，一九八〇年代是大陸知識界的「黃金時代」，至今令人懷念，查建英主編、二〇〇六年出版的《八十年代訪談錄》(三聯書店)就是最好的證明。八〇年代被視為思想解放的年代，是第二個五四，知識分子終於掙脱了各種教條的束縛，思想空前活躍，人人活在幸福之中。他們對大陸的政治、社會現況非常不滿、對中國傳統文化更加不滿，他們主張「以美為師」，拋棄過去的路線，從頭來過。

陳映真曾經回憶當時最讓他感到痛苦的一段經歷。他說：「八九年四月，他第二度到南朝鮮，對南朝鮮的民眾民主化運動進行了系統的採訪。採訪結束，他應邀飛往美國，參加在加州舊金山帕麗那斯舉行的『八九年中國文化研討會』。他從南朝鮮人民為反美、反獨裁，為民族自主化統一的民主運動而鬥爭的現場，來到把美國著名『漢學家』和大陸『精英』知識分子聚集一堂，在胡耀邦死後北京學生為反官倒、要自由和民主化蝟聚天安民廣場的背景上，傾聽大陸『精英』言論人、電影人、留美學生……大發反毛反共、促請美國為中國『民主化』干涉中國事務的言論，對大陸『民運』和它的思想引起了深刻的憂疑。」(《陳映真全集》14 卷 164 頁)

對於這些激進派知識分子，陳映真曾慨乎言之：「八〇年以後，大陸上越來越多的人到美國、歐洲和日本留學；越來越多的大陸知識分子組織到各種國際性『基金會』和『人員交流計畫』，以高額之匯率差距，西方正以低廉的費用，吸引大量的大陸知識分子，進行高效率的、精密的洗腦。和六〇年代、七〇年代以來的台灣一樣，大陸知識分子到西方加工，塑造成一批又一批買辦精英資產階級知識分子，對西方資本主義、『民主』、『自由』缺少深度理解卻滿心嚮往和推崇；對資本主義發展前的和新的殖民主義，對第三世界進行經濟的、政治的、文化的和意識形態的支配的事實，斥為共產主義政治宣傳；對一九四九年中國革命以來的一切全盤否定，甚至對自己民族四千年來的文化一概給予負面的評價。在他們的思維中，完全缺乏在『發展—落後』問題上的全球的觀點。對於他們而言，中國大陸的『落後』，緣於民族的素質，緣於中國文化的這樣和那樣的缺陷，當然尤其緣於共產黨的專制、獨裁和『鎖國政策』。一樣是中國人，台灣、香港和新加坡能取得令人豔羨的高度成長，而中國大陸之所以不能者，就成了這種邏輯的證明。『開放改革』以後，即使從海外看來，卻能生動地感覺到中國大陸因市場、商品經濟的發展和摸索，相應於社會生產關係上的巨大改變，而產生了思想上的『兩條路線』的分化。《河殤》系列以國家體制派意識形態宣傳的方式推出，在大陸全國範圍內引起激烈的震動和爭論，更是形象地表現了這個思潮上的分化。」(《陳映真全集》12 卷 375-6 頁)

最讓陳映真和台灣統左派瞠目結舌的，是激進改革派對中國文化的徹底否定。陳映真說：

> 在錄像影集《河殤》中，甚至嗟怨中國文明的限制性，使中國沒有在鄭和的航海事業上發展成從貿易而向外殖民，以收奪南洋民族走向帝國主義！而這樣的世界觀，竟而曾經一時成為中共官方的世界觀，令人震驚。(《陳映真全集》12 卷，379-80 頁)

《河殤》的大陸文明與海洋文明的對比論，不久就為台獨派所引用。他們說，台灣一直屬於海洋型文明，和「中國」落後的、體質不良的大陸型文明毫無關係，連「中國」知識分子都要唾棄自己的文化了，我們為什麼要當「中國人」？河殤派和台獨派就這樣遙相呼應，令人為之氣結。

八〇年代中期激進派主導的改革進程終於導致了八九年五、六月間的政治風波，並且引發了大陸知識界對現政權極大的離心力量。還好，不久蘇聯垮台，俄羅斯經濟破產，社會動盪不安，這才使得不少知識分子在體會了社會穩定的重要性以後，稍微回心轉意。然後，隨著改革的日益深入，受益者日多；二〇〇二年以後，共產黨改變了「發展是硬道理」的政策，開始重視社會不公正的現象，特別是對於「三農」問題，花了很大的力氣去解決；二〇一二年以後，又開始全面肅貪，把那些從改革開放中「非法受益」的人清除出去。就在這一時機，又適時提出「一帶一路」的發展大策略，大家終於真切的感覺到，中華民族的偉大復興原來不只是一個「偉大的夢想」，而且還有實現的可能，這樣，全國的民心終於能夠團結在一起，為了一個明確的目標而共同努力〔補二，見文末〕。

我所以重提八〇年代改革開放時期最讓我們感到痛苦的一段經歷，其實是為了引述鴻生書中最讓我感動的一段話：

台灣作為母國中國的一個邊緣地區，被現代帝國殖民之後產生了較為特殊的複雜性，看似台灣的特殊問題。然而在比較香港與台灣被殖民經驗的異同，以及台灣光復與香港回歸後的種種問題後，我們可以發現這個特殊性也不能過度強調，不能視之為只是台灣的個別問題，或是香港的個別問題，而是中國被割讓的邊緣地區的共同問題。當然「台灣問題」或「香港問題」基於其不同殖民宗主國與歷史過程等因素，有其相對特殊性，但畢竟都是由傳統中國社會被殖民與現代化之後產生的問題，所以還是**傳統中國社會現代化問題的一環，就是說最終還是屬於中國的問題，一個在台灣或香港的具體歷史情境下呈現出來的中國**

現代化過程的問題。

中國的主體大陸地區雖然在現代化的過程中有其相對自主性，而且為了取得這個自主性曾經歷經血跡斑斑的奮鬥，犧牲遠遠超乎台灣，但是就如日本在其現代化中所顯現的「自主」與「自我殖民」的雙重性格，中國的現代化也不免帶著「自我殖民」創傷。**這種創傷的一個具體例證就表現在它曾經比日本更強烈地厭惡自己的過去，露出更昭彰的羞恥感與自卑感。**

因此台灣、香港與大陸這三地如今所顯現的各種問題，就不應只被看作不同歷史經驗的個別問題，而應是傳統中國社會在現代化過程中的共同問題，如此就還是要回到中國現代化的整體問題上，更具體的說就是**一個中國現代化過程中如何真正尋回自我的去殖民問題**。(124 頁，以上重點均為引者所加)

八〇年代兩岸的知識分子同時表現出對中國文化的極端厭惡，印證了鴻生所說的「比日本更強烈地厭惡自己的過去，露出更昭彰的羞恥感與自卑感」。鴻生先從自己的經驗出發，雖然主要談的是台灣政治光譜的變遷，但在拿台灣和香港相互比較之後，又把視野推廣到全中國，因此看出了整個中國現代知識分子在學習西方的過程之中所產生的大問題，這種見識，真是非常人所能及，而且文字中充滿了感情，不是對中國文化充滿了深情熱愛的人是說不出來的。我盼望關心中國前途的人都能讀到這本書，因為它不只是談台獨，它談的主要還是中國如何建設成一個現代國家的問題。

以上所述只是鴻生書中最重要的一個論點，其實本書還有許多獨到的歷史體會，以前很少人說過。如因為日本人不讓台灣人參與政治，因此台灣人一直缺乏管理人才；又說，英國人雖然在香港培養了一些管理菁英，但是當香港成為特區以後，香港人似乎表現得缺乏政治領導能力(參看本書 116-7 頁)，這真是言人之所未言。又如，光復以後，台灣人從學日語轉而學國語，學好國語以後，終於掌握了用語言論述的能力，這一點也講得很好。台獨派常以國民黨逼迫台灣人學國語作為國民黨對台灣「再殖民」的具體例證，事實上台灣人在不到二十年間就學好國語，而且此後不斷的出現優秀的學者和作家，他們所寫出的中文毫不遜色於外省學者和作家，就足以證明，不論是閩南話還是客家話，都是漢語系統內的方言，所以台灣人要學漢語的另一種方言北方官話並沒有什麼困難(相反的，日語是一種外國語，學起來就不像學中國普通話那麼容易)，鴻生以充分的例證說明了這一點(相關論述見本書第三部分)，也可以看出他的歷史文化素養之深厚。鴻生還有一篇文章談到中國文化的豐富與多樣，可以破除一般人對中國社會僵化、保守、停滯不進的刻板印象。如果鴻生自己對中國的歷史與文化沒有深刻的認識，就不可能有這許多獨特的體會。

鴻生出身於台灣自由主義大本營的台大哲學系，他的同學有極著名的台獨派，也有非常有名的自由主義者，他本人還在美國待了十三年，但最後美國的普世價值觀並沒有對他產生什麼影響，他始終堅持中國人的立場，靠的就是他對中國文化深刻理解和熱愛。鴻生為人和順，行事低調，在默默之中思考、寫作，最後終於寫成這本大作，初看會讓人感到驚訝，其實其來有自。因為只有中國文化才能培養出鴻生這樣的人格及其寫作風格。

〔補一〕　陳明忠曾經回憶，皇民化運動為了推行日語，強迫村子裡的老人也要學習，總督府派人到村裡拍宣傳片，一個老人在被人教了好多遍之後，面對著攝影機，一時緊張，把あたま(頭)講成きんたま(睪丸)，讓圍觀的人哄堂大笑，見《無悔》33頁，人間出版社，2014。又，《無悔》32-3頁所述均可參考。這些都可以印證我小時候對於農民不講日語的印象。

〔補二〕　一九八〇年代中國和蘇聯同時進行改革，這是有必要的，因為社會主義國家先是以社會整體的力量進行原始累積，為現代化奠定基礎，到了一段時間以後，就必須更進一步的發展經濟，才能改善一般民眾的生活。以大陸來講，就必須在社會體制中引進市場機制，同時要有某種程度的思想解放。但在這樣做的時候，也就必然要和資本主義國家接觸，而當中國知識分子在看見外面世界、驚訝於西方的富裕的時候，思想隨即動搖，這是社會主義改革面臨的最大危機。蘇聯和東歐集團對這一危機估計不足，所以一開始改革，整個社會就趨向於解體。中國主政者對此有相當的警惕，但還是產生了八〇年代末的政治風波。事後看來，中國不但能夠挺住，而且經過一段困難後，終於順利發展，成為世界上第二大經濟體，足以和美國對抗，真是不容易。一九八〇年代可以是資本主義大勝的時代，但中國卻像中流砥柱一樣，不但為社會主義保留生機，最後還能夠制衡資本主義，其貢獻怎麼強調都不為過。

2018/05/03 完稿

初稿完成後，鴻生提了一些意見，我都一一修訂，感謝鴻生。

2018/05/10

緒論：台灣人的身分問題及其出路

「天然獨」vs.「天然統」

2014 年太陽花運動爆發，當時已經啟動總統競選的民進黨主席蔡英文，公開讚揚這批年輕世代具有台獨的「天然成分」，「天然獨」一詞遂成為描述解嚴後出生的台灣新世代的流行語。確實台灣近年來以「台灣人相對中國人」這種互相排斥身分的方式所做的民調，皆顯示不接受中國人身分的越來越多，超過半數，其中年輕人的比例多過年長者。這種情況是一九七〇年代以來的長期發展，尤其是在一九九〇年代總統李登輝發動一系列的「本土化」操作之後。

馬英九在 2008 年當選總統，似乎將情況扳回一些，然而這麼一位外省籍的國民黨中興元首，在八年任期內的公開場合也只敢說「我們台灣人」，而未曾提過「我們中國人」這個宣稱。就是說馬英九雖然貴為總統，也還是沒能突破李登輝在 1999 年發表「兩國論」後，開始操作的「去中國化」。可以說，這時「我們中國人」一詞已經變成不能公開的私密暗語。

然而相對於天然也就有人造，蔡英文言下之意就是他這一代人的台獨主張其實是後來才有的、人為的。那他原來有的是什麼？「天然統」嗎？確實以他屬於台灣戰後嬰兒潮新生代的年齡而言，是曾經有過這麼一個「統一是天然成分」的時代，只是後來才轉變的。「天然統」的中國人身分在台灣確實曾經長期存在過，從「天然統」到「天然獨」的這個轉折有一個過程。

一、台灣人身分認同的轉折

戰後的「我們中國人」世代

「我們中國人」這樣的自我宣稱如今在台灣是個政治上頗不正確的位置，然而在二戰結束後的那三、四十年時光，卻是年輕學生朗朗上口的自我認同，說出來理直氣壯。有不少如今是積極投身台獨運動的我的同輩，在那個年代喊出「我們中國人」比其他人聲音都大，後來卻經歷過一番身分認同的大轉折。

一九五〇年代到一九七〇年代，這一段是我從童年成長到青年的時期，也就是我們這些戰後新生代成長與受教育的時期，說出「我們中國人」這麼一個身分毫無心理障礙。比如 1963 年有一位外國留學生寫了一篇文章，批評國人雖富有人情味卻缺乏公德心，台灣的大學校園因此發動了一場提倡公德心的運動，全名就叫「中國青年自覺運動」。這是戰後新生代集體行動的初試啼聲。

又如一九七〇年代初我的大學時期，台大學生報紙《大學新聞》有天登了一篇關於白景瑞執導的電影《新娘與我》的評論，標題是〈給中國電影界的一帖藥方〉，這個「中國電影」指的是台灣與香港的國語片；另一篇〈中國人要什麼〉的文章則主要在談台灣社會的缺點；某個社團請了外國留學生來座談他們「對中國青年的感想」，有位學生回應〈一個現代中國青年的平心而論〉。

1971 年保衛釣魚台運動的時候，學生很興奮的掛出「中國的土地可以征服，不可以斷送；中國的人民可以殺戮，不可以低頭」這個五四標語；而在同一年的一篇倡議全面改選中央民意代表的評論上，學生也寫出〈誰是中國的主人〉這樣的文章來質疑「萬年國會」的不當。

可以說，當時我們自認是中國人就像呼吸空氣一樣自然。這樣的身分意識不只存在於一般人心中，後來成為台獨運動積極分子的很多人也是如此。比如我中學時代的同學，曾擔任台灣文學館第一任館長的台南人林瑞明。他在 1966 年高二時組織了一個名叫「丹心會」的團體，網羅當時同年級大半的文藝青年。這名稱取自文天祥的「人生自古誰無死，留取丹心照汗青」的名句，文天祥當時是他的典範。他在這社團的會員聯絡簿上題了「志在恢復漢唐雄風」，號召「關心國家興亡之有志之士」參加，並以孫中山同盟會的成就自我期許。

再如曾任政大台文所所長的高雄人陳芳明，在 1972 年春天尼克森訪問北京時，在台大的《大學新聞》上寫了一首批判美國「中國通」的詩〈聽說有人罵中國〉，這個中國當然不是指大陸「匪區」。他那時就讀台大歷史研究所，以宋代史為研究領域，完全以中國人身分在發言。而那幾年他還參與「龍族詩社」的創建；這個深具中國象徵、也是創社緣由的社名「龍族」，正是由他命名的。

還有一位彰化人鄭邦鎮，曾擔任建國黨主席，後來也擔任過台灣文學館的館長。但在 1971 年保釣運動前後，他正在台大中文系攻讀中國文學博士，中國文學的豐富傳承當時對他而言，相信是可以讓他以中國人身分自豪的。

前述這三位我的同代人的中國意識，比當時一般台灣人都強烈許多，後來的悖反雖然激烈卻很可理解。我舉出這些例子，並非在訴說他們昨是今非，而在指明一點：中國曾經是不少台灣戰後新生代，在青少年時期突破小我、追求大我的精神初戀，中華民族主義曾經是這一代人成長時期接受現代啟蒙的起點，中國是他們的「天然成分」。

那時台灣人不只是中國人，而且還自認是中國人的主體所在。傳統中國的三個精神支柱「儒釋道」的重要傳人在 1949 年之後都落腳台灣，除了衍聖公孔德成與道教張天師來台之外，諸多渡台高僧也造就了後來台灣佛教的興盛。對台灣人而言，台灣不只代表中國，台灣就是中國。所以說，台灣人的中國人身分意識來到一九七〇年代都還是無可置疑的。但是此後事情開始有了變化。

中國人身分失落的開始

由上所述可見，台灣戰後新生代直到一九七〇年代都還是有著中國人的身分認同，然而幾十年後的今天「我們中國人」一詞卻又變得囁嚅難言。為何竟然會有這麼大的變化？因素之一當然是台灣獨立運動的發展。

就在釣魚台問題醞釀的同時，1970 年元旦，美國、加拿大、日本與歐洲的個別台獨運動組織，在美國成立了全球性的「台灣獨立建國聯盟」。同年 4 月 24 日，兩名該組織成員鄭自才與黃文雄在紐約行刺訪問美國的蔣經國，未遂被捕。曾經在一九六〇年代因發表〈台灣自救運動宣言〉被國府軟禁的彭明敏，也在該年初在美國的幫助下逃離台灣，而在 9 月抵達美國。此後美國成為全球台獨運動的中心，對戰後新生代的台灣留美學生發揮了巨大的影響力，1987 年解嚴之後更是擴及台灣本島。

這個身分轉折看似台獨運動之功，是台灣內部因素發展的結果。但若我們把它放到當時全球大背景之中，就可清楚看到世局變化的重大影響。這個中國人身分的大轉折始於一九七〇年代國際局勢的變動，就是 1971 年 10 月的中華民國退出聯合國，以及 1972 年 2 月的美國總統尼克森訪問北京。這兩個互相關聯的重大歷史事件揭示了美國採取聯中 (共) 抗蘇的全球新戰略，如此中華民國等於是在國際政治上，尤其是被美國老大哥，剝奪了中國代表性。

台灣人的中國身分在這兩次相關事件後開始動搖，接著 1978 年底與美國斷交後更是進入式微過程。國民黨從此不只失去代表中國的正當性，它建立的黨國體制也逐漸在民主浪潮與經濟發展下逐漸崩解，連帶崩解的還有國民黨的中國理念。原來朗朗上口的「我們中國人」逐漸變得囁嚅難言，取而代之的是「我們台灣人」。而原來從中國自由主義者雷震、殷海光等人汲取諸多思想養分的黨外民主運動，也逐漸被以「我們台灣人」為族群號召的台獨運動所取代。

這個身分剝奪的失落感在一九七〇年代初較為敏感的知識青年之間就已顯現。1972 年底的台大學生報刊曾發生過一次「民族主義論戰」[1]，當時論戰的一方就已明白說出，為了反共，中國的歷史可以割斷，中國人的身分可以棄絕。可以看出那時退出聯合國以及尼克森訪問北京的事件，深深震撼了台灣的知識菁英，對原來未曾置疑的中國人身分開始不安。1975 年本省籍政治人物黃信介與康寧祥創辦的《台灣政論》的出刊，更象徵著一個明白標示台灣之名的「非中國」政治聲明。更進一步，1979 年 9 月以台灣意識為主要基調的《美麗島雜誌》在台北創刊，12 月就發生了「高雄美麗島事件」，四十多人遭到逮捕判刑，並在隔年 2 月引起林宅血案。由於是公開審判，整個事件對當時叛逆青年發揮了深刻影響。這些都是在退出聯合國及與美國斷交的大背景下發生的。

總的來說，中國大陸在全世界範圍取得了代表中國的名號，國民黨體制因為失去中國代表性而陷入合法性危機，而以戰後新生代為主力的新興台獨勢力，則藉由民主

---

1 請參閱鄭鴻生《青春之歌》(聯經，2001)，第八章與第九章。

運動逐步在台灣取得了政治正當性。這三者在一九七〇年代同時發生，正是台灣由自居中國走到反中國之路的關鍵時刻。

國民黨中國的片面性

這個中國人身分竟然那麼容易受到外在局勢的影響，顯示國民黨的這個文化共同體的中國概念有著嚴重的弱點。1949 年國民政府撤退來台，兩岸敵對所帶來的斷裂，其實比日本據台五十年還要嚴重，它完全切斷了兩岸人民的具體接觸與互動。更嚴重的是，國民黨政權為了其代表中國的統治正當性，又做為全球冷戰的前哨，無所不用其極的將對岸描繪成妖魔之境的「匪區」。

國民黨在台灣施行了看似強大的中華民族教育，然而卻是頗為片面的中國人身分教育。對我們學生而言，炎黃以降各個時代的人物是中國人，參與到辛亥革命、五四運動以及八年抗戰的當然是中國人；本省人與流亡到台灣來的外省人是中國人，港澳人士、或留學在外甚至已轉成僑民的當然也是中國人。但是有一種人處於模糊地帶，那是 1949 年以後中國大陸的那好幾億人口。

當時在台灣說我們中國人如何如何，中國青年應當如何如何時，是不包括那將近十億人口的。我們宣稱要「反攻大陸，解救大陸同胞」，這個「大陸同胞」是無臉、抽象、觸摸不到的，幾乎不在「我們中國人」的意識裡，我們從教科書上知道的只是停留在 1949 年之前的統計數字

「四萬萬六千萬人」。可以說國民黨把這抽象的「四萬萬六千萬人」一起帶到了台灣，而將具體多樣的大陸人民描繪成「苦難同胞」的刻板形象，於是後來當活生生的大陸同胞出現在台灣人面前時，竟然頗為陌生。攤開中華民國地圖，我們也只看到 1949 年之前的三十五省行政區劃和有限的鐵公路連線。「中國」凍結在 1949 年。

在兩岸如此長期嚴重對立、不相往來，以及反共教育的強烈灌輸之下，我們對大陸的認識弔詭的隱含著將中國本身妖魔化的元素。於是當一九七〇年代國際局勢發生巨大變化，使得國民黨在台灣建立起來的中國代表性面臨嚴厲衝擊之後，台灣人對大陸的祖國想望遂逐漸萎縮，剩下來的卻是妖魔形象。

國民黨民族主義的局限

國民黨的中國論述還有另外一個嚴重問題。源於辛亥革命的中華民族觀，歷經五四，再到抗戰，原本有其立足全民、生動活潑的民族復興氣象；抗日戰爭靠此而能堅持到底。然而 1949 年撤退到台灣之後，這種民族觀卻變成僵化的國家意識形態，有了任何制度化了的現代民族主義難以避免的強制性、粗糙性與局限性。例如，它會呈現為一群民族菁英從上而下企圖喚醒落後國民的各種口號；會是全國一致的規訓，而忽略各地的多樣性；也往往會是中央集權的，而處處與地方勢力產生矛盾；又因為是受到西方刺激而生的現代思想，也不免要壓抑老舊「落後」的本土傳統。

同時它在推行過程中的各種策略與概念，很多是因應當下治理的需求而產生的，事過境遷後往往失其時效，反而僵化為壓迫工具與絆腳石。於是當這套由知識菁英構想拼湊、尚未經過與社會基層磨合的中華民族主義，來到台灣之後就處處與在地既有的東西產生對立。例如將京戲/平劇稱作國劇，就將原有的地方戲曲歌仔戲、布袋戲等對立為不再屬於國族的，而加以壓抑。又如以現代北方官話為基礎的國語，冠上了國字號後，就又與漢語歷史上更古老的閩南語對立起來，將閩南語貶為非國族的，還在一段時期不准在中小學校裡說方言。

國府沒有能力認識到閩南語，這個做為中華文化重要傳承的古漢語，在日本殖民五十年間已經被摧殘大半而亟需大力拯救；沒能力認識到不去拯救復原典雅閩南語這一重要而豐富的文化傳承，後果就是從戰後新生代開始，雖然受到中華民族主義的教育，但因為沒能與其母語完全掛勾，後來也走上疏離中國文化的道路。可以說，雖然國府在學校壓制方言這件事，不是台灣閩南語退化的主要因素，甚至也不起直接作用，但由於其民族主義思維的局限性，就很難在其語言政策上落實到台灣人的母語基層了。

光復後國民政府將這套現代民族主義思想在台灣施行，就馬上帶來很大問題。台灣原是個中國傳統農業社會，才被日本帝國以殖民式現代化的統治狠狠的改造過，已經帶著現代民族國家的分離因子，衝突就在所難免。例如很快禁止日文報刊，於是原已失去典雅閩南語能力，而以日文為主要現代化語言的台灣菁英，頓時失去語言工具。國民政府以其現代民族主義的局限觀念，理所當然要清除民族敵人的語文。然而沒有機會經由辛亥革命、五四運動、抗日戰爭等中華民族運動的洗禮，未能有機會學習現代白話中文的大部分台灣菁英，卻又是曾經被迫經由日文來學習現代生活的一切詞彙與觀念的。

國民政府雖然才以現代民族主義動員了中國人在抗戰中勉強取得慘勝，卻又為這套思想所束縛，而沒能理解台灣在光復後存在著嚴重的後殖民與去殖民問題，再加上其他內外在因素，於是二二八事件就難以避免了。國民政府無能處理好被日本統治了五十年、又被施以日本式現代化教育的台灣社會，這個現代民族主義的局限性是其中一大因素。[2]

在這種民族主義所內涵的壓迫性下，中華民族思想變成孤懸在上、沒能落實到台灣鄉土的國家意識形態，以致被罵為「中原文化」，雖然它與中原一點也沒關係。這裡可以看到這段時期國民政府對台灣地方文化的壓抑，並非今天台獨派所認為的「中國」對「台灣」的壓迫，而其實是粗糙片面的現代民族主義對地方傳統與多樣性的壓迫，而被誇大為「國族」矛盾。

2　請參閱收於本文集的〈關於東亞被殖民經驗的一些思考〉與〈「二二八事件」可以避免嗎？〉。

此外，任何民族主義的操作皆避免不了對外與對內二分對立的機制。國民黨在台灣的中華民族思想，對外以中共為其二分對立的對象，對內則獨尊「國字號」而貶抑地方傳統。這些僵化成國家意識形態的民族主義思想，就成了後來被台獨運動攻擊的最脆弱的一環。然而這套現代民族主義思想模式也完全由台獨運動承接，台獨運動是在台灣戰後新生代吸吮這套現代民族主義思想養分後茁壯發展的，因而也帶著它的局限性，我們在下文會進一步分析。

總的來説，「天然統」與「天然獨」一樣，皆受到政治操作很大的影響，而有脱離自身歷史與傳統的嚴重缺陷。因此國民黨在台灣建立的中華民族思想的式微，除了因為一九七〇年代遭逢聯合國和美國這雙重拋棄的打擊所導致中國代表性的喪失，以及一九八〇年代以後台獨的親美反中思想的成形等這些因素之外，還有本節所述的它自身僵化了的中華民族主義的缺陷這因素。當然國民黨中華民族主義在台灣的失敗，不只是因為自身的這些缺陷，還遭受到台獨運動所推動的去中國化的「台灣民族」意識的強大衝擊；而「台灣民族」意識的形成又受到日本殖民台灣五十年的強烈影響。這些重要因素，我們接下來探討。

二、中國身分的三次斷裂

從一九六、七〇年代的「天然統」到新世紀「天然獨」的轉變不可謂不大，甚至是個身分意識的世代斷裂。

而這個世代斷裂在台灣其實並非首次發生，在這之前的百年來，也就是從十九世紀末日本占領台灣以來，這種重大的世代斷裂曾經發生過幾次了。

為什麼從十九世紀末談起？因為我們必得面對這麼一個假設性問題：如果中國在 1894 年的甲午戰爭沒有戰敗，情況將如何？答案很清楚是不會有乙未割台這件事，也可能不會有辛亥革命，海峽兩岸不會有今天這樣的問題，當然整個東亞局勢也一定大不一樣。總之就不會有我們今天面對的台灣人身分問題。

乙未新生代的大斷裂

做為關鍵的 1895 年，日本據台之後立即著手改造台灣社會，尤其是教育體制。日本殖民政府先於 1896 年設立國語學校來培養台灣的日語人才，1898 年開辦以日語上課的公學校，做為台灣人的小學教育。接著 1919 年與 1922 年兩次頒布「台灣教育令」，建立了以同化政策為導向，從公學校、中等學校到高等學校的一套完整的現代中小學教育體制。在這套體制下受教育的台灣人子弟，基本放棄了原來傳統學堂的漢文教育，轉而接受日本的殖民式現代化教育。

在這關鍵年代，是否有機會接受這套現代化教育，或者反過來說，是否還有機會接受傳統的漢文教育，基本決定了他們看待中國大陸的態度。對我家族而言，我的祖父只讀過漢文學堂；我不識字的祖母只能從傳統戲曲來安身立命，一生只穿唐裝，髮油還是來自家裡盆栽的蘆薈，而最大的美容工程則是挽面。我的祖父母沒機會接受最起碼的公學校教育，他們在有生之年提到海峽對岸，開口閉口都還是「唐山」，就像那首台灣民謠〈思想起〉的歌詞「唐山過台灣」那樣。我祖母直到晚年的一九六〇年代還是一身傳統唐裝打扮。

他們下一代的我父母伯叔們則從小接受日本殖民現代化教育，開始穿起西服洋裝；日本教育成了他們現代啟蒙的來源，日語成了他們主要的論述語言。這個影響非常大，造就了他們這批乙未新生代的現代化世界觀，然而卻是帶著日本殖民風格的。用這麼一個殖民式現代化世界觀來觀看海峽對岸，一個「落後支那」的圖像也就在所難免。

這是兩代之間的巨大差異，接受日本現代化教育的我父母那代人，看不起我祖父母那代人的缺乏現代知識與落後。前清遺民的我祖父母輩回首遙望的是「唐山」，吃穿閱聽的是中國傳統的閩南樣式；而我父母輩，也即是涵蓋到李登輝的這一輩，隔海看到的卻是日本教育下的「支那」，他們追求現代化，對傳統閩南文化習俗就不能不抱著鄙視的態度了。他們不僅對傳統文化抱著鄙視的態度，對抱殘守缺的他們的父母輩也抱著鄙視的態度。他們不看歌仔戲與布袋戲，而看起日本與美國電影；他們不讀《三國》與《水滸》，而讀起紫式部與芥川龍之介；他們不聽南管與亂彈，而聽起日本歌謠與西方音樂了。

他們的現代化世界觀與五四運動影響下同一時期的中

國大陸知識分子，基本上是在同一條軌道上的，差別在於他們這一套主要來自日本殖民政權由上而下的灌輸，而且日文成了他們的主要思想與論述語言。這是「原鄉唐山」情懷到「落後支那」心態的變化，是前清遺民到乙未新生代的第一次世代斷裂。

戰後新生代的斷裂與連接

1945 年日本戰敗是另一個關鍵性的轉折。台灣光復後，日本殖民體制被中華民國體制取代。我父親那一代人頓時成了失語的一代，因為他們所熟悉的日語被認為是敵國的語言不再能公開使用，同時他們對乙未之變後在中國大陸發生的現代化革命運動基本上是陌生的。然而他們的兒女，即戰後嬰兒潮的這一代人，卻是重新接受中國教育與美國式的現代化教育的第一代。

1949 年國民黨撤退到台灣後開始全面在中小學校實施的民族精神教育，基本上是台灣戰後新生代接受的第一個啟蒙教育。但這個中國教育並非回復到我的祖父母那一代人以閩南語或客家話來傳授的傳統漢文教育，而是一個新中國的現代教育。這個新中國是以辛亥革命為主軸，以現代白話中文的國語來敘述的中華民國。中華民國有其特定的中國概念，雖然在某種程度上容忍唐山傳統，但如前述基本上是一個現代民族國家概念，傳統只是用來支撐這個國族目標，尤其它又是撤退到台灣的偏安政權。

儘管中華民族精神教育具有如前所述的片面性與局

限，它所容忍的中國傳統還是能與台灣的民俗社會接軌。中國歷史從黃帝開始，接著堯舜禹湯文武周公一路講下來。因此我們在學校學習的中國歷史與地理，基本上與台灣的傳統戲曲與習俗一致，堯舜禹湯與媽祖關公並列，都是屬於我們的傳統。這個共同的文化歸屬感是我們戰後這一代人與我們父母輩不一樣的第一個重大的中國概念，中華民國的「神州大陸」也是我們台灣民俗上的眾神之州，台灣民間信仰的諸多神祇幾乎全是來自神州大陸。

這些前清遺老為我們戰後新生代留下的珍貴遺產，不屬於現代知識分子的論述言說範圍，而屬民間領域。例如我那不識字的祖母，相對於我祖父面對兒子時的失語，是沒這問題的。她終其一生都是傳統打扮，不太受現代化影響。她的安身立命來自傳統社會關係與地方民俗戲曲，由此來確定她的身分與認同。與她一樣不識字或識字不多的大半勞動人民，也都是以此來安身立命，傳統民俗的說書、歌仔戲、布袋戲與民間信仰等都是他們豐富的精神泉源。

就是說台灣社會歷經日本殖民政權五十年由上而下的強大改造，雖然造就了一批以日文為論述語言的現代知識菁英，但沉澱在中下層社會的傳統文化卻還維持著一線生機。中國傳統社會用以潛移默化的各種基層文化傳承，並沒有因為日本殖民政府的現代化改造而全面斷絕，斷絕的主要是傳統士大夫的那套語言、論述與思想。大半不識字或識字不多的，包括婦女與勞動階層這一大批人口，他們還能從倖存的民俗戲曲與傳統信仰汲取精神養分。也就因為還有著這麼一大片劫後的餘生，光復之後竟然死灰復燃，讓我們這個戰後新生代以隔代遺傳的方式，去接上祖父母的前清遺產，直到一九六〇年代他們慢慢凋零。

而這些經驗竟然也能夠與當時的民族精神教育連結上。1958 年李翰祥在香港拍攝第一部黃梅調國語古裝片《貂蟬》，這可能是接受日本教育的我父母第一次看國語片，也帶著我去。我對電影裡的人物並不陌生，是跟著祖母到處看的歌仔戲、布袋戲一樣的故事。李翰祥的黃梅調古裝戲風靡全台，1963 年的《梁山伯與祝英台》更是轟動，聽不懂國語的祖母也跟著入迷的堂姐去看了，回來後也是滿口「山伯英台」，因為那也是她熟悉的歌仔戲目。

這是一個跨世代的奇妙連結，前清遺產在這些不識字或識字不多的勞動階層與婦女，也就是沒太受到日本殖民現代化洗禮的這些人中倖存下來，並且與戰後新生代所接受的中華民族精神教育聯繫起來。

此外我們也很快掌握了新中國的共通語——現代白話中文，運用現代中文的邏輯思辯能力比起渡台外省人士毫不遜色。這個新的「中國文化共同體」在有著舊唐山養分的土壤上，以不到二十年的時間就在台灣重建起來了，現代中文成了我們這一代人使用的思想與論述語言。[3]

戰後新生代不僅接受中國教育，而且也是接受美國現代化思想的第一代，因此我們這一代也不太看得起父母那

3　請參閱收於本文集的〈台灣人的國語經驗〉。

一代，畢竟日本是戰敗國，它的現代化不過是二手貨。接著就是大批的往美國留學。

總之，台灣在光復後從乙未新生代的「落後支那」心態到戰後新生代的「神州大陸」憧憬，不管在論述語言的掌握上，還是中國人的身分意識上，在我們父子之間都是再次的世代斷裂。這是第二次的斷裂。

解嚴後新世代的又一次斷裂

然而如前所述，從一九七〇年代世局的變化開始，中華民國失去了中國代表性，黨外民主運動勃然興起，1987年解嚴後台獨運動有如脫韁野馬，最後到2000年民進黨的成功奪取政權，不接地氣的「神州大陸」想像遂不再可能。就在這個空虛關頭上，李登輝一輩的「支那觀」遂被召喚回來，尤其是在1990年他藉著「三月學運」將舊勢力清除出國民黨權力核心之後，所展開的「去中國化」的操作，如此影響了整個解嚴後的新世代。

此外在一九九〇年代冷戰結束後，美國成為全球獨霸，其新自由主義意識形態也成功的稼接到「落後支那觀」與「大陸匪區觀」上。大陸的「缺乏民主自由」相對於台灣在李登輝掌權後的「民主自由」，就成了一種「落後」，隔著海峽望過去，「進步的社會主義中國」遂又淪為「落後支那」，甚至是「妖魔中國」。如此一路走到新世紀的各種反中運動，如2005年「三二六遊行」出現的標語「Go Fuck Yourself, Brazen Chinaman」、2014年「太陽花運動」將馬英九罵為「支那賤畜」，以及蔡英文讚許新世代「天然獨」的今天。這即是第三次的世代斷裂。

一百多年來台灣人心中對中國大陸的不同感情與觀念，我們可以歸納出前後重疊的四個時期：最初是前清遺民我祖父母那一代人口中的「原鄉唐山」，接著是日據時期我父母輩接受殖民式現代化教育所學來的「落後支那」，再到光復之後接受國民政府中華民族精神教育的我這一代人所憧憬的「神州大陸」，最後二十世紀晚期興起的台獨運動又將這神州之地描繪成「妖魔中國」。可以說由於多次歷史性的大變化，造成了台灣人中國意識在世代之間的多次斷裂與重組。[4]

從上討論可知，台灣人的身分意識不能被孤立來看，它是相對於外在形勢而變化；而「台灣民族」這概念也要回溯到十九世紀末的乙未之變。

三、台灣人身分的歷史淵源

在進一步討論「台灣民族」這問題之前，讓我們先來考察「台灣人」這名稱的淵源及其歷史變化。

4　請參閱收於本文集的〈台灣的大陸想像〉與〈台灣的認同問題與世代差異〉。

誰是台灣人？

如今很多人頗安於台灣人這個自我認同，但這身分並不曾被明確定義過。歷史上它向來是指稱說閩南語的人，而台灣話或台語指的就是這些人講的閩南語。這看似閩南語族的霸道，卻有其歷史淵源。

我在台南城裡長大，祖父母與父母也都在這裡出生成長。所謂的台南城指的大約是清代所築城牆圍繞的範圍，再加上西門城外的五條港商區，只占戰後台南市現代區劃的幾十分之一，城牆早在日據時期拆掉了，卻仍是傳統台南的核心地帶。

我有台灣人的觀念，首先來自我們住的老巷裡頭的一家外省鄰居，在我童年的一九五〇年代他們在大街上租了個店面開鐘錶行，這一家人又在我們巷子裡租房子住。我從長輩學到他們是「外省人」，而我們則是「台灣人」。我們講的是「台灣話」，他們家一位老祖母講的卻是我聽不懂的家鄉話；他們家的小孩和我們玩在一起，講的台灣話則與我們一樣，聽不出分別。

接著我聽長輩說，剛結婚的堂姐嫁的是「客人」，即是閩南語裡的客家人。然而這個堂姊夫卻還是同我們講一樣的台灣話，長的跟我們也沒差別，以致讓我弄不清這客家人名稱的意涵。直到後來我母親的縫紉補習班來了幾個講客家話的屏東女孩，才得以讓我以客家話來區分出客家人的身分，以及讓我進一步確定我的台灣人身分。

在這段身分定型化的成長時光，有一天我在大街上看到幾個服飾與神態都與台灣人頗不一樣的一家人，我從身旁的大人口中得知他們就是現在我們所稱的原住民。如此我就在這過程中清楚的建立了我的台灣人身分，這個身分是有別於原住民、客家人和外省人而確定下來的。我小時候不曾聽過福佬人這個在台灣島上有些地方用來與客家人區別的稱呼，台南城裡人並不需要這個自稱，因為平常是「看」不到一個客家人的。甚至台南城裡為數不少的福州人也都消聲匿跡，混在台灣人裡頭。比如巷口大街上有家開電器行的，到很後來才從母親口中得知他們是福州人。

台灣之名的歷史與地理淵源

我們可以基於政治正確的理由，認定這是台灣閩南語族霸占了台灣人之名。但從歷史發展的角度來看，台灣人這稱呼確實原本指的就是明鄭開始的閩南移民後代，而與台灣一名的來歷有著密切關係。台南赤崁樓北側的成功國小在清代曾是台灣縣署所在，如今附近還留下一座縣城隍廟。這個台灣縣署管轄的是後來的台南縣市。「台灣縣」這個如今會令人不解的名稱從何而來？

明鄭在這裡建立政權時並不用台灣之名，而稱東寧、承天府等。清廷收取台灣之後才正式使用台灣之名。清朝初年延續明鄭時期的建置，設一府三縣：一個台灣府，隸屬於福建省，管轄台灣（台南地區與澎湖）、諸羅（嘉義、雲林地區）與鳳山（高雄、屏東地區）三縣。台灣府的府治與台灣縣的縣治都設在如今台南市中心，然而當時並無台南之名，而稱台灣府。又因為這是全島唯一的府治，就簡稱府城。因此當時台灣這地名狹義來說，指的就是台南縣市這塊區域 (2010 年底台南縣市合併為台南市)。由此台灣之名又被泛指這個島嶼，雖然當時清廷的管轄尚不及於全島。

直到雍正年間台灣府的格局基本不變，只是隨著漢人逐步往北開發而多了彰化縣 (管轄彰化、台中地區)，並獨立出來一個澎湖廳。鴉片戰爭後，西方新興勢力頻頻叩關，隨著北部的逐漸開發，茶葉、樟腦與煤炭也吸引了西方商人。因此在英法聯軍之役後的咸豐八年 (1858) 簽訂的《天津條約》裡，北部的淡水、雞籠與南部的安平、打狗一起成了台灣的對外通商口岸。因應北部地區的快速發展，清朝於是在光緒元年 (1875) 增設了台北府，管轄淡水 (台北地區)、新竹 (桃竹苗地區) 與宜蘭三縣，而南部的台灣府還是保持原名，只是由鳳山縣分出一個恆春縣 (屏東地區)，總共是二府八縣一廳。現在鳳山、左營、恆春、彰化、新竹等都還留有古城門，原因即是它們都曾是當時的縣治。而當時的台灣府與台北府，這島上南北兩府則互不統轄，各自隸屬福建省。

但是世局變化更快，迫使清廷在台北建府才十二年的光緒十三年 (1887)，正式在台灣建省，省治最終落腳台北府；並在東海岸的台東、花蓮等地設立「台東直隸州」，庶幾將全島納入其行政管轄之下，如此以台灣之名稱呼全島總算名正言順。此後原來在南部的台灣府就改稱台南府，這才是台南一名的開始。就是說，從清朝初年到清末台灣建省為止的二百多年間，現在的台南一直是台灣府的府城所在，台南縣市則稱台灣縣。住在這裡的人自稱台灣人或府城人，而不知有台南之名。在這二百多年的時間，台南不只被稱為府城，還獨占了台灣之名。由此我們可以理解到，台南人的台灣人身分觀有著長遠的歷史淵源。

這台灣之名的獨占又有著更實在的歷史地理的原因，台灣一名在明鄭時期也寫成大員或台員，這三個名稱的閩南語發音除聲調外基本相同，如今學界多同意這些名稱來自台南安平一帶的原住民地名 Tayouan。於是這漢人移民的最初地區就一直使用台灣一名，直到二百多年後的 1887 年台灣建省之後，才有了台南這新地名，而台灣一名才毫無混淆的成為全島之名。然而在有了這新名稱才不到八年的 1895 乙未年，日本帝國就占領了台灣，也將總督府設在台北。因此府城人明確的成為台南人是在日據時期的五十年間完成的，然而並沒改變他們自覺的台灣人身分意識。

台灣人身分核心的局限

考察台灣之名在三百多年來的歷史淵源可以讓我們理解到，台灣這名稱曾經是很明確的與來自福建的漳州與泉州地區、講閩南語的移民歷史緊緊綁在一起。這不僅成為我成長年代台灣人身分的背景，也是後來台灣人政治運動難以避免，也甚難突破的身分核心。

雖然台灣人這名稱百年來也曾擴大過其內涵，但就因為它曾經如此專門用來指稱說閩南語的台灣人，以致當台灣的族群政治在一九九〇年代開始氾濫，並具有強烈排他性格之時，李登輝才會提出與「中國人」對立的「新台灣人」這名稱，企圖涵蓋被老台灣人一名所排斥的原住民、客家人與外省人。同時身分證也不再記載籍貫，而改為出生地，讓省籍從身分證上看不出來。然而只要看看如今年輕人之間的省籍意識並未消退[5]，只是轉入潛流，可知李登輝的理想並未能實現。這個台灣人身分的局限性後面會再詳談。

與「新台灣人」相應的一個名稱則同時出現在中國大陸，當台灣在 1987 年解嚴之後，很多外省籍老兵回鄉探親，他們在台灣原是不被視為台灣人的，但這時卻都被中國大陸統稱為「台灣同胞」，簡稱台胞。這也是兩岸分裂下台灣人之名的另一發展。

四、台灣民族建構的歷史條件

從上所言可知，台灣人身分除了很明確的與講閩南語的移民緊緊綁在一起，而成了台灣人政治運動難以突破的

5　最近的例子是齊柏林墜機身亡後引起的有關外省籍與國民黨的一些評論。

身分核心之外，又歷經了百年來中國人意識的多次斷裂變化。這些都構成了台獨運動打造「台灣民族」的歷史背景。

班安德森民族理論的挪用

世紀之交的 2000 年 3 月正值陳水扁當選總統，促使台灣獨立運動邁向新階段之時，國際知名的民族理論大師班納迪克・安德森 (Benedict Anderson，下文簡稱班安德森) 教授來台灣給一個「全球化時代的民族主義想像」演講會，我應邀在會上發表回應。[6]

那時正值民進黨首次奪得政權，社會氣氛有了大轉變，台灣意識尤其高漲，台獨人士對獨立建國更是滿懷憧憬。班安德森的名著《想像的共同體》(*Imagined Communities*) 早已翻譯成中文出版，在台灣的知識圈廣為流傳，他的民族想像理論極為鼓舞台獨人士，引為獨立建國的理論依託，我在會場上可以充分感知到他們的興奮。班安德森就是在這樣的氛圍中來到台灣為他們打氣。

班安德森的民族建國理論，是以二戰後東南亞民族國家獨立建國的歷史為素材歸納出來的。他想指出的是東南亞的這些被殖民帝國隨意瓜分而出現的國家，是在國家成立之後才用民族主義的方法去建構一個民族共同體；卻因為這種「民族」不是「天然的」而是人為的，所以問題重重。

6　請參閱收於本文集的〈台灣民族想像的可能及其障礙〉。

這本書又是從西方的殖民者觀點，來批判和貶抑二戰後從殖民帝國控制下獨立的東南亞新興民族國家，如印尼、馬來西亞、菲律賓等。然而台獨派學者，包括他的學生，卻把他的理論倒過來使用：既然「民族」這個東西可以人為的建構出來，那我們也要用同樣的方法從無到有來建構「台灣民族」這個東西。聰明的班安德森當然知道他這些學生的用心，但不曾表示異議，反而適時推波助瀾。

不管他這套理論是否如實呈現東南亞國家的狀況，當被用到有著中國傳統社會結構與歷史的台灣，卻是問題重重。我在那次回應中除了考察「台灣民族」觀念形成的歷史條件外，也提出一些問題。

日本殖民統治種下的歷史條件

台灣的民族想像首先種因於日本殖民統治，這是第一個歷史條件。從班安德森的觀點來看，日本的殖民統治在台灣的民族想像上起了十分關鍵的作用。在這之前，台灣人這身分並非台灣島民共享的身分詞彙，住在台灣島上的除了原住民外，更多的是互相械鬥的漳州人、泉州人與客家人，還有不少不成勢力的潮州人與福州人。這些漢人移民並沒有台灣人這樣的一體歸屬感，而與大陸內地其他人一樣，以北京為班安德森所謂的朝聖中心，努力栽培子弟上京考取功名。

然而日本的殖民統治不僅斬斷了往北京朝聖的可能，還基本結束了漳州、泉州、客家與原住民之間的多語問題，他們都統一在日本話的單一官方語言之下。這個以日語為媒介的現代化教育，讓他們只有用日本話才能在現代化的世界裡互相溝通與想像，包括民族想像的可能。所以說日本殖民統治用日本話幫助清除了台灣民族想像在語言上的第一個障礙。

日本殖民政府雖然用日語教育了台灣的乙未新生代步入現代化大門，卻不將他們接納為日本人，他們仍然是次等國民的「清國奴」。日本在發動侵略戰爭前後的一九三〇年代中期開始皇民化運動，但已經太遲了，未能完全將台灣人成功改造成為其死命的皇民。但是它的殖民統治卻幫助界定了這個民族想像的地理範圍，就是日本統治下的台灣本島與澎湖群島這兩塊區域。這些都像班安德森所言，殖民地的行政邊界成了新的民族想像的邊界。

脫亞入歐的現代化競逐

日本據台雖然為後來的台獨運動界定了一個地理範圍，但這絕非台灣能脫離中國的充分條件。台獨運動並非只是歷史上的地方割據、自立為王，而是與現代化大潮有著密切的關係。這一點是班安德森沒有談到的。

當十九世紀西方現代化大潮隨著其軍事實力來到東方，不少人頓然自覺落後，失去了對自己文化的自信心。這種情況尤其發生在本來就屬於社會支配階層，並在現代化改造中得到好處的新一代知識菁英。這批知識菁英不僅完成了自我改造，還希望將自己的國家也改造成歐美的模樣。

在這條路上走得最早也最成功的毋寧是日本，他們在明治維新啟動後，就明白宣示「脱亞入歐」的國家總策略，並一舉將原本受到不平等條約宰制的落後國家，改造成與西方諸國並駕齊驅的列強。這個脱亞入歐的心態在台灣就表現在與中國分離的驅動力上。

日本殖民統治者據台之後所進行的現代化工程，為新的民族想像提供了一個否定過去的武器。如前述我父母這一代人看不起我祖父母那一代人的守舊、落後、迷信、抽鴉片、不衛生等，看他們是屬於落後的支那。由此而來的文化羞恥感與自卑感，幾十年後也轉成了否定中國身分的心理條件。

在這意義下，台獨運動也是一個在現代化旗幟下的脱亞入歐運動，因此呂秀蓮才會坦白的感謝日本帝國在甲午戰爭中擊敗清朝，而將台灣割離落後亞洲核心的中國。對台獨派而言，日本據台不只是割據一塊土地，還帶來了不同於中國大陸的，更先進的日本式現代化改造，即使這是從上而下的、被賜予的現代化改造。在這樣以西方現代化為標竿的競逐中，被戴上落後中國這頂破帽子的國民黨就吃了大虧。[7]

可以説由於自身有著這麼一個脱亞入歐的衝動，我們的觀念與情感遂更深一層的被西方現代觀念所影響。如此我們不少社會菁英是天天從台灣這個全球化的邊緣，直接

7　請參閱收於本文集的〈水龍頭的普世象徵〉。

望向如今是西方世界中心的美國，或者望向日本與西歐那些次中心，渴望著被看到。在這個巨大影響下，如今也同樣熱衷於打造現代社會，汲汲營營於競逐西方標竿的中國大陸，不僅不能召喚這些台灣菁英，反而構成台灣菁英直接與全球中心或次中心掛勾的障礙。他們想要直接與歐美現代中心掛勾，要與北京或上海菁英競爭誰更接近紐約或巴黎，既無需也不要透過北京或上海來轉一手。

換言之，兩岸分裂百年之後，在與中國大陸競逐誰更接近全球現代中心的心理下，台灣菁英焦慮恐慌的是他們可能會淪為邊緣的邊緣。他們希望直接與歐美中心接軌，能夠直接被西方看到，甚至成為西方中心的一部分，而不被北京或上海這些只是邊緣中心所阻隔，這是台獨派追求西方現代性的底層心理機制。這麼一種追求西方現代中心的認可與接受的心理，並不為其熱衷追求者所自覺，包括兩岸不分左右的西化知識菁英。

班安德森在這場演講會後的私下場合曾追問我一個三代之間的問題。他問說我覺得與父母還是祖父母比較接近，我不假思索回答「與父母比較接近」。這應該是他期待的答案，因為對他而言我與父母所共有的現代化思想基礎，即使有著美國式與日本式的不同，還是比較有助於他所同情的台灣民族的建構，而我祖父母那一代前清遺民的東西卻可能起妨礙作用。然而後來我在細思回想之下卻覺得事情沒這麼簡單，我的情感也沒這麼片面。祖母其實曾給過我頗大的影響，我在就學前的幼年時光曾一路跟著他在台南城裡看過各種傳統戲曲。不管如何，班安德森的提問與回答讓我感受到「西方現代性」的追逐在民族建構上的核心位置。

總的說，日本據台所帶來的不同於中國大陸的殖民式現代化路徑，使台灣有了脫亞入歐的分離運動的可能，這正是台灣民族想像的第二個條件。

親美反共意識形態的推波助瀾

分離運動在台灣民族的打造上所必要的對中國的否定，除了來自現代化因素外，如前所述也弔詭的發生在國民黨政權時期。國民黨的思想基礎除了那套片面僵化的中華民族主義之外，還有個很重要的親美反共意識形態。這個意識形態在分離動力上也起了作用。

在二戰結束後的冷戰局勢裡，作為冷戰前哨的中華民國被嵌入一個類似美國保護國的位置。在那種國共鬥爭的嚴峻情境下，台灣的主流思想基本上是受限於親美反共的思想框架的。這時的黨國體制不僅在思想上，同時也在實際行動上，對左派進行全面鎮壓與肅清。一九五〇年代的左翼肅清遂造成台灣從日據以來的左派傳承完全斷裂，以致在隨後的幾十年甚至到今天，都極為缺乏左翼的聲音與挑戰，可謂全世界少有。國民黨於是很成功的在台灣建立了一個幾乎不受任何挑戰的反共社會。

在缺乏能對美國價值進行批判的左翼思想的環境下，台灣的進步運動只能在有限的親美反共的範圍內，尋找反抗的資源。這就是一九五〇年代以降，雷震、殷海光、李敖等人的自由主義與全盤西化，以及早期黨外人士所啟動的民主運動的主流思想。從那時起，我們的反抗，包括剛萌芽的黨外運動，基本上都是在親美反共的框架下運作，當年能擺脫戒嚴體制管轄的知識菁英也多半前往美國或英國留學，在島內能對此有所反思的左翼則被迫淪為另類與邊緣，這個「消失的左眼」正是台灣進步運動的嚴重缺憾。

這個親美反共的意識形態與作為，不僅為台灣的民族想像事業清除了思想上的抗體，也在其發展上起了推波助瀾的作用，就是建立一個將對岸的中國人視為對立他者的心理潛意識。然後國民黨又被有意無意的認定是傳統中國的代表，於是在我們戰後這一代的西化潮流中，反國民黨、反傳統與反中國遂有了心理連結的可能。

半個世紀來，這個意識形態在台灣人心中潛移默化，即使在世局已經起了巨大變化之後，仍舊發揮著難以低估的影響力。例如 2003 年在台灣參加抗議美國入侵伊拉克的示威遊行人數甚少，而在有關新世紀初的巴爾幹半島的族群衝突，以及近年來的中東戰事，我們的媒體不分政黨傾向基本上都站在親美國政府的立場，抄襲西方主流媒體的報導。幾十年來我們每個人心中都存在著一個不容否認的美國價值，用借來的帝國之眼來觀看世界，以為來自帝國的所有觀點都是普世價值。這種心態在進步圈子裡也一樣難以擺脫。

因此不少戒嚴時期的反共口號，比如繼續將中共人士稱作匪類的標語，就很自然的再現在各種運動場合，例如2005 年台獨運動「三二六」遊行的「打倒萬惡共匪」、2008 年 11 月圍困陳雲林事件的「陳匪雲林」，甚至 2014 年太陽花運動的「覺醒青年」也不能免；可謂鮮活呈現出民進黨毫無反思的繼承了國民黨的反共意識形態。國民黨過去將中國大陸妖魔化如今可謂自食其果，更讓台灣人陷入兩岸對立的困境中。

這種普遍心態還與台灣的特殊處境有關。戰後美國沒有露出帝國本色將台灣當成殖民市場，反而給予經濟發展的機會，建立緊密的經濟聯繫，遂極大促進了台灣社會的親美性。

總之我們原來從國民黨中華民族主義所學到的中國人身分，是局限在親美反共的思想框架下的，如今當這個身分退卻之後，這思想框架就轉變成為親美反中了，一樣的意識形態以及一樣的對立面。因此可以說，1949 年退處台灣的國民政府及其親美反共意識形態，為台灣民族想像創造了第三個歷史條件。

最後國民黨政權作為現代民族國家所進行的普及教育，並統一語言、教本與歷史觀的整套做法，也為台灣的民族建構準備好了思想教育的條件；從教育部在李登輝當權後逐步走上「去中國化」之路可以清楚看出，比如以「終戰」取代「光復」、將中國史併入東亞史的新歷史課綱。由此來檢視現在的台獨運動者，如前所述其中很多竟是以前國民黨積極的忠黨愛國分子，或是無聲的順從者。從班安德森的理論來看，這並不矛盾，李登輝本人就是一個很好的例子。

五、台灣民族建構的障礙

所以說台灣民族的想像與建構，是由日本殖民統治、國民黨政權以及冷戰局勢，接連催生與界定的，而在李登輝的「新台灣人」想像中走向高峰。然而前面提到台灣人身分一直有其歷史包袱，底下我們就來考察其內外在遭遇的問題。

來自中國因素的各種路障

首先台灣民族想像在其源起同時，就受到另一個更強大的民族想像——中華民族主義的挑戰。中華民族主義是深深受到帝國主義的刺激而發展的，尤其是日本占領台灣以及後來的侵華戰爭。乙未割台一方面開啟了台灣民族想像的可能，另一方面則不僅在中國大陸強化了中華民族主義的發展(康梁變法的主張由此而來)，也在台灣開啟了心懷祖國的現代化知識分子的抗日運動(關於這點後文將會詳談)。

再來，國民黨在台灣雖然以親美反共政策為台灣民族想像推波助瀾，但也強化中華民族的各種物質的與非物質的元素，並製造了不少台灣民族想像的路障。例如台北故宮博物院就繼續散發著，有如班安德森所指出的「博物館在民族打造上的神聖光芒」。而且台北故宮的收藏是與台灣傳統民俗有者深刻的內在勾連的，閩南文化是其中的一個組成部分。很多台獨派不願面對自身的這種糾結關係，就只能去搬出與他們無關的原住民文化，不管是否真正理解其內涵。

又如中華民國的現實領域「台澎金馬」，裡面的「金馬」成了尾大不掉的東西，成了台灣民族想像中的疙瘩——金門人、馬祖人是不是新台灣人？這些都是台灣的民族想像所內涵的矛盾。

可以說，一百年來在台灣同時萌芽並存的兩種現代民族主義的這個台灣的內在矛盾，構成了台灣民族打造的一個最大的，而且可能是致命的障礙。這是我在班安德森的那次演講會中對他提出的一個現實問題。

就班安德森的民族建構理論而言，後進新興國家的博物館發揮著民族想像的強大功能。然而台北故宮博物院那些寶物的收藏在一千年前的北宋就已經開始了，歷經金元明清四代的陸續收藏，傳到民國手中，最後國民政府把它很重要的部分帶到台灣來。以班安德森的理論來說，單從博物館的傳承這一項，我們似乎可以推論出中華民族的想像竟是發端於宋代。

這聽來是有些荒謬，然而宋代卻是個有趣的時代。它的印刷業鼎盛；它開始了說書的傳統，是中國白話小說的濫觴；它完備了以才取士的科舉制度，讓所有的讀書人，以其通用的官話，在其統轄領域內有個來到首都的朝聖之旅。所有這些商業印刷、小說、以才取士、通用官話以及掌握知識的人的進京朝聖之旅，都是班安德森在《想像的共同體》一書所描述的民族想像的諸種歷史條件。這些條件竟然早在宋代就發生了，但是我們今天卻不會說中國的現代民族國家始於一千年前的宋代。

顯然班安德森的民族理論有嚴重漏洞，以致於應用到中國的歷史情境就破綻百出。或許我們用「民族國家」、「東方專制主義」或「天朝模型」等來觀察中國以及台海兩岸關係，都是犯了薩依德 (Edward W. Said) 指出的「東方主義」的錯誤，這是當時我對班安德森提出的一個理論問題。

班安德森的幽暗用心

班安德森在這次演講會上，曾經提到他從一位在美國的台灣留學生聽來的一件事。他提說，有一位來自中國大陸的男留學生，對於台灣獨立的主張十分激憤，說出要 X 盡所有台灣女人這種話。班安德森覺得這事很有象徵意義。

無論班安德森轉述的內容是否屬實，我們知道全世界帶有法西斯種族主義傾向的男人，都會有這種集體強暴敵對者婦女的念頭。較近的例子是新世紀初巴爾幹半島的族群衝突；再早的是 1937 年的南京大屠殺；更早的還有 1895 年日本軍隊占領台灣時，在鎮壓了地方武力的反抗後，對婦女施以姦淫凌辱的手段，這些都是載之史冊的。

這種集體強暴行為並不只是在發洩性欲，更是勝利族群的男性向敵對族群男性耀武揚威的精神鎮壓。這裡或可看出族群政治裡所潛藏的男性的、法西斯的心理因素，是那般充滿著集體的精神病徵。

由此來看，中國大陸留美學生中極少數人會有這種想法本就不足為奇，反過來亦復如此，也有一些強烈主張台灣獨立的男性想去幹同樣的事。但是，這種歷史上經常發生的現象並不是班安德森的重點，他要強調的是男性集體武裝者只會對敵對異族的婦女進行姦淫，而不會對自己族群的婦女同胞幹這種事；因此當他聽到有大陸中國人想對台灣婦女幹這種事時，就想到已經開始有大陸的男性不把台灣人當成自己的同胞了。

當然班安德森不會無知到以為那位中國大陸留學生的念頭具有絲毫普遍性，但以他的民族理論以及同情台灣獨立的立場，自然會想到若兩岸之間的問題是兩個異族之間的問題，就有了解決的曙光。於是那天他就進一步說，如果有很多中國大陸男性都有這種想法的時候，就是他們不再把台灣人當成同胞的時候，那台灣民族就有可能成立，台灣獨立的問題就解決了大半。

雖然班安德森這種想法太過一廂情願，但他確實碰觸到存在於兩岸之間的一個重要關鍵。身分認同是互相的，你即使取得美國國籍，很多美國人還不見得會完全接受你為美國人。你再怎麼裝扮成日本人，日本人也會把你當外人。但是你去中國大陸，他們卻還是把你當同胞，不管你接不接受，喜不喜歡。因此台獨對他們而言是背叛同胞，而不是敵對的異族。

大陸人把台灣人當成同胞的心理，其中當然有打造中華民族的現代因素在內，但也有來自前現代的傳統心理。就像以前台灣人一向都稱南洋華人為華僑，把他們當成中國人，這種前現代觀念碰上二戰後紛紛成立的、界線分明的現代民族國家，當然屢被指責為撈過界的大中國心態。

但不管政治正確與否，這種不完全與現代民族國家配合的文明包容觀，其實是台灣人長久以來的潛意識。解嚴後開放出國觀光，很多台灣人第一次到新加坡，還會驚訝於新加坡人也會講「台灣話」。其他的因素不談，這裡是包含著一種把新加坡華人納為自己人的底層心理機制，我想這是中國人把有相同文化和宗族連帶的都認為是自家人一樣的心理機制。而正是這種身分認同的底層機制，是難以用現代民族國家的觀念來輕易加以解消的，也就構成了台灣民族建構的另一個障礙。

以班安德森的聰明，他是看到了兩岸之間與台灣內部在身分認同上，不是可以輕易解決的這個麻煩；他也看到了他那套現代民族建構理論的困境，是他當時心裡的疙瘩；因而會一廂情願寄望有朝一日大陸人不再將台灣人當成同胞，以為問題便可迎刃而解。

台灣民族建構的內在排他性

台灣民族打造除了來自中國因素的障礙外，還有個前面提到的嚴重內在問題——台灣人身分的排他性，就是台灣人這名稱因為歷史的原因而與講閩南語的移民緊緊綁在一起，成為後來台灣人政治運動難以避免，也甚難突破的身分核心，並因而引發一九九〇年代開始氾濫的族群政治。

李登輝為了解決族群政治的強烈排他性，曾提出與「中國人」對立的「新台灣人」這名稱，企圖涵蓋被老台灣人一名的局限性所排斥的原住民、客家人與外省人，然而並不成功。多年前作家朱天心曾投書報紙強烈抗議不少本省人只把她當作是外省人，即使她有一個本省母親。而很多投效台獨陣營的外省子弟都需要很辛苦的作態交心，還不見得會被完全信任。

這很像美國黑白之間的區分標準，前高爾夫球名手老虎伍茲 (Tiger Woods) 是個大混血，他的長輩除了有黑人與白人外，還有東南亞血統。但很清楚，美國白人不會認為他是白人，即使他有白人血統，美國黑人倒是接受他為黑人，即使他只有部分的黑人血統。歐巴馬有一半黑人血統，是美國第一位黑人總統；但他也有一半白人血統，卻沒人說他是白人。

這是美國一般的白人與非白人分類法，白人必須是純粹的白人，在美國以膚色來區分的族群位階上，處於最高階，有如純種狗一樣，不能有一點雜質。這種排外的種族觀表現的最為極致的就是納粹德國的排猶，只要有一點猶太血統的就是猶太人。而台獨運動因內含台灣人身分的局限性，而帶著類似的族群分類法，也正是台灣民族建構的困難所在。

美國在來自歐洲不同族群的歐洲白種人之間確實是個大熔爐，這點不容否認，這是美國這個國家最初形成的歷史條件。而中國人來源的多樣與雜交也不是民族本質那種抽象東西，而是來自歷史形成的諸種境遇。[8]相對於其他很多國家，中國人身分是在幾千年的歷史長河中形成的，比較是個文明或文化身分，而較不是血統或種族身分，只是西方的現代民族主義觀念把這身分僵化了。

以傳統社會為基礎的閩南移民社會，原本就有中國人的多樣性與雜交性，只要文化上能夠連結的就是自己人，因而到處形成「小中國」。這或許是很多台灣平埔族失去其原住民身分的主要原因；相對於傳統漢人社會將平埔族納入自己人行列，受到族群政治影響的當今台灣社會則將朱天心看成是外省人。

台灣的族群政治在解嚴之前就已在醞釀，解嚴之後更是成為選舉時的民粹利器。族群政治危害之烈在於必須不斷的尋找內部敵人。以閩南語族為主體的台灣獨立運動的族群政治，總是不斷的為其外部敵人「中國」，在台灣島內找出其相應的「非台灣人」的中國人投影，尤其是外省人，以作為其內部敵人。頻繁的台灣選舉更是最佳的操練場，以此煽動選民。更甚的還屢屢在一些複雜的爭議事件

8　請參閱收於本文集的〈重新認識中國的豐富與多樣〉之「族群意識：中國人的多樣與混雜」一節。

裡，將他們挑出來當代罪羔羊。

因此內心不安的外省第二、三代，在這幾十年的族群政治下，往往陷入十分尷尬、荒謬、自我迷失的處境。有些人承受不了這種壓力，就會表現的比任何台灣人都激進，努力以反中國、反國民黨，甚至反外省的姿態，來與外省身分切割，來向台獨運動交心。不少人則躲進「政治正確」的各種保護傘之下。

因此只要身分問題一日不解，台灣內部就一直會有「非台灣人」存在，這些心理障礙顯示李登輝理想中的「新台灣人」的困難所在。所以說族群政治雖是台獨運動最有效的武器，卻由於其必然製造台灣的內部衝突，又是其罩門。或許只有當台灣人不再拒絕中國人身分，兩岸不再對立，不再被族群政治操弄，這問題才能迎刃而解，外省人後代也才能心安理得的作台灣人。

這無疑是身分政治上的一大弔詭，就是說，前面由閩南語族移民所建立起來的台灣人身分的局限性，必須在不拒絕中國人身分的條件下才能被打破，才得以鬆綁開放，容納所有的台灣人民，包括原住民、客家、外省、外籍配偶，所有住在台灣而想擁有台灣人身分的任何人。這才會是李登輝企盼的「新台灣人」真正確立的時刻。[9]

9　請參閱收於本文集的〈誰需要大和解？〉。

自我否定的空洞主體

台灣民族打造除了以上所言來自中國因素的障礙，以及台灣人身分至今難以消除的排他性外，還有個所謂的主體性問題。前文提到十九世紀開始的脱亞入歐熱潮，日本人當時想脱離的所謂亞洲其實就是中國，及其代表的東亞文明圈。在這點上台獨運動是與其合拍的，但問題就出在這裡。

日本那時所謂的脱離並非表示原來有個國家層次上的羈絆，它那時本來就是個獨立自主的國家。他們所謂的脱離指的是脱離精神上、思想上的羈絆，講白一點就是不再跟你中國玩東方文明的那一套了。日本從此走向西方帝國主義的霸業之路，甚至到了戰敗之後也回不來，此後它在東亞的存在就一直是個西方文明的象徵物，像是歐美世界從北美洲跨過太平洋延伸到東亞邊緣的前哨。

日本能夠「成功的」脱亞入歐，有其文明與地緣的因素。日本就如柄谷行人所言，是東亞文明的「亞周邊」[10]，即是邊緣的邊緣，於是有了這個脱離的條件；而作為文明中心的中國則是最不可能有這種條件的，因為它就是中心本身、亞洲本身，只能是被脱離的對象。但中國人並非就沒有脱亞入歐的衝動，還是會以各種方式表現出

---

10 柄谷行人《帝國的結構：中心、周邊、亞周邊》(台北：心靈工坊，2015)。

來，比如二十世紀的漢字拉丁化運動，比如作為五四運動重要一環、從胡適到殷海光和李敖所提倡的全盤西化，又比如來到二十一世紀還有人說中國應該被西方殖民三百年，才能脫胎換骨。

然而中國有些邊緣地區在特定條件下也會有這個機會，台灣作為一個邊緣島嶼，在乙未之變日本占領後就有了機會。而以破壞台灣本土文化為代價的日本殖民現代化改造，也給了台灣知識菁英不同於中國大陸的自我想像。

但是日本不管如何脫亞，都只是不再以中國為師，卻不曾否定自己的歷史與傳承，萬世一系的天皇制度依然是其立國根本，是其所謂的主體性所在。而台獨運動在這點上卻是不同於日本對其歷史與傳承的堅持，它脫亞入歐的想像是以割捨其文化母體的中國文明為代價，而將其主體掏空了。而且在乙未新生代接受日本殖民現代化教育，不再學習傳統典雅閩南語而自我棄絕了閩南文化之根的時刻，這掏空就已經開始了。

讓我們以近年來關於紀念嘉南大圳的建造者日本工程師八田與一的爭議為例，來探討台灣民族主體性的問題。八田與一在日據時期的一九一〇年代來到台灣參與並負責各項水利建設，他負責的水利工程中最有名的是烏山頭水庫及其引水灌溉嘉南平原的嘉南大圳。1942 年日本攻占菲律賓，他以陸軍專員身分被派遣去調查水利設施，因所搭船隻遭美軍潛艇擊沉而亡。

八田與一作為一個愛國者，對日本帝國誠然盡心竭力，包括在日本帝國「工業日本，農業台灣」的殖民經濟政策下，增產台灣的米糧與蔗糖來供應帝國事業之所需，最後也算是戰死沙場。客觀上他確實對台灣也有貢獻，畢竟那些綁在土地上的現代化水利建設在 1945 年日本退出台灣時是搬不走的，而留下來繼續為台灣人所用。因此這裡就牽涉到如何評價日本的殖民現代化建設的問題。為了這個客觀上的貢獻，台灣人紀念他本是無可厚非，但台獨運動如此抬高這個日本人，只是為了他在客觀上的貢獻嗎？

日據之前的台灣並非缺乏水利建設，閩南移民來台開闢水田，一定要有灌溉渠道，前清時期台灣南北就有不少，而且規模不小，如台北盆地的瑠公圳、中部彰化八卦山邊的八堡圳、南部鳳山地區的曹公圳等。然而這些先民篳路藍縷、胼手胝足的前現代水利建設，卻沒能得到後代子孫給予八田與一那樣同等規格的追思紀念。光復後有多個水利建設客觀上的貢獻也不輸嘉南大圳，如石門水庫與曾文水庫，但是台獨運動者當然不會去紀念其建造者。所以說他們並不是為了「客觀貢獻」來紀念八田與一的，而是另有所圖，即是以肯定日本殖民來否定國民政府這個政治目的。

然而台獨運動者只是基於這種政治鬥爭的心態嗎？應該不只。不去紀念石門水庫與曾文水庫建造者的心理可以理解，因為那是國民黨的政績。但連台灣先人在前清時期的建設成果也一併忽略，就顯示出他們不僅為了打擊國民黨，也是在將前清時期的先人事蹟從自己的歷史與記憶中抹去或是貶抑，而只能將日本殖民現代化的起點當成台灣歷史的起點。

這種心態除了基於政治立場的考量外，還有一種「凡屬前現代的落後遺產皆令人自慚形穢」的自我否定心理，如此就洩漏了一個真相——台獨運動並不真正想要以先人與歷史來做為其主體的基礎，甚至自慚形穢。如此所謂的主體性就變得空洞虛無了，可說竟是在自我「去主體化」。

這種歷史虛無主義的空洞主體，最近還表現在從 2017 年起中央不再紀念鄭成功這位「台灣人主體」的開創者這件事上。台獨運動看似對過去在台灣曾經存在的所有政權一視同仁，都認定為外來政權，包括統治台灣長達二百多年的清朝及其之前的明鄭。如此就將這兩百多年間移民台灣的閩南語族，也就是如今台獨運動的主要成分，歸為外來政權的後代了。這種自我否定就難以避免的要去鄙視自己的先祖，否定自身的來歷，割斷自己的歷史，包括遺忘日據時期的台民抗日史與前清先民的勞動成果，進而棄絕閩南文化的母體。

這種心態與他們所羨慕的日本的「脫亞入歐」卻有著天壤之別，也是其最嚴重的內在矛盾。問題在於我們台灣人的文化、語言與祖先都是與中國 / 閩南如此難以切割，我們的心理結構與行為模式也都是那麼的中國 / 閩南，外人看來兩岸就是同一種人的不同樣態，我們卻要如此自慚形穢，自我否定，就難免陷入價值迷失、扭曲瘋狂的心理狀態。台灣民族建構者如此一方面倡言台灣人的主體性，另一方面卻在切割自己的歷史傳承，以否定中華文化組成部分的閩南文化為代價，來自我掏空，這是台灣民族建構最大的內在問題。

在這種自我否定的空洞主體狀態下，心理上為求補償，台獨運動抬高日本殖民統治對台灣的貢獻、懷念日本所賜予的種種現代化建設、重建日本神社等等行為，就很可理解了。然而這些都只是以日本的現代性來填補自我的空虛，卻完全沒學到日本對歷史傳承的自我肯定精神，反而成為其未曾反省清理的法西斯遺毒的重災區。為何這麼說？我們還是以八田與一為例來說明。

愛國者八田與一同他的許多同胞一樣，在主客觀上都是為日本帝國的擴張事業而盡心竭力，積極參與二戰時法西斯陣營的帝國侵略大業，甚至奉獻生命；他的事業與日本的帝國事業緊緊綁在一起。若因此說他「愛台灣」就未免一廂情願，他並非自願來到一個國外地區來幫助水利建設，而是在日本殖民政府的任命下進行的。後來他被派到菲律賓去作調查，萬一有機會在那裡施展抱負，也是可能成就另一個嘉南大圳的，但絕非出於愛菲律賓的動機。

因此台灣人必須認識清楚，日本在明治維新後加入西方霸權的帝國主義俱樂部，在二戰時又加入以納粹德國為首的法西斯陣營；日本在台灣進行的殖民現代化、工業化，無一不與其走向這條自我毀滅之路有關；對八田與一的評價就必須放在這個脈絡中。

台灣獨立運動者的盲點就在於因為痛恨國民黨與中華

民國，就對日本這一悲劇性的歷史發展視而不見，只談日本殖民台灣的貢獻，只談「終戰」，好像第二次世界大戰只是幾個國家爭權奪利的戰爭，好像日本只是時運不濟的「戰敗國」，卻不願面對日本當時是參加了法西斯軸心陣線這件事。這種價值的迷失對其標榜的普世價值是個極大的反諷，其實正是其歷史虛無主義的空洞主體的自然呈現。

台獨運動由於不願面對這件事，也就不願接受中國當時是參加全世界反法西斯戰爭而付出巨大犧牲的同盟國，不管其當時多麼衰弱無能。由於不願接受這事實，也就不願接受中國當時收回台灣乃是理所當然，不願承認日本明治維新後走上了帝國霸業的錯誤歧路，只願把甲午戰爭當成兩國爭霸的日清戰爭。這一切也助長了台獨運動的歷史虛無主義，也才會有對慰安婦、南京大屠殺等問題的盲點，而對八田與一的評價問題不過是其中的一環。

台獨運動可以如此無視於日本帝國的戰爭責任，還有個戰後世界局勢的大背景。二戰結束後東亞很快陷入冷戰局面，韓戰接著爆發，美國於是改變原來要徹底清除日本法西斯餘孽的政策，轉而扶持日本重建成為冷戰的重要基地。日本因此被放過一馬，然而到底是幸或不幸？幸運的是日本全心將自己打造為經濟強國，不幸的是日本由於對自己歷史缺乏反思與清理，法西斯思想至今陰魂不散，與鄰國關係糾葛不清。

這一缺失原本只是日本自身的問題，然而卻有個外溢的重災區，即是曾經被其殖民的台灣，尤其影響到台獨運動。何況曾經有過納粹德國與白團等軍事顧問團的國民黨，在台灣更是不會去進行這項清理工作了。如此造成台灣人對二十世紀歷史的盲點，近年來會發生高中生扮演納粹軍人的事件，也就不足為奇了。

台獨運動者又常以美國脫離英國為典範作為與中國分離的理據，但是美國的建國者並不曾否定他們所傳承的西歐文明。美國雖然在其獨立戰爭時與英國打了一仗，但在其文化傳承上並沒拒絕或排斥英國的文學，正相反，整個英國文學傳統也成了美國的文學傳統。

其實就 1776 年當時北美十三州脫離英國而獨立的處境而言，美國脫離的只是一個歐洲王室的控制，他們並沒有脫離那個歐洲大文明，那個以基督教及希臘羅馬文化為基礎，發展了兩、三千年的歐洲大文明。英國當時只是歐洲諸國之一，是一個與葡萄牙、西班牙、荷蘭、法國等爭霸的新興民族國家，且尚未完成其海上霸權。美國脫離英國是在另建一個民族國家，並沒有脫離歐洲那個大文明體，反而是以歐洲到那時為止所產生的最新的政治理念，來建立他們這個新國家。他們從來就是那個大文明的一分子。

相對而言，台獨運動主要卻不是以一個文明體之內的新興民族國家去反抗另一個民族國家，而是要「脫亞入歐」脫離中國這個文明體。因此就必須以西方現代文明，來否定自身從出的閩南文化 / 中國文明。這是它自我否定的內在矛盾，一方面為了獨立必須強調「本土」，另一方面卻又必須「去本土」。

台獨運動如此自我否定，於是只能依靠占支配地位的、外鑠的價值，尤其是來自歐美文明的，來理想化自我形象。就是說台獨運動在無能做自己的情況下，只能透過外人的眼光，尤其是西方先進國家的眼光，來審視自己。除了日本文化與西方現代文明之外，他們的內在主體由於自慚形穢，切割了歷史與傳承而變得空洞虛無。而所謂的多元文化或普世價值，就成了用來遮掩這個空洞自我的裝飾品。

平埔族血源論的爭議

由於台灣民族建構具有上述各種嚴重障礙與缺陷，有些台獨派就主張說台灣人已經混入平埔族原住民的血統而有所不同，希望這樣就能夠將台灣人「去漢人化」，而在血統上宣稱是一個新的種族，以此來完成其民族建構。這種主張曾被基因研究專家反駁過[11]，但仍有不少台灣人熱衷追求這種身分。

然而更重要的是，漢人(或中國人)的概念並非來自血統，而是來自文化。漢人(或中國人)是在東亞大陸上經過四五千年歷史的大混血而形成的，平埔族的基因在漢人社會的擴展下被吸收，是歷史上的常態，華夷之辨一向

---

11 請參閱陳叔倬、段洪坤〈平埔血源與台灣國族血統論〉，《台灣社會研究季刊》，72 期，2008 年 12 月。

基於文化，而非血源。[12]

台南地區作為漢人的最初移民之地，若上述論斷成立則應該就是最初混血的開始。如今在台南地區靠山一帶還保留一些西拉雅平埔族文化，那裡的子弟在一九六〇年代有不少人來到台南城裡上中學，成了我的同學。然而他們卻都是以台南人的身分被對待，府城人並沒有將他們當作平埔族原住民，沒有那種意識，因為他們已經被包含在台灣人這個身分裡了，講的也是台南地區的台灣話。反而因為有著城鄉差距，他們只是被城裡人當成鄉下人對待。

就是說，台灣人包括我自己或許有某個女性祖先來自平埔族，確實近年來有些人如此宣稱。但我覺得對任何以台灣人身分長大的人而言，這樣的追尋在我們現在要處理的問題上意義不大，因為他從小就是被當成台灣人對待的，不管有沒有平埔族的血源，他都不能卸下前面談到的那個台灣人的歷史包袱，都得概括承受這名稱所背負的所有榮耀與罪過，而無所逃避。不能因為他的祖輩有著平埔族血源，就能擺脱作為台灣人的歷史責任，而輕鬆的站到那個政治正確的位置，罵起台灣人來了。而對於幾百年來的原漢問題，也不是將之歸咎鄭成功就可解決。

進一步說，不管是中國人還是台灣人身分，都一樣要面對少數民族的挑戰，這個挑戰並不會因為否認自己的漢

---

12 請參閱收於本文集的〈重新認識中國的豐富與多樣〉之「族群意識：中國人的多樣與混雜」一節。

人、台灣人或中國人身分就可能消失。何況平埔族血緣論至今仍只是被工具性的利用，是個很有爭議的說法，無助於台灣民族的建構論述。

六、台灣抗日運動的中國淵源

綜合上述，我們探討了乙未割台如何啟動台灣人的身分意識，而日本的殖民現代化改造如何製造了台灣民族想像的可能條件；也探討了光復後國民政府與渡台知識菁英在台灣重建中國身分的成功與失敗，以及1949年之後兩岸的長期分斷與冷戰局面如何加強了台灣民族建構的主客觀條件。

我們進一步探討了台灣獨立運動如何在這些歷史條件下興起，直到今大有了年輕世代「天然獨」的成效。然而我們最後也指出台獨運動由於以割斷歷史、否定傳承為其核心動力而失去自我，只能靠外鑠的價值來遮掩其空洞的主體，因而將台灣人帶入亂局與險境。在這種無根而迷亂的狀況下，台灣人如何另尋出路呢？或許我們還是得從百多年前乙未割台的這個巨變源頭找起。

乙未之變雖然催生了現代台灣人意識，開啟了台灣民族想像的可能，而有了如今台獨運動的局面，但乙未之變也同時激發了台灣人的祖國情懷。在犧牲慘重的乙未之役後，台灣漢民最大的武裝抗爭是1915年的噍吧哖事件，接著才有了心懷祖國的台灣現代化知識分子的抗日運動。

1915 年底穿著傳統台灣衫的噍吧哖事件志士在現代化的台南監獄旁，等待著被日本警察押往台南法院受審。

噍吧哖事件 (又稱西來庵事件) 就是以地方的宮廟組織與庶民的傳統義理觀為核心來發動的，因此後人往往把起義失敗的原因歸之於余清芳、羅俊等領導者的這個「落後的前現代性」。

這群身穿傳統台灣衫的起義倖存者先被關在新蓋的現代監獄，後又被押到也是新蓋的、完全是現代歐洲風格的台南法院受審，頗具象的顯現出落後的傳統敵不過進步的現代。然而不管起義的失敗是否因為「落後的前現代性」，起義本身卻也象徵著在被日本殖民二十年之後，台民依舊心存祖國的情懷。這個從乙未割台開始就產生的回歸動力，恐怕是班安德森的民族建構理論最不願面對的。我們就先從這個面向談起。

從今天諸多懷念日本殖民的現象以及李登輝的言論來看，不明就裡的人會以為台灣人在日據時期真的具有日本人身分。那時台灣人確實是日本帝國的臣民，然而真正的日本人身分卻是很嚴格的，不管在法律上還是日本人的心裡，外人並不容易取得這身分；比較歐美同樣發展程度的國家，日本人直到今天在接受外人來當日本人這件事上面都是比較嚴格的。何況那時候絕大部分台灣人並不想當日本人，要不然日本政府也無需在發動帝國擴張戰爭的同時，發起皇民化運動來要台灣人為其死命了。

那段時期在我父母兩邊的家族裡就只有一家人改了日本姓名，是個有社會聲望的醫生家庭，然而並非由於心悅誠服，而是社會地位高因而目標顯著，具有示範作用，感受到的壓力就特別大，只好屈服。我父母各自的家庭都是小生意人，也就沒遭到什麼壓力，而其實祖父母與外公外婆都不會說日本話。

懷抱祖國意識的抗日運動

不論是否容易當日本人，台灣人的傳統漢人意識是很強的。台灣人先輩在日據時期雖然開始有了台灣人意識，但並沒有與中國身分斷絕，就在同時也立即激發了回歸祖國的動力。如前述台灣漢人傳統武裝抗日的最後一役是1915 年的噍吧哖事件，犧牲慘重。而接著採取現代政治社會運動的形式進行反抗的，也與噍吧哖事件領導者一樣，是曾經接受過傳統漢文教育的一批前清遺少。

在世局變化之際，一批在讀過傳統漢文教育之後，又接受日本殖民現代化教育的半新式知識分子，在二十世紀初的青少年時代都還留著辮子，懷有故國之思，密切關注祖國的變化。由此他們帶來現代新形式的反抗：從參加同盟會並在台灣延燒辛亥烽火，而上了日本政府絞刑台的羅福星 (1886-1914) 開始，呼應大陸現代化革命進程每一環節的行動接二連三發生，直到台灣光復不曾稍歇。

以第一批畢業於台灣醫學校的蔣渭水 (1891-1931)、翁俊明 (1891-1943)、杜聰明 (1893-1986)、賴和 (1894-1943) 等人為例。他們生長於世局變換之際，在進到日本殖民政府設立的小學教育體制之前，都讀過傳統漢文學堂，並且後來都進到醫學校成為現代專業知識分子。淡水人杜聰明在回憶錄提到，他是要到醫學校本科第二學年 (1911)「始斷髮」，又說：「民國初年前後，筆者是在醫學校的學生時代，我們台灣青年雖受日本統治，但我們漢民族的意識很旺盛，每朝起床就閱讀報紙看中國革命如何進展，歡喜革命成功」。這些關切祖國革命發展的醫學校前後屆學生，遂在蔣渭水與翁俊明號召下組成秘密團體，在 1913 年 (民國二年) 計畫暗殺企圖稱帝的袁世凱，並推派杜聰明與翁俊明兩人遠赴北京執行。[13]

他們當然無功而返，但這件事的重點在於，台灣在日

13 杜聰明《回憶錄》(台北：杜聰明博士獎學基金管理委員會，1973 年 8 月)，頁 34-44。

據時期的第一批現代菁英是充滿著祖國情懷的。他們在幼年時期所接受的漢文學堂傳統教育起了深刻的精神作用，使得他們在世紀之交在接受現代醫學教育的同時，也密切注意中國大陸的變化。辛亥革命使他們極為振奮，而袁世凱企圖奪取革命果實，又讓他們極為憤怒。就是說他們當時的心境與大陸的進步知識分子是同步的。

於是就在這些歷史因素交錯影響下，這批醫學校畢業生除了有故國之思外，也成了台民放棄傳統武裝鬥爭，改採現代政治與社會運動形式抗日的第一批先行者，他們在一九二〇年代創建了文化協會與民眾黨，展開了台民的現代啟蒙與抗日運動。

台南人翁俊明 (歌星翁倩玉的祖父) 畢業於台灣醫學校，參加孫中山的同盟會，在台招募盟員。辛亥革命後，他還於 1913 年集結同志，籌款援助國民革命，並與醫學校同學杜聰明於 1915 年同赴北京企圖暗殺袁世凱，未果而還。隨後他回歸大陸，在廈門、上海等地行醫。七七事變後他到香港加入抗戰行列，幫助成立國民黨台灣黨部。

1920 年留日台灣學生受五四運動的直接影響，在台中人蔡惠如 (1881-1929) 的支助下，於東京創立「新民會」，並仿照北京的《新青年》發刊《台灣青年》雜誌，進行民族主義思想的啟蒙宣傳。隨後，留日和旅居北京、上海、廣東、南京等地的台灣學生相繼成立「台灣青年會」、「台灣學生聯合會」、「中台同志會」等組織，這些組織成員都與在台的抗日運動關係密切。

宜蘭人蔣渭水以台灣孫中山自許，先是加入翁俊明的小團體，參與了謀刺袁世凱的計畫；接著在 1921 年糾集同志成立「文化協會」，推展台灣人民的現代啟蒙運動；並在 1926 年成立台灣民眾黨，展開工人與農民運動。他主導的這些運動幾乎是隨著孫中山的思想進展亦步亦趨。而他的同學、摯友與同志，彰化人賴和，響應五四的白話文運動，提倡台灣的白話文學書寫，被尊為台灣現代小說之父。對這一批日據時期中期的啟蒙活動者，辛亥革命與五四運動都讓他們熱血沸騰。

另外一位只接受過傳統漢文教育，沒上過現代學校，卻成為台灣抗日運動重要領導者的是林獻堂 (1881-1956)。林獻堂生於台灣中部霧峰的一個大家族，這個家族子弟多有在傳統仕途上獲取功名的。乙未割台後，霧峰林家下厝的林祖密 (1878-1925) 支持辛亥革命，曾在台接濟孫中山，並於 1913 年奔赴大陸，回復中國籍。他又在 1916 年變賣在台家產支持孫中山在廣州的護法運動，被任命為閩南軍司令；然而後來不幸被盤據福建的孫傳芳部所害。

乙未割台時，霧峰林家頂厝的林獻堂已是個青少年，繼續接受家族的傳統教育，拒絕轉到日本殖民政府設立的新式教育體制。同時他也密切關注大陸的政治發展，世紀初梁啟超亡命日本時辦的《新民叢報》就成了他的現代啟蒙的精神食糧。1907 年林獻堂趁著初次旅遊日本的機會熱切的追尋梁啟超的足跡，而終於在奈良找到了他，並當面向他請教台灣前途問題。

梁當時回答他「中國在今後三十年斷無能力幫助台人爭取自由，故台灣同胞切勿輕舉妄動，而有無謂之犧牲。最好仿效愛爾蘭人對付英國之手段，厚結日本中央政要，以牽制台灣總督府之政治，使其不敢過分壓迫台人……」[14]。這場讓時年二十六歲的青年林獻堂大受感動而幾至涕零的會面，開啟了他日後溫和抗日的路線，如 1921 年開始的「台灣議會設置請願運動」。

對流亡中的梁啟超而言，他是自覺承擔了整個中國當時的艱困處境，來面對這一位來自割讓地的年輕棄民。四年後的 1911 年 4 月，他還接受林獻堂的邀請訪問台灣，作十數天之遊，會見各地士人。其間他諄諄告誡這批清朝遺老遺少，「勿以文人終生，必須努力研究政治、經濟以及社會思想學問。同時開列日本書籍……計達一百七十餘種，都是東西方的名著」。他在台灣前後只待了十餘日，但影響深遠，尤其是對林獻堂的「政治思想與民族意識」[15]。這些事清楚顯示日據初期台灣菁英的祖國情懷。

日據後期，台灣的工農運動蜂起。台南人蘇新 (1907-1981) 在 1928 年赴日求學期間加入共產黨，並於隔年回台發展工人運動。他在 1931 年被殖民當局逮捕入獄十二年，光復後在 1947 年深度介入二二八事件，後經香港轉

---

14 葉榮鐘《台灣人物群像》(台中：晨星出版，2000)，頁 82-84、199。

15 同前註，頁 201。

赴大陸，並在晚年出任政協委員。出身貧賤的彰化人謝雪紅 (1901-1970) 年輕時參加文化協會的活動而得到極大的啟發，後於 1925 年在上海參與五卅工人運動，並加入中國共產黨；同年底赴莫斯科東方大學就讀，並於 1928 年在上海成立台共組織，回台活動。1931 年被日本殖民政府逮捕入獄八年，光復後二二八事件時在台中組織二七部隊，後經香港前往大陸，與蘇新、楊克煌等人成立台灣民主自治同盟。

又如高雄人簡吉 (1903-1951) 是日據時期農民組合的主要組織者，後死於一九五〇年代國府對左派的大肅清。同時殉難的還有台北人郭琇琮 (1918-1950)、嘉義人張志忠 (1910-1954)、高雄人鍾浩東 (1915-1950) 等，還有被長期監禁的台南人林書揚 (1926-2012，入獄 31 年)、高雄人陳明忠 (1929-，入獄 25 年) 等，都懷抱著強烈的中國身分。可以看出，日據時期到戰後初期的啟蒙與抗爭運動主要是由懷抱著中國身分意識的台灣人所構成。

總的來說，日據時期現代形式的台灣抗日運動主要有著三條路線：首先是受到梁啟超啟發，有著傳統文化修養，較為溫柔敦厚的林獻堂「台灣議會請願運動」路線；再來是受到孫中山的深刻影響，帶著強烈國民黨廣州革命政府時期氣質，傳統與現代教養結合而中間偏左的蔣渭水，從「文化協會」到民眾黨的路線；最後就是後起之秀，信仰馬列主義，以新起的蘇聯為師，以階級鬥爭、工農組合為主要抗爭手段的台共路線。

日據時期台灣抗日運動雖說有這三條路線的分歧，各有其政治信念與思想理據，但是因為都是屬於被殖民地區的反抗運動，就必須面對一個共同的基本問題，就是如何從現代帝國主義的宰制下解脫的民族解放問題，這是不管採取哪種路線，全世界落後地區在現代化道路上共同的基本問題。所以說這三條路線雖然有分歧與對立，卻都立足於民族解放這個共同的出發點，在現實的歷史處境中就有很多人事、行動與理念的交融。

就台灣而言，林獻堂和蔣渭水的理念無論有何分歧，都很清楚站在民族立場領導這些抗爭活動。即使採取階級路線的運動如農民組合，其鬥爭目標主要還是日人控制或有關的大資本，如製糖會社。換言之，反帝鬥爭中的階級性帶著深刻的民族性，因為那時台灣連民族資產階級都很微弱。這個左翼運動所講的民族解放，與林獻堂等人所提的民族運動都基於同一主軸，即是鹿港人葉榮鐘 (1900-1978) 所言：「台灣民族運動的目的在於脫離日本的羈絆，以復歸祖國懷抱為共同的願望，殆無議論餘地」[16]。

只是這段歷史由於有著濃烈的第三世界民族解放氣息，以及深刻的左派聯繫，以致光復後被國民黨所壓制湮沒，不被納入其中華民族精神教育裡，構成國民黨在台灣的中華民族主義的嚴重缺漏。台灣父兄先輩充滿祖國情懷

16 葉榮鐘《日據下台灣政治社會運動史》(台中：晨星出版，2000)，頁 19。

的這段抗日歷史，戰後新生代要到一九七〇年代以後才得以重新認識[17]，其中很重要的是葉榮鐘在1971年出版的《日據下台灣政治社會運動史》一書。

戰後台灣文藝復興年代的中國意識

雖然從一九五〇年代到一九七〇年代，國民黨以反共愛國之名壓制了台灣抗日先輩的珍貴歷史，但那又是台灣戰後新生代從另類管道尋回中國身分的關鍵年代。對台灣戰後新生代而言，在當時黨國民族精神教育之外另有著意義重大的事件在發生，那是左派思想在一九五〇年代被肅清之後，繼之而起的以自由主義、個人解放、民主憲政為名的反抗運動。從雷震和殷海光的《自由中國》雜誌，到李敖的《文星》雜誌，他們傳遞的雖只是中國自由主義，談的雖然只是在親美反共框架下的美國式自由與民主，對台灣戰後新生代而言卻又是一個接回中國現代化運動的重要時期，而主要發生在一九六〇年代。

我曾不無誇張的說台灣的一九六〇年代是個「文藝復興」年代[18]。這主要在指出，相較於西方文藝復興的從神權籠罩下解脫，台灣則是從一九五〇年代嚴厲肅殺的禁制中鬆綁，而出現了創作與出版的榮景。那時不僅冒出很多新的出版社，像文星、水牛、志文等，大量出版新書與叢

---

17 請參閱收於本文集的〈葉榮鐘為我們留下的香火傳承〉。
18 請參閱收於本文集的〈台灣的文藝復興年代〉。

刊，更有很多大陸遷台的老出版社，如商務、世界、中華等，也將他們在一九三〇年代大陸時期的老書大批翻印出版，如商務的「人人文庫」涵蓋了大陸時期那二、三十年間的各種思潮與論戰。如此新老出版社競相將一套套文庫接續出版，有如一場思想的盛宴，帶給戰後台灣新生代在中華民族精神教育之外的另一場啟蒙。

這也是個文藝豐收的時代，不僅大陸來台的青年作家開始大量創作，新生代的台灣青年也很快掌握了現代白話中文。文學創作者如雨後春筍紛紛冒芽，繼而長成大樹，創作出大量文藝作品，開創了後來稱為鄉土文學的流派，引發風潮，成為一九七〇年代後期「鄉土文學論戰」的文本基礎，並對現代白話中文的發展做了重大貢獻。

一九六〇年代又是五四運動在台灣重新演練的時代。作為中國現代革命重要一環的五四新文化運動，不僅在出版物與思想上，藉由像人人文庫這樣的叢書在台灣重新出現，還藉著《文星雜誌》的「中西文化論戰」，讓當年中國現代化的路線之爭，在台灣重演了一遍，有若一場為台灣戰後新生代所辦的中國近代史的補課。當然這些補課與排演都必須限制在當時的親美反共的思想框架之內，只能涵蓋到五四豐富意義中的有限面向。

這些發展是在國民黨僵化的民族精神教育體制之外發生的，卻對當時台灣青少年有著重大影響。後來參與各種政治、社會與文化運動，屬於戰後新生代的各黨各派人士，幾乎無一不在那段成長歲月，吸吮這些以中國身分為名的五四奶水長大。大家除了在學校初次接受現代民族主義教育的洗禮之外，也在課外的出版物上汲取了豐富的思想資源。因此這個與五四運動傳承的連結，無疑的也是台灣的戰後新生代中國人身分認同的重要歷程。

戰後新生代回歸動力的萌芽

經過一九六〇年代的文藝復興，如前述，台灣從一九七〇年代開始，隨著世局的變化同時興起了兩個對立的動力；在前述的分離運動之外，還有另一個由保衛釣魚台運動而來的回歸動力。

1969 年 11 月美日發表聯合公報，美國將於 1972 年 5 月將琉球交與日本。1970 年 8 月 12 日美國駐日本大使館發言人承認美國認定釣魚台屬琉球群島，並將隨琉球交與日本。這年 9 月 4 日台北的中國時報記者搭漁船登上釣魚台插上國旗，十天後這面國旗被琉球警方拔走。9 月 16 日二艘宜蘭縣籍漁船在釣魚台海域遭到驅逐。這些事件發生後，台灣的報刊雜誌 (包括大學的校園刊物) 隨即開始議論釣魚台的歸屬問題。沒料到這竟引發了海內外的保衛釣魚台運動，把台灣島內與海外 (主要是留學美國) 的台港澳青年學生都調動起來了。1971 年 4 月 12 日在美國首都華盛頓有個來自北美洲各地台港澳留學生的大遊行，6 月 17 日在台北有個台灣大學學生到美國與日本大使館的示威遊行。這是就狹義的保釣運動而言的最高潮。

保釣運動不僅於 1970 年到 1971 年在北美洲與台灣發

生，也在香港帶給青年學生重大衝擊，是個具有中國人身分的運動。於是在北美洲較無顧忌的環境下，很自然的就發展成中國統一運動。保釣運動及衍生的統一運動，影響了大批留學美國的台灣戰後新生代，尤其是讀理工科的。

戒嚴之下的台灣雖然不可能有統一運動發生，但在保釣運動所引發的台大校園民主運動的風潮下，也在一些師生中激發了檢討國民黨親美反共思想而去重新認識與回歸中國的動力，在 1972 年底發生「民族主義論戰」，繼而引起當局在 1973 年春天鎮壓校園保釣派師生的「台大哲學系事件」。[19]

然而這個朝向兩岸統一的動力已經啟動而壓抑不了，接著標竿性刊物《夏潮雜誌》在 1976 年出刊，聚集了一群具有左翼回歸思想的人士，而迎來了 1977 年的「鄉土文學論戰」。一九八〇年代迄今，這股回歸力量屢遭挫折，但不曾消失，至今仍是台灣社會的一股潛力。

內在於台灣歷史的中國現代化運動

總之，中國的現代化歷史並非完全外在於台灣，也內在於台灣幾代人心裡。若我們回顧台灣先輩在日據時期啟蒙與抗日運動的中國情懷，就可理解到這個中國現代化運動的五四傳承，在一九六〇年代為台灣的戰後新生代進行

---

19 關於保釣運動到「台大哲學系事件」的歷史，請參閱鄭鴻生《青春之歌》(聯經，2001)。

的這麼一次複習，並非史無前例、從天而降；還有著與他們被埋沒的台灣抗日啟蒙前輩重新連上線的意義。這一點對成長於這段時期的台獨人士，憤恨於台灣人在日據時期的抗爭歷史被國民黨埋沒的，我的不少同輩、老同學、老朋友們，在心理底層也是不會否認的。

如此以不同於如今政治上的主流論述，來敘述台灣這段從日據時期到一九七〇年代保釣運動與退出聯合國時的思想歷程，並不是在訴說改朝換代、時局變遷的故事，而是要指出不論是在日本占領或國府退守的時期，台灣人的政治、社會與文化運動不只是與整個中國現代化歷史接得上，也是參與其中的。這正是那個時期台灣年輕人之所以是「天然統」的歷史淵源與時代背景。[20]

七、台灣人身分問題的出路

如前所述，1895 年乙未之變後，雖然日本的統治開啟了台灣從中國分離的可能性，但回歸祖國的動力卻是同時產生的。前面也談到，分離運動的台灣民族建構除了遭到中華民族的抗衡外，也充滿以閩南語族為核心的台灣人身分的內在矛盾與缺陷，而成全不了李登輝的「新台灣人」的構想，不能帶給台灣人安頓身心的美好未來，甚至帶來亂局與險境。因此我們還是必須回頭找回那條從乙未割台

---

20 請參閱收於本文集的〈我的中國反思與書寫之路〉。

開始的回歸之路的可能。

我們探討過，這條回歸之路從日據時期到國府時期都有過美好的憧憬，但由於現代化因素本身帶來的中華民族主義的內在缺陷，也遭到很大挫折。本來十九世紀末發展出來的中華民族這個現代民族觀念，作為抵抗列強的侵略與爭取國家的獨立自主與發展，是極其有效的思想武器；作為百多年前民國成立時用來團結國內多元族群的通稱，或作為抗戰時期動員團結國人的號召，都曾有過超越民族國家的生動活潑的一面。後來隨著民國的曲折發展，尤其是撤退到台灣之後，就退守為僵化的國家意識形態，甚至無能涵蓋台灣抗日運動這一重要歷史資源。

雖然這條台灣先輩所開啟的回歸中國人身分之路一再遭遇波折，但畢竟還是本土自我產生，而且是較為踏實的，因為它基本上是不以否定自身歷史與傳統為出發點的。這應該就是台灣人重新出發的起點。

如此我們面臨的挑戰是，今天還處在現代民族國家的框架下，兩岸之間還充滿著意識形態、政治制度、經濟利益等多方面的問題時，所謂回歸中國人身分是要回歸成什麼中國人？這不是個容易回答的問題，但正如2017年夏天「眾神上凱道」遊行的一句口號「政府有時、香火萬年」，回歸中國人身分是要去重尋那個「萬年香火」，而不被任何政治形式所拘束。換言之，若我們放開心胸，不被各種意識形態所限，或許就可以從這萬年香火的綿延歷史裡找到思想資源，來超克兩岸之間的這些難題。對於我們知識分子而言，或許首先可以做的就是擺脫既有的觀念，如錢穆所言對自己的歷史抱著溫情與敬意，來重新認識中國的豐富意涵。[21]

這個「重認中國」不只是心靈上的回歸，也是知識性的計畫。大陸中國人的這個反思性知識大業也才在展開，正是兩岸知識分子可以共同從事的。共同從事就可以找到共同的關於自我的知識基礎，就能超越百年來兩岸分斷造成的身分與認識上的分歧，而為將來兩岸重新走在一起準備好知識上的條件。

總之，台灣人自乙未割台以來，歷經曲折而罹患身分迷失症，甚至隨著無根的政治勢力陷入歷史虛無主義的漩渦。對不願跟著沉淪的台灣人而言，回歸中國人身分，以溫情與敬意接受整個中國歷史所有的好好壞壞，並參與這項重新認識中國的再一次啟蒙大業，來重建兩岸共同的感情基礎，應該就是解決自我身分迷失，以及解除兩岸的困局與險境的唯一出路。

---

21 請參閱收於本文集的〈重新認識中國的豐富與多樣〉。

第一部

日本殖民後遺症

關於東亞被殖民經驗的一些思考

——台港韓三地被殖民歷史的比較

有關當代韓國與台灣的各種比較中，一直有這麼一個困惑許多人的問題：同樣受過日本帝國的殖民，相對於韓國人的「反日」，為什麼台灣人顯得那麼「親日」？這個問題同樣可以用來對香港人發問：為何香港人不「反英」？本文擬將韓台港三地被不同現代帝國殖民的不同影響分成兩組，分別進行考察與比較，或許有助於近年來台港與中國大陸兩岸三地關係的理解。再則，筆者雖然並非韓國與香港問題專家，對這兩地歷史的掌握或許不夠精確，但大體上應該符合一般情況，只希望拋磚引玉能對近年來浮上檯面的「後殖民」議題的重新認識有所幫助。

台韓兩地「親日 / 反日」態度歧異的可能因素

親日 / 反日這套詞彙是否能精確地描述台韓兩地的真實感情？一般而言，親日 / 反日這套對立詞彙主要是用在對日本的國家政策的態度上，而我們除了這套涉及國家層次的對立語詞外，還有哈日與知日這兩個用語。知日一詞是在中日折衝的歷史上企圖擺脱親日 / 反日這二元對立的另一種政治立場，而出現過「知日派」這麼一批政治人物；哈日這個一、二十年來的新名詞指涉的則是較不帶政治性的對日本技術與文化產品的喜好，哈日族是包括筆者在內的一種現代流行稱呼。因此台灣與韓國對日本態度的現實情況確實比親日/反日的二元對立複雜許多，但在感覺層次上這兩個地方確實存在差異，底下我試著從一般的歷史知識來解釋這個差異。

首先，韓國當時是整個國家被占領，而台灣則是做為中國的一個省分被占領，這在兩地人民間就產生了不同的心理與社會效應。韓國人是整個民族被鎮壓，也在整個民族的範圍起來反抗，繼而啟動了韓國的現代民族運動浪潮；而台灣人除了反抗之外，也同時帶著被母國遺棄的悲情「孤兒」心理。

韓國人整個民族被欺凌，他們無路可逃，只能在整個民族的範圍一體起來反抗。台灣被割讓給日本時，台灣人除了反抗之外還有路可逃，就是逃回中國大陸。這是當時的情況，不只發生在社會菁英的仕紳階層如板橋林家與霧峰林家，也發生在很多庶民家族，如筆者的外公曾經隨部分族人回泉州老家，其中不少是抱著避難的心理，當大勢底定後又回到台灣來。當時日本也曾想過將台灣漢人趕回大陸，當然行不通，但確實就有一批不甘接受日本統治的社會菁英回到大陸去了。這種有路可逃的情況當然就削弱了反抗的力量，而不像韓國人民在無路可逃的處境下，以其全國之力反抗而招來更嚴厲的鎮壓，也因此而造成更強烈的反抗心理。

接著，日本帝國在韓國與台灣同時進行殖民式現代化改造，培育出一批現代化知識菁英成為新興中間階層。這批新型知識菁英有部分就走上了反抗之路，而在日本帝國的嚴厲鎮壓下，這批抗日志士不管是左派還是右派，不管是韓國還是台灣，在地緣上都有一個緩衝區，就是中國大陸。例如二戰時，韓國左派的金日成在中國東北建立了游擊基地，右派的金九則投奔重慶。雖然如此，他們的主戰場都是在朝鮮半島，在中國大陸只是客卿身分。

台灣就不一樣了，在日本的嚴厲鎮壓下，很多抗日志士投奔中國大陸，然而不是客卿身分。其中左派加入共產黨，並有參加長征的如蔡孝乾；右派則加入國民黨，並為其建立了台灣省黨部如翁俊明。台灣人不管左派右派都一起加入了大陸的抗戰活動，他們一致認為，抗日戰爭的勝利是台灣光復的唯一途徑，台灣並不是他們的主戰場。換言之，台灣原來的抗日志士在日本殖民政府嚴厲鎮壓之後，或者噤聲，或者被關在監獄裡，不然就是投奔祖國參加抗戰。如此在台灣還能發聲的，當然就主要是那批接受殖民式現代化教育的新興中間階層的新社會菁英了，這一批人對後來台灣的社會心理影響很大。韓國的情況很不一樣，韓國抗日志士不管在國內還是中國大陸，朝鮮半島一直就是主戰場，一直就是他們在行動上與思想上造成影響的場域。

於是在日本戰敗之後，發生在兩個地方的情況就有所不同。韓國是以整個國家恢復了國格，台灣則是由中國來光復失土，回歸祖國。朝鮮半島由抗日志士恢復了國格，接著在左右鬥爭與朝鮮戰爭之後造成了南北分裂的局面。在這樣的歷史過程中，韓國就只有左右之分而無統獨之別。台灣則有著很不同的過程，它是由祖國來光復與接收的，雖然投奔祖國的台灣抗日志士也因此回到台灣一展鴻圖，右翼的跟著國民政府回來，左翼的則在接著而來的國共鬥爭中，以中共地下黨的身分回台活動，但都稱不上接收的主力。來台接收的主力是國府內部互相角逐的各種勢力，有行政長官陳儀的系統，有國民黨部 CC 派的系統，有資委會的技術菁英，以及各個情治系統，此外還有美國因素這個暗流。

但重點在於，台灣社會經過五十年日本殖民式現代化改造之後，一般人對現代化的想像與中國大陸有很大的不同。這個不同不僅是步調上的差距，例如自來水與識字的普及率，而且是來自現代化路徑的不同所造成的心態上的差異。比如說，中國大陸在面對甲午戰爭後日本帝國逐步進逼的壓力下，經過辛亥、五四、北伐、抗戰，以自己的步伐與方式，試圖找出民族復興的一條現代化方案，雖然頭破血流、千瘡百孔，但卻是自主的。然而台灣在乙未割讓之後五十年來的現代化，卻主要是日本殖民政府由上而下強制施行的方案，由此培養出來的一批新興的現代化知識菁英，除了抗日志士外，對中國大陸的艱辛過程並不熟悉，而卻有著不能當家作主的悲情心理。

如果說對「現代性」的想像是現代人「認同」的基本

元素的話，接受日本殖民現代化教育的台灣一般知識菁英，與經過辛亥、五四與抗戰的中國大陸一般知識菁英，在現代認同上就有了基本的歧異，雙方缺乏互相的理解。這個歧異無關左右之分，而是民族內部的。這是「二二八事變」之所以發生的一個基本心理狀態，台灣人並由此而有了「日本」與「中國」的比較。而韓國社會在戰後並沒有這種內部落差的情境。

最後，在 1947 年二二八事變發生二年後國府即全面撤退到台灣，形成一個長達四十年之久的兩岸對立格局，直到一九八〇年代末期解嚴之後才啟動和解的過程。韓國則在戰後很快進入南北分治之局，朝鮮戰爭更是加強了這一對立。兩國戰後的局面看似相同，卻有個微妙的差異。兩韓不管其左右分歧，在繼承抗日民族意識上是一致的。而國府退守的台灣卻由於有前述兩岸現代化不同路徑與性質的因素，而有了與大陸一貫相承的抗日民族意識的歧異。

這個歧異本來可以靠國府在台灣重建的民族精神教育來彌補，比如台灣戰後新生代從小學習的中華民族教育，但是國府的民族精神教育是有缺陷的，除了不接地氣與反共八股之外，它本身並沒有能力去認識到被殖民過後的社會有所謂的後殖民問題，二二八事變就是其第一個苦果，一九五〇年代的左翼肅清更是惡化了這個問題。

在一個被現代帝國殖民過的社會，有理論與反思能力來承擔起解決後殖民問題這項任務的，較可能是具有反帝意識的泛左翼人士，他們較不會像一些頭腦簡單的民族主義者只會以「受了日本人奴化教育」這類言詞來批評劫後餘生的台灣人民。然而左翼人士在一九五〇年代的肅清卻斷絕了他們實行這項任務的機會，於是再一次的苦果是，當國府的民族精神教育在一九八〇年代民主化過程中全面崩潰後，就只有懷日的台獨思想當道了。相對而言，韓國社會雖然也有嚴厲的反共政策，對現代化問題較有反思能力的左翼人士並未滅絕，而且一直是韓國社會的一個政治力量。

從比較長遠的歷史因素來看，韓國不僅是整個國家被侵占，他們還是一個有著幾千年歷史的國家，這個長久的歷史傳承所形成的自尊之心是很自然的，反抗的厚度也是很實在的。相對而言，台灣的漢人社會歷史較淺，而且在西方勢力大舉來到東亞之前，面對中國內地在政治、地理與文化上都相對邊緣。這個文化的邊緣性在脫離母體之後，在對外力的反抗上或許就比較力有未逮？

進一步想，或許由於中國規模之大與複雜，在形成具現代形式的一致的集體力量與思想方面，相較於規模較小的韓國，本來就比較困難，而有民國初年革命運動者對「中國人是一盤散沙」的悲嘆。如今大家多認識到，中國的現代民族意識是在奮鬥了數十年之後，到抗日戰爭時才達到高峰的，而台灣社會卻沒有參加到這個歷史過程。或許這個發展的落差與不一致性，本就是這個龐大的中國傳統社會到現代社會轉變的正常現象？

此外，在二次戰後的內戰與冷戰因素下，朝鮮半島分裂成比較對等的兩個政權，而海峽兩岸在規模上卻是極為不對等，結果台灣的親日 / 抗日問題也糾結了兩岸不對等這一因素。從筆者家族的經驗來看，族中長輩雖然深受日本教育的影響，但並未如今天一些新世代所想像的那樣懷念日據時期的生活。其實他們當時身為次等國民，心理上是極為失落無奈的。而他們在光復後隨著台灣的時代進步與經濟發展，對未來則充滿著憧憬。他們既是日據時期以來台灣的第一代「現代人」，也是戰後台灣經濟發展的第一代得利者，雖然對國府迭有怨言，但不可能真心懷念日據時期受辱的日子。可以說如今的「懷念日本殖民」現象，更多呈現出解嚴後新世代為了打擊國府及其所代表的「中國」的複雜情結。相較而言，韓國並未有這般複雜的三角關係。

從上面中韓的比較，我們可以看到台灣的割讓與回歸所產生的後殖民問題，在全世界範圍是個比較特殊的例子。它是一個有著傳統文明的古老國度的一個較為邊緣的地區，在被割讓給一個現代化強權之後，與其文化母體走上不同的現代化之路；而在帶著強烈現代性因素的當代身分認同的分歧下，它不僅在戰後的回歸過程中與其文化母體產生了適應不良症，之後又因為長期的冷戰格局與左右意識形態的影響，更是無能解決被殖民所產生的種種後遺症。這些後遺症不僅構成了二二八事變的背景因素，至今還是兩岸和解的大障礙。相對而言，朝鮮半島的長期正式分裂則發生在朝鮮戰爭之後，是對於現代化之路的左右之爭，較無關被日本帝國殖民的問題。

以上是以不同的歷史境遇與現代化過程，來理解韓國與台灣對前殖民者日本態度上的可能差異。由此看來，台灣作為中國的一個邊緣地區，被現代帝國殖民之後確實產生了較為特殊的複雜性，看似台灣的特殊問題，然而若回顧香港在九七回歸之後的種種問題，尤其是這幾年來的「占中」衝突，可以看出香港與台灣有著極為相似的症狀。或許台灣的問題並不是個別問題，而是中國內部的共同問題。

香港與台灣被殖民經驗的異同

今天對於香港占中問題有各種分析，包括所謂顏色革命的說法，這裡要進行的則是從後殖民的這個面向來看。具體說，就是拿台灣光復後的二二八事變的背景，來與香港今天的情境做比較，就是說 1997 年香港回歸後的問題比較接近 1945 年台灣光復後的情境。從這個面向來探討，或許更有助於對香港問題的理解，進而對中國各地現代化過程的差距與多樣性問題的理解。

香港與台灣這兩地區都是中國在近代殖民帝國強大的武力侵略下，以中國的一小部分被長期割讓的，香港被割讓一百五十多年，台灣被割讓五十年。兩個地區都在割讓期間被殖民帝國現代化了，又在新中國復興過程中的不同時間點回歸母國，然而兩者的經歷卻又有很大的不同。首先在人口與土地方面，台灣夠大到成為日本經濟榨取的殖民地，由米糖輸日可見；而香港卻太小，只能是大英帝國經營東亞的貿易站與前進基地。此外還有下列重要方面：

一、英日兩殖民宗主國的不同現代化路徑

香港與台灣被不同地位、階段與性質的現代帝國所殖民，一個是西方甚至全球現代化先驅的大英帝國，一個是亞洲第一個現代化的日本帝國。因此兩地人民經由英日兩國不同的現代化路徑，學習到了不同的「帝國之眼」(陳光興語)，用不同的現代視角來看世界。

日本在台灣實行現代化是由上而下強力推行的，不僅上層菁英必須屈從，下層庶民也不放過，企圖在整個社會進行現代化。英國在香港則重在培養幫它治理的中上層管理菁英，庶民只要順從，大半放任其自求多福。日本帝國的這種強勢作為有個特殊的心理因素，就是它作為後起的現代帝國，學習西方先進帝國，它不甘認輸，要做「帝國主義世界的模範生」。相較於英國這個老大帝國又是現代化的祖師爺，日本卻是一開始也曾經被強迫開放口岸，並簽下不平等條約。而它經由明治維新進行體制的變革，跟上了西方現代化的腳步，並以西方帝國主義為學習標竿，終至將自己打造成另一個殖民帝國。

由此來看，日本在其現代化過程中確實有其自主性，然而從它後來的帝國作為卻也可看出，它在這過程中也在進行某種心理與精神上的「自我殖民」，由此而產生了對

自己過去「落後」狀態的羞恥感與自卑感，與追求模範生心態互為表裡。這種羞恥感與自卑感在它要對其鄰近的亞洲地區進行侵略與殖民時，特別不能忍受這些殖民地的「落後」狀態，而要對其實施全面的現代化改造。相較而言，老大帝國的英國沒有這種心理糾結，它在香港只是在統治一群「落後」子民，一切以維持其統治與帝國全球策略為考量。

比如 1895 年乙未之變後沒多久，日本人就廣設「公學校」(台灣人就讀的現代小學)，全面實行日語教育，一九二〇年代開始設立台灣人就讀的中學校，造就從小開始接受日本殖民式現代化的第一代台灣知識菁英。而英國人就像在其他殖民地那樣，在香港除了培養上層管理菁英外，並沒如此強勢地在中下階層施行殖民現代化教育。

二、漢語的傳承問題

台灣與香港都是漢語的方言地區，在漢語的發展上卻有很大的不同，其中一個重要因素就是日英兩帝國不同的殖民教育政策。

1895 年日本占領台灣時，台灣的居民主要由閩南和客家這兩個漢語族群，加上少數但多樣的南島語族構成；當日本在 1945 年退出台灣時，還是由這兩個語族構成主要部分。1842 年南京條約割讓香港給英國時，香港島與新界人口稀少，而且還是以講客家話、圍頭話為主的方言語族，後來因歷史與地理上的因緣聚會，香港吸收了中國大陸各地移民，尤其是珠江三角洲的粵語族群，才構成今天的人口狀態。

甲午戰爭之前，台灣的閩南和客家語族各以其方言作為日常生活、讀書識字、引經據典及高談闊論的語言，就是說閩南語和客家話不僅各自作為日常生活語言，還是各自的知識菁英用來論述的語言，當然他們與其他漢人社會一樣，都使用共同的書寫語文——文言文。換言之，在日本占領台灣之前，閩南語和客家話是各自成套的完整漢語系統。然而日本占領台灣不久就開始以日語實施現代化教育，接受這套教育的新生代台灣人也開始喪失閩南(或客家)母語的論述與書寫能力。這一代人不再接受傳統漢文學堂教育——這種學堂也因公學校的設立而消失殆盡，轉而在新式學校裡全面用日語來上課，因此不再像他們的長輩那樣能夠以母語來誦讀傳統經典，日語成了他們主要的現代化論述與書寫語言。

台灣由於母語在日據時期的斷裂，其論述與書寫這部分沒能跟上現代化的步調，以致在光復之後，以北方官話為基礎所形成的現代白話中文作為「國語」，就比較容易施行於台灣。以戰後新生代為例，我們從小在家裡學習母語的階段，從長輩學到的只是日常生活的閩南語，學不到論述書寫的典雅閩南語。這是因為接受日本現代化教育的我父母輩早已失去典雅閩南語的論述書寫能力，而只能用日語，李登輝閩南語能力的欠缺就是個鮮明的例證。於是戰後六十年下來，國語就成了台灣年輕一代的一種「母語」了，而且其發音還帶著南京國民政府江浙口音的深刻影響。

然而光復後強制實行的以現代白話中文取代日語的措施，卻讓當時台灣的知識菁英產生了強烈的失語感。當時日語做為敵國的語言，國府會迫不及待的在報刊上禁用是可理解的。但是當時作為台灣人主要母語的閩南語和客家話如果都保持完整而且與時俱進的話，光復後知識菁英在論述語言上的剝奪感或許不至於那般強烈，而遺恨至今。

相較而言，母語的現代化斷裂並未發生在香港，英國並未在香港強制推行英語教育，因此各種漢語都有各自的發展空間。原屬客家話地區的香港，割讓之後成為各方移民的目的地，由於外來人口多方匯聚，原本沒有任何一種漢語占據支配地位。根據近年來相關統計，香港居民的原籍母語分布依次為潮州話(閩南語一支)、廣府話(粵語一支)、四邑話(粵語一支)、客家話、上海話等等，其中來自珠江三角洲的粵語加起來是最大的方言族群。在與中國內地政治發展脱鉤的歷史情境下，粵語的一支——廣府話，最後取得優勢成為香港人的普通話，並且與時俱進成為生活與論述兼備的完整語言，能在現代化的學校課堂上使用裕如。

如前所述，因為英國的殖民教育政策並沒有將漢語傳承斷絕，所以廣府話作為通用語言也就能自行轉化並跟上現代化的步調，保持著知識菁英論述書寫語言的地位，雖説英語還是最上層的語言。由於有這個香港廣府話作為上下一體通用語言的條件，香港在九七回歸之後，就不會發生台灣光復後整代知識菁英的失語問題。由此可見，英日兩國不同的殖民政策對港台在母語發展上的差異，對後來的政治發展應該有很大的影響。

從這個比較可以知道，台灣母語傳承問題開始於日據時期，而且與日本殖民現代化教育密切相關。台灣在方言母語上有著如此斷裂的遭遇，光復後幾代人下來現代白話中文的國語就成了新生代的新「母語」了，這是今天的現實狀況，因此在台北太陽花運動的現場，演講台上與網路上的論述語言都是國語。反觀香港，以廣府話為基礎的香港通用語言一直與時俱進，是占中現場的唯一語言。

三、同化政策、人才培育、新菁英階層與帝國遺產

日本帝國在台灣的基礎教育改造是其對台灣施行「去中國化的同化政策」的一環，但台灣各族人口畢竟都還是日本的「次等國民」，各方面都受到不平等的對待。日本直到發起東亞侵略戰爭才開始在台灣啟動皇民化運動，企圖改造台灣人能像日本人那樣效忠帝國為其死命。相較而言，英國基本上是讓香港的中國人基層社會自生自滅，不去強行改造，並無同化政策這樣的強勢政治作為，也應該沒發生要香港中國人效忠大英帝國為其死命之事。然而它卻也透過各種類似手段「皇民化」了不少香港高階菁英。即使如此，兩地人民做為日本皇民還是大英皇民，世界觀是有些不同的。

日本人在台灣雖然由上而下強勢的推行基礎教育改造，但對於最高層的菁英教育卻有其特別考量。日本雖然在台灣設立了台北帝國大學(1928年)——日據時期台灣唯一的大學，但這大學並非為台灣人設的，而是帝國大學系統的一環，面向全日本招生。帝國大學是為培養日本的統治菁英而設立的，台北帝大為了配合帝國的南進政策，更是被賦予南洋研究的重責大任，如今台大校園裡的椰林大道就是歷史的見證——為了將台灣最高學府經營出南洋風味，他們移植了原產古巴的大王椰。

日據時期，除了醫科與少數文理科學生外，很少台灣人就讀台北帝大。在日本殖民教育政策下，提供台灣人中學畢業後繼續求學的，就主要是專業技術學校，用來培養殖民統治的技術輔助人員，何況這些專業技術學校還是以招收日本學生為主。在中學校與專業技術學校的銜接上幾經變動，最後形成四個專校：台北醫學專門學校、台北商業專門學校、台南工業專門學校與台中農業專門學校；後來台北醫學專門學校併入台北帝大成為其醫學部。此外台北帝大沒有法律學部，台灣也沒有其他法律專門學校，台灣人想當律師就得去日本就讀。從這整個教育體制可以看出，日本帝國並不想培養台灣人的政治管理人才，以及社會自我管理的能力，在全島整個行政體制裡，台灣人只居於中下層單位裡的少數。

這個自我管理人才的缺漏，在光復時日本行政人員幾乎全部撤離之後就引發問題了，二二八事變的發生而終至不可收拾，難說與此無關。而我們知道，大英帝國在香港是培養了一批管理菁英，港英治理的中、下層公務員就是由這批人擔任，九七回歸後也是由這批人繼續維持香港自我治理的穩定。然而就如近年來香港問題所顯示的，這批英國所培養的在地管理菁英似乎只能在政治安定的情況下維持治理的穩定，卻還是缺乏在亂局中所需的政治領導能力。

乙未之變後，台灣人經由讀書科考爭取功名之路斷絕，然而卻出現一條新的現代功名之路。前面提到日本殖民政府由上而下強勢進行現代化改造，很多前現代的事物一一遭到摧殘，其中除了漢文學堂外還有一項很重要的是中醫傳統。傳統中醫的沒落與現代醫學校的設立是一體兩面的事，日本殖民政府亟需培養一批台灣醫療人員來維持社會的健康狀態，以遂行其殖民地發展計畫。台灣總督府醫學校在 1899 年即已成立，起先招收台灣人與日本人各半，由於學制銜接問題，開始的幾年只能招收公學校畢業生，而且願意就讀的台灣子弟不多，因為當時會接受西醫治療的還是以日本移民為多，並且日本人還不信任台灣醫生。很多新一代抗日分子像蔣渭水、翁俊明、杜聰明、賴和等人都出自這個時期。

但隨著中醫的沒落以及台灣人開始接受西醫的治療，這個醫學校就熱門起來了，經過幾次重整、擴大與改名之後，在 1936 年併入台北帝大成為其醫學部。在沒有太多其他出路的情況下，從總督府醫學校到台北帝大醫學部這一延續的台灣西醫培養學校，遂成了台灣子弟的新功名標竿，直到今天未能稍歇。日據時期很多政治與社會活躍分子都是醫生，光復之後當醫生繼續是台灣子弟的奮鬥目標，各個醫學院網羅了大半的台灣優秀人才，他們後來也都成為社會賢達，擁有較大的發言權，進而從政。這種畸形的人才分布難免影響到光復後台灣的社會發展，也造成中國傳統醫藥在台灣社會的衰退，這是日本殖民台灣的深遠影響。

香港在英國的統治下則有另一番景象，醫生沒那麼風光，而律師的光圈比台灣亮很多，法治這東西一直被認為是英國留下來的好的殖民遺產。傳統中國醫藥在一般香港人的心目中也比台灣高出許多，四季如何進補都可說得頭頭是道。

相較於台灣人大半還以傳統的「情、理、法」次序為行為準則，香港人因為受到英國法治觀念的訓練而極為遵守規則，有時甚至會到不知變通的地步。相對而言，日本殖民台灣留下來最沉重的卻是那個「帝國榮耀」及其核心武士道精神的允諾與召喚。然而作為次等國民的殖民地人民，尤其是男性，那又是一場虛幻的、自我膨脹的夢幻。當帝國毀滅時，日本男人可以自安於其日本身分，重新來過；可是受到這場夢幻所召喚過的台灣男人卻在內心留下了巨大的創傷，這個創傷所衍生的各種心理與精神症候還代代相傳，直到今天仍舊陰魂不散。相較於台灣戰後的這種扭曲的心理情境，英國人在香港所栽種遺留下來的應該是另一種精神狀態吧？

四、反抗運動的不同歷史與性質

在日本占領台灣之前，台灣就已經有將近三百年漢人社會的堅實歷史，因此從乙未之變的第一天起，台灣就開始了激烈的抗日活動。漢人的武裝抗日一直延續到1915年的台南噍吧哖事件，足足有二十年；原住民的武裝抗日事件甚至延續到1930年賽德克族的霧社事件。台灣人在武裝抗日失敗後，新一代知識分子改採現代政治社會運動，例如文化協會、民眾黨以及各種工人與農民組合，最後是共產黨組織的出現。然而這一波現代政治與社會運動也一直遭到日本殖民政府的嚴厲鎮壓，尤其在一九三〇年代開始的皇民化運動時期，所有反抗運動都被壓制，最激進的共產黨人不是逃到大陸就是悉數入獄。直到日本戰敗台灣光復，這些人才復出活動，而在二二八事變中起了重要作用。換言之，台灣從割讓的第一天起就開啟了這個抗日的傳承，同時也在這抗日運動中塑造了台灣人的身分，在這之前的清代，台灣居民是以各自的族裔來認同的，像泉州人、漳州人、福佬人、客家人、泰雅族、排灣族等等身分。

香港在割讓的時候並沒太多人居住，也沒聽說有任何反抗。現在的香港人是在歷史變動中分批移入的，是自願加入做為英國殖民地居民的，原因多重，最主要的是為了求得美好生活的單純經濟因素，以及為了躲避大陸上的各種動亂，如太平天國、軍閥混戰、日本侵略、國共內戰、三年飢荒以及文革等。在這歷史過程中，相較於台灣居民從抗日運動中產生台灣人的身分認同，香港居民並沒有從抗英運動中產生香港人的身分意識。然而香港不只是被動地接受大陸移民，它也成為大陸各種政治運動的中繼站與庇護所。它首先是興中會的重要據點與辛亥革命的重要發動地；抗戰時期香港尚未淪陷時，它是許多抗日人士的庇護所與轉進地；中共建政後，它又成為冷戰時期各方勢力競逐與勾心鬥角之國際港埠。就是說，香港社會在一百五十多年來的英國殖民地歷史中，與中國大陸的變化息息相關，它的人口組成也一直在變化，直到一九七〇年代以後才在以廣府話作為香港普通話的背景下，形成香港人的身分認同。

台灣被日本統治五十年，抗日的最大力量最後集結在左翼的旗幟下，然而這股力量卻在一九五〇年代的左派肅清時期被撲滅殆盡，最有能力承擔反思後殖民問題任務的一批人就此消失，直到保釣運動前後才又復甦。而香港曾經做為中國大陸現代化變革的中繼站與庇護所，雖然一直有左翼人士存在，但左翼運動主要是在配合或呼應大陸的運動，例如 1925 年五卅慘案時的省港大罷工，以及呼應文革的 1967 年香港左派工會鬥爭。以此觀之，香港類似以前上海的租界區，直到一九七〇年代初，才有戰後新生代自發的中文法定語文運動與保釣運動。可以說「台灣人」這個身分在日本殖民初期漸次形成，而「香港人」的身分則主要在一九七〇年代當移民潮漸次穩定之後才最後成形。

1949 年後國民黨退守台灣，雖然施行戒嚴統治，以殘酷手段打擊了大半的進步分子，但也帶來了不少各方面的人才，促進了台灣的經濟與文化建設，如資委會人員啟動的經濟發展，中國自由主義者帶來的政治啟蒙，還有其他文化界人士帶來的現代白話中文的文藝成果。他們是台灣戰後新生代能夠順利接上現代中國的重要媒介，然而他們在文化上的優越性，在台灣未能解決後殖民問題的情境下也在戰後新生代心中埋下了外省人與本省人之間的文化優越感與自卑感的心理裂痕，加強了日據時期以來本省人的悲情感覺結構；加上在親美的國民政府的教育體制下，英文取代了日文成為新的上國語言，國語取代日語成為新的論述語言，這種幾代相承的文化失語感使這個悲情感覺結構更加堅不可摧，影響到後來台灣人的公眾與政治行為。

香港在其發展過程中則不斷有大陸人才來來去去，1949 年時也如台灣一樣收容了不少大陸菁英，這批人對戰後香港在各方面的繁榮與文化的提昇起了重要作用。然而或許在港英統治下，由於他們不涉及政治力量的分配，並沒有像在台灣那樣造成裂痕，因而在九七回歸前似乎就已相互交融成為香港人了。

五、不同「現代身分」的難題

總的來說，傳統中國在受到西方現代帝國侵略，被迫進行西方現代化改造，以其規模之龐大、際遇之多樣，就有了多重不同的現代化路徑。台灣被日本帝國從上而下強勢施以日本殖民式現代化改造，香港被大英帝國有選擇的、較不強勢的施以英國殖民式現代化改造，兩地在回歸之後確實有著不一樣的後殖民情境。而中國大陸若是先不管其局部分歧，整體而言則是自我摸索著一條較為自主的道路，最後由中共的路線取得主導。

不管是哪條路徑，這個現代化的過程都造就出一批新的知識與政治菁英，接受不同的西方 (或西化的日本) 理念的灌輸與栽培，各自在其社會取得論述主導者的地位。例如接受日本皇民化教育的台灣的李登輝及其同輩，又如接受港英教育栽培的香港知識與管理菁英。這批新型知識與政治菁英構成現代化後的新得利者，然而也構成回歸後解決後殖民問題的巨大障礙。由於有著不同的現代化路徑而產生不同的「現代身分」，當這幾個不同身分互相碰撞時就產生了一時難以消解的現代問題。以台灣為例，這些人一方面構成反國民政府的力量，另一方面也構成台灣分離運動的基礎。二二八事變除了有國共內戰及光復後復出的左翼分子的因素外，也有大陸與台灣不同現代化過程所產生的不同現代身分衝突的因素。這個面向在九七回歸後的香港應該也構成了重要的背景。

不同的現代化造就了不同的現代身分，不同的現代「中國身分」、「台灣身分」與「香港身分」。光復後來台接收的國府官員與軍隊是歷經辛亥、北伐、抗戰的國民黨這一系人員，他們的「中國」觀念是帶著這段歷史的現代觀，與當時沒歷經這段過程的台灣知識菁英的現代觀是有差異的。我們試著想像，如果沒有西方與現代化的因素，台灣在 1945 年的光復或許就像北宋假設真的收復了燕雲十六州，或如隋朝統一了長江以南諸國，只是傳統中國社會的分合，應該不至於會有二二八事變那樣的慘烈衝突——當然小衝突難免。可以說不同的現代化路徑所產生的歧異是二二八事變的底層因素，當時雙方都沒有機會與條件進行心靈與意識的祛殖民工作。九七之後的香港所面臨的也有同樣的情境，構成今日占中衝突的底層因素。

所以說，作為現代化得利者的知識菁英這一階層是特別麻煩的，他們在被各種現代化方案養成之後，往往以各自的「帝國之眼」——西方帝國的文明世界觀，來看待自己社會的傳承、下層勞動者、各種「落後」的現象，以及母國整體。例如在台灣「水龍頭的故事」自光復之後就一直被分離運動者用來貶抑大陸來台人士；或者以西方社會個人主義為基礎的「自由民主」來看待自身社會的政治安排；或者對自身社會或第三世界國家都抱著深怕被西方「恥笑」的焦慮不安。這些帝國之眼引起的焦慮不安，在台灣甚為尋常，在香港今天的衝突中也一一具現。

小結：終歸是中國問題

本文首先討論台灣與韓國兩地對共同的前殖民帝國日

本在光復之後態度上差異的原因，指出台灣作為母國中國的一個邊緣地區，被現代帝國殖民之後產生了較為特殊的複雜性，看似台灣的特殊問題。然而在比較香港與台灣被殖民經驗的異同，以及台灣光復與香港回歸後的種種問題後，我們可以發現這個特殊性也不能過度強調，不能視之為只是台灣的個別問題，或是香港的個別問題，而是中國被割讓的邊緣地區的共同問題。當然「台灣問題」或「香港問題」基於其不同殖民宗主國與歷史過程等因素，有其相對特殊性，但畢竟都是由傳統中國社會被殖民與現代化之後產生的問題，所以還是傳統中國社會現代化問題的一環，就是說最終還是屬於中國的問題，一個在台灣或香港的具體歷史情境下呈現出來的中國現代化過程的問題。

中國的主體大陸地區雖然在現代化的過程中有其相對自主性，而且為了取得這個自主性曾經歷經血跡斑斑的奮鬥，犧牲遠遠超乎台灣，但是就如日本在其現代化中所顯現的「自主」與「自我殖民」的雙重性格，中國的現代化也不免帶著「自我殖民」創傷。這種創傷的一個具體例證就表現在它曾經比日本更強烈地厭惡自己的過去，露出更昭彰的羞恥感與自卑感。

因此台灣、香港與大陸這三地如今所顯現的各種問題，就不應只被看作不同歷史經驗的個別問題，而應是傳統中國社會在現代化過程中的共同問題，如此就還是要回到中國現代化的整體問題上，更具體的說就是一個中國現代化過程中如何真正尋回自我的去殖民問題。

本文原是應杭州中國美術學院跨媒體藝術學院的高士明院長之邀，於 2014 年 11 月 19 日發表於該院，修訂後刊登於《思想》第 28 期 (台北，2015 年 5 月) 與《人間思想》(簡體字版) 第 6 輯 (2017 年 4 月)。

「二二八事件」可以避免嗎？

——重看台灣光復的歷史複雜性

陳映真在他最後一篇小說〈忠孝公園〉[1]描繪了一位叫林標的台籍日本兵，就是在第二次世界大戰時被日本徵調當兵的台灣人[2]。台灣日據時期皇民化運動最後具現在台籍日本兵身上，這個運動讓台灣人終於能像日本人那樣成為日本皇軍，為日本天皇與帝國奉獻生命，成為真正的天皇子民。

雖然皇民化運動並不成功，但影響深遠。台籍日本兵如今雖已凋零，但一直是半個多世紀以來在台灣呼喚著那個殖民教化的強烈象徵。雖然大部分人當初並非完全志願參加，但其中有一些人確實受到感召，並且在解嚴之後復出活動，穿上日本軍裝來宣示其身分與政治立場。藍綠雙方對他們都有著曖昧的態度，國民黨向來逃避面對這批人的存在，民進黨蔡英文總統則於 2016 年 11 月 5 日到高雄參加一場名為紀念台籍老兵，實則主要紀念台籍日本兵的

---

1 陳映真〈忠孝公園〉，收入《忠孝公園》(台北：洪範書店，2001)，頁 125-229。

2 廣義的「台籍日本兵」包括 1942 年起被徵調當正式日本軍人的八萬多台灣人，以及更早開始被徵調去為軍隊做工的軍伕十二萬多台灣人。

典禮。

二戰時的台籍日本兵在台灣光復後就一直處於尷尬的位置，他們是被日本人徵調去幫助進行帝國戰爭的，除了被送到東南亞各戰場外，還有不少是到大陸去參加侵華戰爭。倖存者在戰後又被日本拋棄，歷經折騰才回到台灣，之後就幾乎成了幽靈似的存在，直到解嚴之後才又現身。三十年來，雖然有些倖存者不斷向戰後日本政府申請，希望能像真正日本兵那樣獲得補償而屢遭拒絕，但在政治光譜上他們以日本軍裝的形象現身，卻強烈象徵著對日本殖民的依戀情結。陳映真在他這篇小說裡就是以同理心的態度描述林標這麼一位對日本帝國朝思暮想，卻得不到日本政府理會的悲劇性人物。

雖說台籍日本兵終究是幽靈式與悲劇性的存在，但在光復初期他們卻曾出過風頭。戰後他們歷經折騰回到台灣後，不少人流於失業狀態，又因有著戰爭經驗，遂變成社會的不安定因素，因此在「二二八事件」中，起了帶頭衝鋒、衝撞官府、攔街毆人、奪取武裝據點的重要作用。

一、眾說紛紜的「二二八事件」

發生在台灣光復不久的 1947 年 2 月底的「二二八事件」，一直被台獨人士當成台灣獨立運動的起點，被定性為族群衝突，是一場台灣人反抗外來政權的起義。對於左翼而言，「二二八事件」則是國共鬥爭背景下全國解放戰爭的一環，是一場人民的抗暴。這兩方面後來都各有旗幟鮮明的論述，但最重要的一方國民黨卻諱莫如深，所提供的官方檔案資料也不完整，以致「二二八事件」的真相至今仍是眾說紛紜。

比如說，從 2 月 27 日事發到 3 月 8 日國府軍隊在基隆上岸為止的這第一階段，遭殃的主要是所有政權機關以及外省人士，根據現場目擊者的描述還頗血腥的；鎮壓開始後直到 3 月中旬的第二階段，遭殃的則反過來是本省人士。外省人士在第一階段的死亡人數眾說紛紜，從數十人、七八百人到上千人；而台籍人士在第二階段的死亡人數則一向說是上萬人，甚至超過十萬人。

外省人士死傷多少至今沒有定論，台籍死傷人數則在 1995 年以後有了間接的統計數字可作參照。政府在 1995 年成立二二八事件紀念基金會負責受難賠償事宜，接受遇難家屬申請。所謂「受難」，指的是遭到政府鎮壓之難的，並不及於被暴民打死打傷的無辜外省人，死亡的賠償金額最高為 600 萬新台幣。然而到 2015 年 8 月為止，根據正式統計「事件受難案總計 2,288 件，其中『死亡』類案件 684 件、『失蹤』類案件 178 件……」[3] 這個死亡與失蹤的申請案加起來只有 862 件，與向來的各種估算差距相當大，如何來解釋這個差距？

不少人將災難歸罪於當時的總統蔣中正，但到底他在

3　資料來自「二二八事件紀念基金會」網站，2016 年。

整個中國紛亂的局面下，對台灣的動亂能有什麼直接作為？這個連國民黨自己也講不清楚。而對於直接治理台灣的行政長官陳儀，一般以「陳儀窳政」來概括他在台灣的治績，表示他的無能與胡為。但是接觸過他的人卻常給予好評[4]，而他帶到台灣的幾個主要助手如嚴家淦、包可永、任顯群，後來在台灣的表現卻又極為亮眼 (又如周一鶚回到中國大陸在生物學界也有他的一片天地)，這些人顯非庸碌之輩。跟著陳儀到台灣的文教界人士還有魯迅的摯友許壽裳及學生臺靜農，這兩人對台灣文教的貢獻眾所周知。

所以說陳儀是個謎樣人物，這樣一個對台灣有重大影響的到底是個什麼樣的人？至今沒有一本較為完整的評傳。又如，在事件中真正衝撞官府的人是什麼社會成分？參與其中的台籍菁英與國府各派系的複雜關係為何？美國駐台北副領事葛超智 (George H. Kerr)[5] 起了什麼作用？這些問題至今仍撲朔迷離。

對於為何一件追查走私香煙的小事故竟然會釀成整個台灣的大災難，不同黨派提出的答案一直都有，只是這些答案往往與政治運動緊密扣連，不然就是避重就輕。比

4　例如陳兆熙等：《陳儀的本來面目》(台北：印刻，2010)。

5　葛超智 (George H. Kerr，又譯柯喬治)，1965 年撰寫 Formosa Betrayed (Boston: Houghton Mifflin; Cambridge: Riverside Press, 1965) 一書。中譯本參見柯喬治著，陳榮成譯：《被出賣的台灣》(台北：前衛出版社，2003)。

如，國民黨應該清楚當時外省人士遭難的情況，平亂之後應該有個死傷名單，但從來不見公布，只能讓人以為這事件真是國民黨的一個大瘡疤，連它自己都不敢去揭開，以至於寧願獨吞苦果。而不少學者引用南京記者唐賢龍當時在台灣的現場報導來批判陳儀政府的窳政，但對同一本書也提到的外省人士遇難情況則避而不談[6]。

「二二八事件」的這些迷霧在當下政治鬥爭猶然激烈的時候，一時還缺乏時代條件來釐清。然而筆者並非歷史學者，目標不在釐清這些謎題，而是想以較為寬闊而長遠的視野，來探索促成事件發生的歷史與社會變遷諸種因素，重新檢視當時事情的可為與不可為，希望有助於接近真相，而更重要的是希望有助於記取教訓。

二、從族群衝突說起

將「二二八事件」完全說成是族群衝突如今已是當道的主流看法。然而，它只是一場族群衝突嗎？或問，它主要是一場族群衝突嗎？光復後的台灣，以語言做區分的族群因素在關鍵時刻確實起過作用，比如事件的積極參與者與毆打外省人的主要是講閩南語的福佬人，客家人基本上沒參加，對整個事態不熱心。但這只是其中的一個面向，

---

6 唐賢龍《台灣事變內幕記》(南京：中國新聞社出版部，1947；台北：時英出版社，2016)。

而且不是當時起主要作用的面向。這裡可以舉出具體而微的兩個例證來說明其中的非族群面向，一個是幾年前我們家族中偶然找到的一本小書，所透露的一位歷經「二二八事件」之後的台灣青年的生命展望；另一個是流傳至今的當時一幅最有名的版畫《恐怖的檢查》(1947) 及其作者黃榮燦的遭遇，所反映的是大陸進步知識分子對事件的聲援。

幾年前，我四嬸在整理舊物時找到四叔 (1930-2006) 讀中學時編撰的一本二十來頁的小書。四叔當時就讀台南一中，他以鋼筆書寫、手工編輯這本小書，還畫了水彩封面，上有一棵綠樹在高山與激流之間，留白處題了「奔流」兩個紅字。翻開來在刊頭語之後是一篇時事論文，討論當時冷戰已啟的緊張世局，配合一幅政治漫畫。然而接下來都是文藝作品，有中文創作小說、好幾首現代詩、詩人拜倫 (George G. Byron) 小傳的翻譯、電影《居禮夫人》(*Madame Curie*, 1943) 的影評、一篇托爾斯泰 (Leo Tolstoy) 小說的翻譯、一封翻成了中文的舊日日本同學的來信，還有一首丁尼生 (Alfred Tennyson) 的英文詩。編者說：「很難翻譯中文，請讀者自己翻查字典吧！」這麼一本有評論、小說、散文與詩的小冊子，全用工整俊秀的鋼筆字寫成，配上的也是鋼筆畫出的精緻圖案，很清楚是一個還是中學生的文藝青年自得其樂的作品。

然而讓我驚訝的是，這本小冊子的編撰日期標明是民國卅七年 (1948) 6 月 12 日，那時距台灣光復不到三年，而距「二二八事件」也才一年三個多月。四叔在其中一篇散文裡這麼開頭：「歲月似飛瀑的傾瀉，江水的奔流一樣，在不知不覺間，我已度了十九載的生活。」那年他滿十八歲，中學即將畢業，從日文教育轉而接受現代白話中文教育不到三年，卻已能用中文寫出蠻通順的文字。一個中學年紀、原本接受日文教育的年輕學生，在兩、三年間掌握了現代白話中文，本無需大驚小怪，為何還讓我驚訝？其中一個原因是，白話中文這個看來應該開始成為他得心應手的思想與書寫工具往後在他手中的命運。

台南有個成年禮的民俗叫「做十六歲」，據說是起源於乾隆年間 (1736-1795) 台南港口的碼頭搬運工要到十六歲才開始領取成人工錢並正式成年。2004 年，台南為那些二戰困難時期不克「做十六歲」的老市民舉辦一個「補做十六歲」的活動，其中一項是讓這些老者去回憶十六歲當年的情況。曾是文藝青年的四叔也寫了一篇回憶，然而卻全部用日文來寫。他的日文據說甚為流利，比中學時期當然是更好了，而他當年努力學得的中文則消失得無影無蹤。當然我四叔後來的政治取向也是十分清楚的。因此在這本文藝小書出土之前，我不曾知道他還有過那麼一段熱切擁抱白話中文、對前途充滿理想與憧憬的文藝青年時期。

此外他在「二二八事件」期間又曾有過一次血淋淋的經歷。那是 1947 年 3 月上旬，國府軍隊從基隆上岸後一路鎮壓下來，高雄要塞的部隊則一路北上，進入台南的時候，大街頓時商店關門、行人匿跡，學校也提早放學。四叔那天離開學校後，因事延宕，不幸就在一條出大街的巷口碰上沿街前進的部隊。他轉身就跑卻已來不及，被猛然而來的步槍刺刀刺中大腿。還好士兵沒追上來，他拖著血淋淋的大腿逃回巷子裡。

這是另外一個讓我驚訝的原因——在四叔一年後編撰的這本文藝小書裡，找不到這次驚悚經驗的蛛絲馬跡，反而充滿了年輕人對理想與前途的憧憬，就如那位日本同學來信的譯文所說：

親愛的鄭君！

我起初寫了這一句便覺得異常的感慨，曾經在美麗的台灣島，肆意橫暴的我們日本人，嗚呼我們的末日是可憐極了——前經離別高雄港的我們，終於六號到達了大竹港，接受了溫和似的櫻花的歡迎，但是等待著我們的只是貧苦，絕望，無情，矛盾的社會和飢餓的生活而已。這也不過是日本過去的罪惡所致，這樣想來便覺得並沒有辛苦的。……

新生中國，新生日本，互相握著手並將三民主義推廣世界而維護世界永遠的和平，必須要我們青年的熱血與努力，親愛的鄭君！我們的血是同樣的！我們是永遠朋友的！

這位日本青年在信中反映了戰後日本反思的契機，

而新生中國與新生日本是他們當時共同的憧憬，顯然「二二八事件」本身並未讓四叔絕然轉向。因此四叔後來從中文再回到日文，從憧憬變成悲情，是有一個過程的。就像與他大約同時代的李登輝雖然歷經「二二八事件」，但並沒有因此摒棄中國，甚至還曾進一步擁抱過(事件後還曾經加入中國共產黨)。這與我原來對他們這一代人的認識大相逕庭。

這裡延伸出一個語言的問題。我四叔後來疏離了白話中文，但為何回不去用閩南語來書寫？在光復前除了日常生活使用的閩南語外，他只會日語，並且以日語作為他思考論述的語言。日據時期，台灣所有學校都是以日文上課，老師也絕大多數是日本人。日本戰敗後，這些日本教師幾乎全部被遣送回國，而台灣人也沒多少人會說國語，包括為數不多的台籍老師。在這樣的嚴重語言斷層時刻，四叔是如何學得國語？這主要由於光復後為了填補日本教師離去的空缺，很多大陸年輕老師應聘來台，其中不少是滿懷理想的開明進步人士。

光復後來台擔任中學校長的有不少大陸開明知識分子。比如新竹中學的辛志平[7]，在「二二八事件」打外省人期間被學生保護起來。新竹人為了紀念他，將其住家列為古蹟，也在校園裡建了辛園來緬懷。台南一中當時的校

7 〈竹中之父教育哲人辛志平〉，http://library.taiwanschoolnet.org/cyberfair2002/C0211300150/main.htm。

我四叔 1949 年中學畢業照，前排正中穿西裝者為蘇惠鏗校長，四叔是第三排左四。(鄭鴻生提供)

長是蘇惠鏗，也是這麼一類人物，讓他兩個後來都傾向台獨的學生銘記在心。曾在一九七〇年代當過台灣獨立建國聯盟主席的張燦鍙如此回憶：「高中就讀台南一中，當時一中的校長是蘇惠鏗先生，他不會要求學生加入政黨，不會灌輸政治思想，只是要學生好好讀書。」[8] 當過陳水扁總統時代外交部政務次長的高英茂也説過：「當時台南一中考上台大的學生人數排名全省第二，僅次於建國中學，我覺得要歸功於當時的校長蘇惠鏗先生，他是一位非常認

---

8 〈《台南情、台灣夢》——張燦鍙訪問稿〉(2013 年 6 月 15 日)，台灣獨立建國聯盟網，www.wufi.org.tw/〈《台南情、台灣夢》——張燦鍙訪問稿〉/。

真的教育者，他把台南一中辦的很好。」[9] 雖然這兩位學生主要以辦學成績來評價他們的校長，但也可讀出蘇校長開明的辦學理念讓那一代的學生受益匪淺，包括我四叔。

我們可以想像，那時的台南一中正如台灣不少其他學校那樣，不只有位開明認真的校長，還有不少由這位校長聘用、來自大陸的開明進步知識分子當老師。這些老師不只來教學生國語，也帶來五四運動以來豐富的文學藝術作品。四叔那本小書提到的歐美文學作品應該就是從大陸來的老師那裡學到的，因為在之前二戰時的皇民化時期不可能讀到這些作品。光復那年四叔滿十五歲，正是開始文藝啟蒙的年紀，他的文藝取向與白話中文的磨練就在這樣的情境下發生。而「二二八事件」這樣的動亂與經歷還能讓那時的四叔保留著對新中國的嚮往，沒有陷入族群的陷阱，應該就是這些開明的外省校長與老師起了作用。

這是個弔詭之處，一向被罵為胡作非為的陳儀為何會聘用這些開明認真的中學校長？當然這些校長應該不是他直接指派，而是他所任命的第一任教育處長趙迺傳所招募來的，顯然這位趙迺傳就像前述周一鶚、嚴家淦、包可永、任顯群、許壽裳、臺靜農等跟著陳儀到台灣的人，也非庸碌之輩，他既是哥倫比亞大學教育學碩士，也是杜威(John Dewey) 的學生。我們可以說，光復之初確實有不少

9　〈專訪高次長〉，《外交部通訊》，第 24 卷第 6 期 (2002 年 10 月)，http://multilingual.mofa.gov.tw/web/web_UTF-8/out/240 6/html/p10.html。

黃榮燦：《恐怖的檢查》，1947 年。(資料圖片)

開明認真的大陸文教界人士抱著理想來到台灣。

這就接到我要舉的第二件事，即關於一幅有名的「二二八事件」版畫《恐怖的檢查》。這幅版畫在後來有關「二二八事件」的書寫與圖片記錄中都是不可或缺的，而它的作者黃榮燦竟是來自四川的外省人。黃榮燦是位青年藝術家，光復後三十歲不到便來到台灣推動版畫藝術。「二二八事件」期間他就在台灣現場，事變兩個月後他悲痛地創作了這幅版畫，之後也繼續留在台灣工作，卻在一九五〇年代肅清左翼時期被當局槍決，埋骨台灣，直到一九九〇年代才在台北六張犁山丘的亂葬崗上找到他的荒冢。黃榮燦也是光復後來到台灣的眾多大陸年輕開明進步知識分子之一。

四川人黃榮燦事蹟的啟示是，「二二八事件」的重點不僅不在於省籍族群衝突，而在於外省人加入了反抗的行列。進一步說，當時不少大陸的進步分子也在聲援台灣的這場抗爭行動，關於這些史實的資料幾年來都一一出土了。如今我們知道，當年大陸的民主進步人士沈鈞儒發表過〈台胞決不會奴服的！〉一文，章伯鈞也發表過〈紀念「二二八」感想〉，斥責當年國府在台灣的作為[10]。這個重要面向如今已淹沒在強調族群衝突的支配性論述之下了。

三、三代人之間的語言斷裂

回過頭來問，我四叔是在什麼樣的環境與歷史變遷下，疏離了以現代白話中文構築的文藝青年時期呢？顯然不是「二二八事件」本身，而台灣人的語言世代斷裂現象才是大背景，以致更大的同代壓力與世局變化最終還是把他拉回歷史的悲情漩渦中，挽回不了他曾經有過的那段前瞻中國的青春時光。

光復後還是中學生的我四叔有機會學得國語，但他的幾個已經離開學校的兄姊包括我父親，情況就不一樣了，甚至可以說遭遇了語言的斷裂。光復後，日語作為正式語文的地位被現代白話中文取代，這一大批已經是台灣社會

10 參見《海峽評論》，2005 年 3 月號，www.haixia-info.com/articles/4207.html。

中堅的中壯年頓然在正式場域說不出話來，因為在他們的一生中從來不曾學習現代白話中文——這個民國肇建多年之後才確立的國語。

1895 年台灣割讓給日本之後出生的台灣子弟——乙未新生代，他們學會的正式語言只有一種，就是日文，他們甚至連方言母語都講不好。比我四叔年長七歲的李登輝就是典型例子，日本戰敗時他已是京都帝國大學的學生，回來轉讀台灣大學，但始終不擅長國語，日文反而是他最熟練的語言與終生的思維語言，母語閩南語則只能在日常生活中用來應對。他當總統時，有次想用閩南語宣讀文謅謅的元旦文告，卻必須請一位熟稔典雅閩南語的老先生來為他宣讀。這是像我父親那樣的乙未新生代的基本語言狀況。

為什麼會發生這種情況？這牽涉到近代列強入侵與漢語歷史，說來話長。簡單說，現代白話中文，即所謂的國語或普通話，是要到民初的白話文運動以白話文取代文言文作為中國正式書寫文體才確定下來，而以北京話為發音標準也晚到 1932 年才正式定案。中國國語的發展與民國成立後的白話文運動及現代化過程息息相關，然而台灣在 1895 年乙未割台之後卻未能參與到這個重要過程，不僅如此，還被迫學習敵國語言日語作為實現現代化的工具。當光復的時刻來到，對當時台灣社會的知識菁英而言，祖國的國語成了必須重新學習的語言，自己的方言母語又已不再熟練，無法用來論述言說，而唯一可用來論述言說的反而是前殖民宗主國的日語，於是光復之後乙未新生代的台灣社會菁英頓時成了失語的一代。

這種語言斷裂扭曲的情況也是「二二八事件」的基本背景，大陸來台接收人員不能與台灣社會菁英在語言上充分溝通，是這起偶發事件難以即時平抑的社會條件。不僅如此，國府來到台灣沒多久又禁止報刊的日語版面，就更於事無補。當時國府來到台灣提倡國語而壓抑日語的心情可以理解，歷經多年艱辛的抗戰終於取得勝利，壓制敵國語言理所當然。但問題是台灣人就像大部分大陸人民一樣，並非天生就會講國語的。

甲午戰爭之前，台灣的閩南和客家語族各自以其方言作為日常生活、讀書識字、引經據典及高談闊論的語言，就是說閩南語和客家話不僅各自作為日常生活語言，還是各自的知識菁英用來論述的高階語言。當然，他們與其他漢人社會一樣都使用共同的書寫語文——文言文，而有必要進京趕考爭取功名的傳統士人或者要到大陸各地經商的商賈，才會去學習當時全中國的共通語——官話。不過，當他們吟詩作詞、誦讀經典時還是要用各自的典雅方言，如此才能符合平仄押韻。換言之，在日本占領台灣之前，閩南語和客家話是各自成套的完整漢語系統。

然而日本占領台灣不久，殖民政府就開始進行現代化改造，尤其在教育方面，從小學程度的公學校開始，全面以日語實施現代化教育。因此，乙未新生代的大部分社會菁英從小就不再接受以母語方言傳授的傳統漢文教育，漢文學堂也因公學校的設立而消失殆盡，也很少有人會去學習官話，他們轉而在新式學校裡全面用日語來上課，滲入許多西方詞彙的現代日語成了他們用來學習現代知識與進行思辯論述的現代語言。他們不再像前清遺民的長輩(即我的祖父母輩)那樣，能夠以母語來讀傳統經典，因而喪失了母語的論述與書寫能力，而只能在日常生活中使用[11]。這就回答了我四叔在疏離白話中文後卻回不去典雅閩南語的問題。

這是第一次的語言斷裂，前清遺民如我的祖父母輩，由於沒能搭上日本殖民現代化改造的巨輪，在以日語為正式現代語言的日據時代成了失語的一代人，而台灣閩南語或客家話也就在這時因為傳承中斷，而沒能像香港的粵語那樣與時俱進，發展成適應現代觀念與論述的現代語言[12]。總的來說，由於日本據台五十年，台灣人三代之間前後發生了兩次語言斷裂，而光復後第二次語言斷裂所造成的溝通失效，更成了「二二八事件」難以收拾的潛在因素。

四、文明位階與兩岸不同的現代化路徑

光復後的語言斷裂本身問題不大，假以時日台灣人總

---

11 請參閱收於本文集的〈台灣人的國語經驗〉。

12 請參閱收於本文集的〈關於東亞被殖民經驗的一些思考〉。

可以慢慢學會國語。但是國語作為現代國族語言是帶著不同國家各自的現代化烙印的，比如中國的國語和日本的國語各自承載不同的現代化意涵，甚至披上文明等級的外衣，尤其在全球現代化大趨勢的籠罩下。現代化啟蒙有若信仰基督上帝般的宗教感召，乙未新生代基本上是經由日本統治帶來的現代化而啟蒙的，是第一批受到現代化教育的台灣人，這對他們而言是有特殊的生命意義；傳遞給他們「現代文明」的日本帝國，就有如傳遞基督教義給第一批台灣信徒的長老教會那樣，戴上了神聖光環。

然而這種神聖性卻又很自然地迫使這一代人轉化為精神的屈服，即使是後來的叛逆，不論左右派別，也都在這個「文明」的範圍之內，因而內在的自主性在他們心中被剝奪殆盡。他們以日文學會了整套的日本式現代文明，不僅認為不會說日語的台灣人是不文明的，也不自覺地用這個標準來看待光復時來台接收的大陸軍政人員。

國民黨如今被民進黨打得倒地不起，還落了個被抄家的命運[13]，除了各種複雜的內外因素外，還有一個無可逃避的歷史性因素，就是打從1945年台灣光復，國軍部隊一上岸開始就如影隨形緊跟著的文明因素。多年來，台灣社會曾流傳著多種對當年國府軍隊十分貶抑的說法，說當年來台的國軍軍紀如何不良、軍容如何破落、現代知識又

---

13 2016年7月25日民進黨在立法院以其多數黨強勢訂定法律，成立「不當黨產處理委員會」。

如何貧乏。傳言中，下船的國軍衣衫不整、背著做飯的大鍋，還拿著雨傘，令台民大失所望。

這些現代文明觀點說法的貶抑性，最終凝結成一則關於水龍頭的故事，數十年來在台灣不斷地傳述：「當日本戰敗，中國兵仔來到台灣時，他們看到牆壁上的水龍頭竟然還會冒出水來，覺得很神奇，也去搞來一個往牆上一插，卻奇怪為什麼沒有水流出來。」這是我從小就聽過的笑話，先是耳語相傳，解嚴後就公然傳布了，甚至在往後每次大小選戰中被民進黨一再用來羞辱對手。多年前有個試圖調和「省籍矛盾」的電視喜劇也曾用過這樣的題材，這顯然已經成了全民共識。

水龍頭這類故事曾經在世界各地以不同版本流傳[14]，比如英國人在二戰時對蘇聯紅軍、以色列人對阿拉伯人、城裡人對鄉下人，甚至國民黨自己對渡江的解放軍。水龍頭的故事不管是否屬實，是否有普遍性，幾十年來在台民心目中已經成了一種精煉出來對國府軍隊的「記憶」。而且在這種帶著價值判斷的「記憶」中，拿來作參照標準的卻不是台灣人自己的軍隊，而是日本軍隊。在這標準下，國府軍隊是一點不如曾威懾台灣、軍容壯盛的日本軍隊，而國民政府也一點不如曾賜予台民水龍頭的日本帝國。1945 年日本帝國戰敗投降，對只願認定這件大事是「終戰」的人士而言，日本統治台灣五十年所留下來的就不只

---

14 請參閱收於本文集的〈水龍頭的普世象徵〉。

是「軍容壯盛」與「水龍頭」的表徵，日本帝國還是台灣現代化的奠基者，是西方文明的引進者，是所謂「台灣主體性」的根源。

接受日本教育的那一代台灣人，在光復之後以水龍頭的故事來嘲笑從農村拉伕來的落後的國民黨軍隊。其實，同樣的笑話也可被用來嘲笑未被現代化洗禮的前清遺民的長輩，這是現代文明嘲笑落後社會的普世價值觀。像我祖父那樣只上過漢文學堂，不懂日文與國語的人，從日據到光復，終其一生只能沉默寡言。他那一輩前清遺老在二十世紀上半期，面對學得現代日語的我父親那一代人，除了語言斷裂外，還反映出使用傳統漢語在文明位階上的低下地位。

文明位階深刻地烙印在現代人的身分認同上。在二十世紀台灣，1895 年的乙未割台，不僅有如蒙古大軍南下、清兵入關，更是中國「數千年未有之變局」的一部分。當時日本不只是一個軍事強權，還是一個「現代文明」國家，不只在武力上打敗你，還在文化、物質文明上壓倒你。這麼一個西方「現代文明」的東方代表，在台灣所造成的歷史與文化斷裂是前所未有的，而且在 1945 年戰敗退出台灣後繼續發生作用，至今未曾稍歇。

更甚的，乙未割台造成的兩岸現代化的不同發展，不僅是像識字與自來水普及率那樣步調上的差距，更是不同路徑所造成的歷史觀的差異。中國大陸在乙未之變後連接發生重大歷史事件：戊戌變法、八國聯軍、辛亥革命、五四運動、北伐統一、國共分裂、八年抗戰等；這些知識菁英艱苦奮鬥，以自己的步伐與方式，尋求一條現代化之路；雖然頭破血流、顛顛簸簸，但確實是自己獨立自主走出來的路。台灣則有著極為不同的遭遇，走上一條基本上是日本帝國由上而下強制施行的殖民現代化之路，由此培養出來的新興現代化知識菁英，其中除了抗日志士外，對大陸走過的艱辛過程並不熟悉，卻有著被拋棄的「亞細亞孤兒」的悲情心理。

這是光復後台灣社會的心理暗流。這麼一代基本上被動接受現代化的台灣社會菁英對還陷於貧困、落後與戰亂的大陸缺乏同情，看不起大陸來台接收人員的「文明落後性」。而來台接收的國府人員則背負著辛亥、北伐與抗戰的歷史觀，只能以台灣人受到「日本奴化教育」來回應，雙方互相缺乏同理心。這種文明位階上的自閉與互不諒解的情況，比單純的語言斷裂所造成的隔閡還要嚴重。

所以說，台獨運動必得從乙未割台講起，倒不是說獨立運動從這一年開始 (雖然這一年曾經出現過一個虛擬的台灣民主國)，而是說從此以後台灣社會在現代化的路徑上就走上了一條與大陸不同的道路，這對後來出現的分離思想有著重大影響。我們試著想像，如果沒有這個現代化因素，台灣在 1945 年的光復或許就像北宋收復了燕雲十六州，或如隋朝統一了長江以南諸國，只是傳統中國社會的分合，不至於會有「二二八事件」那樣的慘烈衝突。

可以說，這種現代文明的競逐心理正是「二二八事件」之所以發生的一個基本心理狀態，而日本帝國統治台灣五十年所植入的「日本因素」從而產生的日本文明歸屬感的分離動力，正是「二二八事件」的底層因素。

五、台灣抗日運動及其光復後的際遇

雖然「現代日本」這個因素在台灣光復時是個難以忽視的存在，但是「現代中國」的影響並非全然缺席。在1895 年日本占領台灣之前，台灣已經有將近三百年漢人社會的堅實歷史，因此從乙未之變的第一天起，就有了近代民族解放性質的抗日運動，包括傳統的武裝鬥爭與現代形式的政治、社會與文化運動。漢人的武裝抗日一直延續到1915 年的台南「噍吧哖事件」(又稱「西來庵事件」)，足足有二十年，傷亡數十萬人；原住民的武裝抗日甚至持續到 1930 年賽德克族的「霧社事件」。台灣漢人武裝抗日失敗後，新一代抗日知識分子改而採取現代政治社會運動的形式，例如 1921 年成立的台灣文化協會(文協)、1926年成立的台灣民眾黨以及一九三〇年代的各種工人與農民組織，最後是共產黨組織的出現。即使以階級為號召的左翼運動，基本上也是為了推翻殖民統治，因而充滿民族解放的色彩。

此外，台灣漢人的抗日運動不管武裝與否，除了具有從日本帝國的殖民統治解脫出來的民族解放性質外，因為它原是從中國被割讓的，所以還有一個回歸祖國的特性。

1913 年謀刺袁世凱的台灣青年送別合照，前排左二為翁俊明，左三為杜聰明，後排右一為蔣渭水。(杜聰明博士獎學基金管理委員會提供)

因此，日據時期台灣漢人的抗日運動既是反帝國殖民的民族解放運動，又是回歸祖國運動，這是台灣抗日運動與其他被殖民地區民族解放運動的不同之處。對台灣人而言，光復就不只是單純的民族解放問題，更有著複雜的回歸祖國問題，而這在現代世界是史無前例的。

台灣抗日分子多是懷抱著中國身分認同而投身運動的，而且這些運動又大半與祖國的革命進程亦步亦趨。從羅福星在台灣延燒辛亥烽火在 1914 年上了日本殖民政府絞刑台開始，抗日分子呼應大陸現代化革命進程每一環節的行動，接二連三直到台灣光復。台南人翁俊明 (歌星翁倩玉的祖父)，畢業於台灣醫學校，以辛亥革命志士自我期許。他曾於 1913 年集結同志籌款援助國民革命，同年與同學淡水人杜聰明同赴北京企圖暗殺袁世凱，未果而還。翁俊明後來投奔大陸，並在抗戰期間幫助成立了國民黨台灣黨部。

1920 年，台中傳統商家子弟蔡惠如受到五四運動的直接影響，號召留日台灣青年學生在東京創立新民會，並出資仿照《新青年》發刊《台灣青年》雜誌，進行民族思想的啟蒙宣傳。隨後，留日和旅居北京、上海、廣東、南京等地的台灣學生相繼成立台灣青年會、台灣學生聯合會、中台同志會等組織。

曾在二十世紀之初受到梁啟超親身教誨的台中青年士紳林獻堂，1921 年發起「台灣議會設置請願運動」，以和平方式爭取台民自治。接著，醫學校畢業的宜蘭人蔣渭水，以「台灣孫中山」自許，1921 年糾集同志成立文協，推展台灣人民的啟蒙運動，並在 1926 年成立民眾黨，展開工人與農民運動。而他的同學、摯友與同志彰化人賴和響應大陸的白話文運動，提倡台灣的白話文學書寫，被尊為「台灣現代文學之父」。對這一批日據中期的啟蒙與抗日活動者而言，大陸發生的事件從戊戌變法、辛亥革命、五四運動到北伐統一，都是讓他們熱血沸騰的祖國事件[15]。

---

15 關於日據時期的抗日分子及其運動，參見葉榮鐘《日據下台灣政治社會運動史》(台中：晨星出版，2000)。

日據後期台灣的工農運動興起。台南人蘇新於 1928 年赴日求學期間加入了日本共產黨，並於隔年回台開展共產黨組織，「二二八事件」後經香港轉赴大陸。出身貧賤的彰化人謝雪紅在年輕時參加了文協的活動而得到極大的啟發，後於 1925 年在上海參與「五卅運動」並加入中國共產黨，同年底赴莫斯科東方大學就讀，並於 1928 年在上海成立台共組織，隨後回台活動。「二二八事件」時在台中組織二七部隊，後經香港前往大陸，與蘇新、楊克煌等人成立台灣民主自治同盟 (台盟)。一九五〇年代國府對左派實行大肅清的時期，殉難的台北人郭琇琮、嘉義人張志忠、高雄人鍾浩東與簡吉等，被長期監禁的台南人林書揚 (34 年)、高雄人陳明忠 (21 年) 等，無不懷抱著強烈的中國身分認同[16]。

從以上所提人物、事件與運動可以看出，日據時期到戰後初期的啟蒙與抗爭運動，主要是由懷抱中國身分意識的台灣人所構成。他們無一不在同時呼應大陸現代化革命進程的每一環節。因此，在抗戰期間就有不少台灣抗日分子潛赴大陸參加抗戰行列。可以說，台灣抗日運動不分左右派別，是一個企圖擺脫日本殖民統治而與現代中國一起

16 參見林書揚《從二‧二八到五〇年代白色恐怖》(台北：時報文化，1992)；藍博洲《幌馬車之歌》(台北：時報文化，1991)；藍博洲《紅色客家莊——大河底的政治風暴》(台北：印刻，2004) 等書。

呼吸，共同成長，追求民族平等、主權在民與社會正義的民族解放運動。從第三世界民族解放運動來看，他們爭取的並非台灣的獨立，而是回歸中國的民族解放。這種既是民族解放又是回歸祖國的運動，是與其他被殖民地區單純的民族解放運動極為不同之處，也正是其複雜所在。

從以上所言可知，台灣在乙未之變走上被日本帝國殖民現代化改造之路後，並非與祖國完全疏離，還是有一批抗日人士亦步亦趨跟著大陸的現代化進程而行動。相對於前述日本殖民現代化所產生的分離動力，這批抗日分子的所作所為正是回歸動力之所在。

在光復後面臨日本殖民統治所造成的兩岸心理隔閡這個潛在的分離因素，這樣一批帶著回歸動力的抗日分子照理說應該發揮一定的制衡作用，但是歷史的發展竟然沒能讓他們有發揮的餘地。這牽涉到日本殖民政府的強勢統治、對抗日組織的嚴厲鎮壓、抗日組織未能形成統一的戰線，以及光復後多元權力狀態等等因素。

具有民族解放意識的現代抗日運動，一開始就遭到日本殖民政府的一再打壓，不管走的是林獻堂的梁啟超路線、蔣渭水的孫中山路線，還是後起之秀的馬列主義左翼路線；而且當 1936 年日本殖民政府啟動皇民化運動之後全部被鎮壓乾淨，甚至連林獻堂領導的較為溫和的台灣議會設置請願運動也宣布解散。沒有被關押的抗日志士或是噤聲不語，或是逃往大陸，加入國民黨或共產黨。當然，被日本殖民政府迫害最嚴重的莫過於最積極奮進的左翼分子，大半領導人被關進大牢，甚至瘐死囹圄，比如翁澤生被判十三年而死於獄中，謝雪紅十三年，蘇新十二年，簡吉十年等。倖存者直到台灣光復才復出活動。

然而，這批抗日志士不論左右派別，當時雖然旗幟鮮明，卻未能團結一致。同時，在日本殖民政府的強勢鎮壓下，群眾組織難以施展作為，力量不夠強大。因此，當日本宣布投降時，在台灣的抗日組織基本上是空的，不能承擔接收日本殖民政權的任務，遑論制衡日本因素了。換言之，台灣的民族解放並非來自內部解放力量的壯大，而是外在形勢使然，包括祖國作為戰勝的同盟國的二次大戰。

在缺乏強大的台灣抗日政治組織的具體歷史情境中，回歸一事於是只能由祖國政府完全承接日本殖民政權來完成，這也是當時盟軍諸國的共識。雖然戰後某些美國派駐東亞的情報官員如葛超智曾主張「台灣託管論」，即由美國來接收台灣，但這只是轉換另一個殖民宗主國，現實上也不可能。在此情況下，復出的抗日分子首先面臨的除了是重新組織外，只能承擔起與大陸來台的國府接收人員進行溝通協調的任務。

如果當時的祖國政府理解到日本因素所產生的分離動力這問題的複雜性，來台接收時除了重建秩序外，還能扶持重用這些倖存的抗日人士，或許不至於讓這種心理隔閡擴大，但歷史的現實卻背道而馳。正如前述，當時國民政府一方面承載著從辛亥革命到八年抗戰的現代中國意識，一廂情願的認為一般台民也應該有同樣的認識；另一方面它又是歷經長年戰爭的孱弱政權，基本上自顧不暇，比如說大陸復員的工作就搞得焦頭爛額，怨聲載道。因此，當時的國民政府既不可能有餘裕來理解台灣問題的複雜性(或許當時誰都不可能有此理解)，又陷入國共內戰與東亞冷戰的漩渦，使得台灣的接收工作更加亂無章法。

總的來說，日本統治台灣時期，雖然心懷回歸使命的抗日組織前仆後繼，但在皇民化運動高潮時幾乎已被全面肅清，光復後也沒能受到重用，於是沒能對複雜的日本因素發揮制衡力量。

六、戰後台灣社會的自我管理問題

然而，即使有這個分離與回歸交錯的複雜性，難道「二二八事件」這樣的大亂事真是難以避免嗎？或許如果國民政府的政策得宜，或者沒有國共鬥爭，或者台灣社會能夠迅速形成自我治理機制的話……。這些具體條件是互相糾結在一起的，接下來我們探討這些問題。

前面提到，背負回歸使命的抗日組織由於遭到日本殖民政府的嚴厲鎮壓而解體，因而光復後沒能在社會秩序上發揮太大作用。需要補充的是，前清時期的台灣傳統漢人社會原是有其以士紳為中心的地方自我治理機制，但在日本帝國的強勢統治與社會改造下，這個機制早已崩解。例如總督府將警察派出所一直建到基層社會，幾乎沒給台民留下形成現代自我組織的社會條件。一旦光復而日本力量必須全面撤出，留下來的政治與社會真空又非抗日志士所能承擔填補，這麼一個缺乏有效自我治理機制的歷史情境，就容易產生重大的社會危機——無政府狀態。因此，在「二二八事件」前後難以避免的省籍對立氛圍中，整個社會缺乏處理這種對立所需的自我治理機制，是超乎左右觀點的更基本的問題。

戰後台灣社會這個無政府狀態的傾向，在「二二八事件」爆發後一些暴民對大陸人士不分青紅皂白、不分男女老幼的攻擊中顯現無疑。事件爆發時，國府在台灣的兵力由於大半已被調往國共戰場而所剩無幾，其中除了高雄要塞、嘉義機場等少數據點堅守待援外，都被解除武裝。在鎮壓部隊上岸之前，全台幾個都會區已經亂了七八天，幾乎所有大小政權機構都被解除權力，雖然各地都有積極分子成立處理委員會，但還是不能避免無政府狀態。

在這種無政府狀態中遭遇最慘的是一般來台外省人士，街上到處呼嘯著「打阿山」(襲擊外省人士)的叫聲，有不少外省人士因此喪生，這些人與當權者或軍警不必然有關。這樣的民族悲劇在侯孝賢的電影《悲情城市》(1989)裡梁朝偉在火車上的那場戲隱約帶過。當時在台北工作的嚴演存回憶說：「我七歲之長女斯馨，在路上被詢，用閩南語說：我是台灣人，遂安然通過。」[17] 當然，大半的外省人都躲起來不敢出門，或者被台灣人保護而逃

---

17 嚴演存《早年之台灣》(台北：時報文化，1989)，頁 32。

過一劫，這在後來很多歷經「二二八事件」的外省人士的回憶裡都曾提到，最有名的莫過於後來的總統嚴家淦，當時躲進林獻堂在台中霧峰的大宅裡。

「阿山」是從那時起台灣人給外省人士起的綽號，原來是台灣人對祖國原鄉「唐山」的想望，如今被轉成「阿山」的蔑稱。就如前述，這種心理是由於兩岸經過不同的現代化路徑，產生了現代文明的位階與不同的歸屬感，如水龍頭故事所示；如今「二二八事件」又加重了這個分離動力。

國府之所以採取嚴厲的鎮壓手段，除了因國共內戰使其認定其中必有左派鼓動的因素之外，在那七八天裡發生的「打阿山」民族悲劇引發的報復心理也不能辭其咎。然而，為什麼當時抗爭的領導者會讓這種暴民政治發生？當時台灣人自行組成的各種臨時自治團體，包括處理委員會，顯然都沒能控制得了局面。左翼分子雖然活躍並組成武裝力量，也沒能發揮社會自我管理的功效。如今我們只能在零星的回憶文章中，讀到個別抗爭分子如何阻止暴民當街毆打外省人的事蹟[18]。

台灣在光復後缺乏自我治理機制的根本原因，來自日本統治台灣所採取的全面高壓與同化政策。它一方面對台灣社會實施現代化改造，造就台灣第一批現代知識菁英；

---

18 參閱《無悔：陳明忠回憶錄》(台北：人間出版社，2014)，頁83。

另一方面卻又幾乎以全能的姿態對台灣施行統治，從上到下幾乎不留給台灣菁英任何干涉政治的機會。這個干涉政治指的是在各種現代機構，包括政府、企業與學校，擔任決策與管理之責。不說政權機構，從學校與企業的狀況更可反映出這種現象。傳統學堂沒有了，只有日本人主導的現代化學校；傳統手工業沒落了，只有日本人經營的大型現代企業如四大製糖會社、台灣電力株式會社、台灣銀行等；傳統商業也競爭不過日本來的大商社。

舉一個簡單的例子，當國府資源委員會來台接收台電時，他們發現在這麼一個重要而龐大的現代企業裡，只有一個台灣人朱江淮是屬於管理階層，而且只是低階管理者。朱江淮是日本京都帝大電氣工程系畢業，已在台電工作十多年，雖然名為技師，卻無法接觸技術部分，只能擔任推廣用電的業務[19]。於是當日本的管理與技術人員撤出台灣時，台電頓時面臨能否繼續營運的問題，來台接收的資委會必須拼盡全力以維持電力的正常供應。

學校也面對同樣的情況。當中央研究院植物研究所首任所長羅宗洛於 1945 年 10 月被任命來台接收台北帝國大學 (後改名台灣大學) 時，整個大學只有一位台籍教授——醫學院的杜聰明。羅校長隨即任命他為醫學院的接收委員，並接任醫學院院長。有美國哥倫比亞大學博士學

19 朱江淮口述，朱瑞墉整理《朱江淮回憶錄：台籍第一位電氣工程師》(台北：朱江淮文教基金會，2003)，頁 69-73。

位的林茂生，日據時期自美國回台後並未被重用，只能在台南工業專門學校任職。這時羅校長也立即聘他為文學院教授，並請他負責接收文法學院[20]。

由於台北帝大的台灣人才荒，羅宗洛力主留用部分日籍教授，以維持大學的教學水準。但當時台籍學生與其他低層教職員則激烈反對，例如醫學院的台籍學生還直接面見羅校長，表示「不願再受日人之教，欲乘此機會將日人在台勢力一掃而光」[21]。杜聰明則回憶說：「其中病理學武藤教授因為日治時代輕蔑本省人，……沒有留用。」[22]台民的訴求與主事者的考慮竟有如此差距。在原來的教職人員幾乎走光的情況下，台北帝大除了地上建築物之外，還能稱做台灣大學的前身嗎？

日據時期，台北帝大是為了日本帝國南進而設立的，而且面向全日本招生，除了醫科與少數文理科外，很少台灣人就讀。在日本殖民教育政策下，提供台灣人中學畢業後繼續求學的主要是技術學校，用來培養殖民統治的技術輔助人才，何況這些技術學校還是以招收日本學生為主。當時在中學與技術學校的銜接上幾經變動，最後形成四個專校：台北醫學專門學校、台北經濟專門學校、台南工業

---

20 李東華《光復初期台大校史研究 (1945-1950)》(台北：國立台灣大學出版中心，2014)，頁 19-21。

21 李東華，前引書，頁 23。

22 杜聰明《回憶錄》(台北：杜聰明博士獎學基金管理委員會，1973 年 8 月)，頁 117。

專門學校與台中農林專門學校；後來台北醫學專門學校併入台北帝大成為其醫學部。此外，台北帝大沒有法律學部，台灣也沒有其他法律專門學校，台灣人想當律師就得去日本就讀。因此，那時台灣到日本的留學生也多以台灣出路為考量，甚少選讀政治與管理科系。

從整個教育體制可以看出，日本殖民政府並不想為台灣培養政治與法律管理人才以及社會自我治理能力，在企業管理、技術與教育領域無不如此，政權機構就更加嚴重。日本據台五十年，在整個統治結構中，台灣人只居於中下層單位的少數，比如當基層警察的李登輝的父親。日本殖民政府為了籠絡，授予一些台灣士紳貴族院評議員的頭銜；日據後期也開始舉辦以納稅額為投票資格的地方選舉，讓少數台灣菁英擔任地方議員，但都只作花瓶之用[23]。

光復前台灣社會在各層面都缺乏自我治理機制，社會菁英也缺乏實質政治與管理經驗，於是在光復時日本行政與管理人員全部撤離就引發問題。總督府又趁國府來台接收之前從日本運來大量台幣鈔票，造成物價飛騰，民心不安；又有大批台籍日本兵回到台灣成為社會不穩定因素。良莠不齊的國府軍政人員就在這種近乎無政府的狀態下來到台灣進行接收。「二二八事件」從偶發事件而終至不可

23 台灣人在日據時期被剝奪參政與管理經驗的情況，參見葉榮鐘《日據下台灣政治社會運動史》。

收拾，台灣社會缺乏自我治理機制難說與此無關，而這個缺陷的主要原因也還是得歸諸日本在台全能而強勢的統治。

七、戰後兩岸的亂局

從主政者的角度來看，光復後重建起來的治理機構，即陳儀領導的台灣行政長官公署，表面看來是當時台灣唯一最高治理機構，因此後來就有人把「二二八事件」的禍首歸於「陳儀窳政」。接收主力當然是陳儀的人馬，但是來台參與接收的也包括國府內部互相角力的各個勢力，還有來台駐軍、CC 派國民黨部、資委會的技術菁英、中央單位 (如海關)，以及各個情治單位等。這些系統並沒有一個共同治理政策，就像國府在大陸那樣互相不能協調一致。

台大第一任校長羅宗洛的回憶錄也提到在接收台大法學院時與陳儀的爭議。台大校長由教育部任命，理應不受省府管轄，但是台大的經費當時卻由台灣省來支應，而且交接伊始，百廢待舉，還有許多校務需要省府來配合與支援。因此，就給予陳儀很大的優勢來干預台大校務，而與教育部派來的羅宗洛產生諸多衝突，尤其是在法商學院與文政學院的設立上[24]。這雖然只是在重建高等教育體制上兩個機構的衝突，卻反映出來台接收的多元權力系統互相

---

24 李東華，前引書，頁 33-51。

齟齬的一般狀況。這類衝突在教育體制上還不至於鬧出大事，但財政部的海關對於香煙進出口政策與行政長官公署的煙酒專賣政策卻正相反，因而在收稅與緝私問題上發生矛盾[25]，造成供需失衡與走私猖獗的現象，「二二八事件」終因查緝私煙問題而一發不可收拾。

可以說，「二二八事件」從頭到尾都充滿著國府不同權力系統之間的衝突，而這除了反映出當時國府在大陸權力的多元狀況外，也顯示了其孱弱。比如嚴演存回憶說：「二二八事變前及過程中，台灣國民黨黨部抱推波助瀾、幸災樂禍之態度。」[26]其實，國府這種多頭馬車的狀況是自 1927 年南京建政之後的常態，直到 1949 年敗退台灣，它從來沒能建立一個真正穩固而有效的政權。於是光復後的台灣，上有這麼多互相爭權奪利的治理機構，下有缺乏自我管理能力的社會，查緝私煙誤傷人命的這種星星之火能不燎原嗎？

光復之初曾經有從屬於三民主義青年團的組織在台灣各地成立，起了維持社會秩序的初步作用，但因涉入「二二八事件」而被解散，領導人台北蘆洲人李友邦日後還以「通匪」罪名遭到槍決。從李友邦的遭遇來看，台灣

---

25 李文環〈戰後初期 (1945-1947) 台灣省行政長官公署與駐台海關之間的矛盾與衝突〉，《台灣史研究》，第 13 卷第 1 期 (2006 年 6 月)，頁 99-148。

26 嚴演存，前引書，頁 39。

左翼分子在光復後能發揮的穩定力量頗為有限。這就讓我們不得不面對當時全中國這個大背景，即國共內戰的激化與東亞冷戰的開始。

無可否認，國共鬥爭也是「二二八事件」時國府調派軍隊赴台鎮壓的重大因素。如前述歷經日本殖民政府殘酷鎮壓後僅存的老台共分子，光復後紛紛復出活動；日據時期，奔赴大陸甚至延安參加抗日的左翼分子也紛紛回台。他們在事件發生後，不僅在主要由台灣社會菁英組成的處理委員會裡發揮不少影響力，還組織過兩支武裝部隊與國府軍隊對抗，可見左翼分子在其中的重要性。

左翼分子除了深度介入「二二八事件」之外，也發行了第一本完整論述事件的書刊，即出版於事件週年(1948年2月28日)的《台灣二月革命》，該書是楊克煌以林木順之名負責編寫的(當時他們已經逃亡香港並組建台盟)[27]。這本小書只有四十多頁，完全以左翼的視野將「二二八事件」視為一場人民抗暴記，是一場台灣人民反對當年台灣行政長官陳儀政府的抗爭行動，是中國人民革命鬥爭的一環。在當時國共內戰全面爆發的情況下，「二二八事件」不可避免的捲入這場慘烈鬥爭，台灣人民的抗爭也即是在這意義下，如前述得到了大陸各階層開明與進步人士的聲援，諸多大陸報刊事後對事件的描述與評

---

27 林木順編《台灣二月革命》(香港：出版社不詳，1948；台北：前衛出版社，1995)。

論，不脫當時大陸的這個進步氣氛。

我四叔在歷經「二二八事件」的驚悚之後，還會對中國前途懷抱著憧憬，並努力學習現代白話中文，編撰文藝小書，除了受到來台的那批開明教育工作者的影響外，這個瀰漫全中國的左傾進步氛圍也是重要因素——從「二二八事件」不久的1947年5月開始，在大陸以「反飢餓、反內戰、反迫害」為口號的群眾抗議運動，及其在台灣的呼應，包括巡迴全島演出、充滿文藝氣息的麥浪歌詠隊——這樣的氛圍一直要到1949年春天的「四六事件」啟動了對台灣左翼分子的肅清，才戛然而止。我四叔作為一個文藝青年應該敏銳的嗅到這樣的氣氛，隨之充滿了樂觀精神，就像那本小書所載日本同學來信所反映的，對新生中國與新生日本的憧憬。

台灣左翼在一九五〇年代被全面肅清之後，不管當時對「二二八事件」的觀點是否完整，隨著其在台灣的黯然無語，社會只剩下民間傳布的族群衝突與「打阿山」等耳語。水龍頭故事就在這背景下，在台灣社會流傳，將「二二八事件」說成是一場文明進步的台灣人對抗落後「壓霸」(閩南語，指霸道、頑固)的外省國民黨的族群衝突。一九八〇年代解嚴之後，這種日本殖民優於國府統治的說法更是成為主流論調，到處可見懷念日本統治的各種論述與氛圍，比如當年日本為了祭拜因領兵侵台而戰死的能久親王所廣設的神社，至今還有些地方將其列為古蹟。

八、放回歷史的大視野

綜合上述，1895 年《馬關條約》將台灣割讓給日本，造成海峽兩岸走上不同的現代化之路，大陸追尋著一條雖然崎嶇紛擾卻是獨立自主之路，台灣則是被日本由上而下施行了殖民式現代化改造，這個差異是造成兩岸人民心理隔閡的基本因素。中國大陸的現代化運動同時產生了共同語言——現代白話文，所有的現代事物都由此來言說，而台灣不僅沒能參與這個過程，反而學習了日語來作為言說現代事物的上層語言。兩岸現代語言的分歧所造成的互相難以溝通，更在光復後加深了這個心理隔閡。由此，不同性質的現代化路徑與語言隔閡鋪下了「二二八事件」最底層的因素。

然而，單純的心理隔閡並不必然導致決裂性的對立，必然還有其他因素。日本據台五十年導致兩岸走上不同的現代化之路，其中差異不只是識字與自來水普及率的差距，也不只是自主與屈從的分別，日本以其更高的現代文明讓台民有了兩岸文明位階的比較，尤其在來台接收的祖國人員良莠不齊的情況下，雙方的差距與齟齬遂演變成互相的不諒解。台民不理解大陸歷經多年戰亂，鄙視其「落後與敗德」，大陸人士也不理解台民被遺棄的孤兒心理，歸咎於「日本奴化教育」。

理想上，光復後能夠反思台灣受到的日本影響，並承擔起彌補兩岸心理隔閡任務的，應該非台灣抗日分子莫屬。然而，本來力量不大的台灣抗日分子在日本殖民後期已遭嚴重摧殘，光復時沒能迅速轉化為有能力的組織來承擔這工作，何況也沒受到大陸來台接收主力的重視。此外，台灣傳統漢人社會以士紳為中心的地方自我治理機制，在日本殖民現代化的社會改造下早已瓦解；而在新建的殖民地管理組織中，不管是政權機構、教育單位或企業組織，都缺乏台民尤其是中上層的參與，以致台灣社會菁英缺乏實質的政治與管理經驗。因此到了光復、日本殖民政權必須全面撤出時，台灣頓時陷入無政府狀態的危險。

在這種情況下，如果來台接收的祖國人員是一支強大的團隊，這些問題是可以緩和而待長期解決的。然而，祖國政府是歷經戰爭滄桑的孱弱政權，來台接收人員又是多頭馬車，良莠不齊，陳儀的施政與其他單位多有衝突，未能貫徹到底。復出的台灣抗日分子也因各有所依，而沒能有一致的思想與行動。更甚的是，大陸很快爆發國共內戰，台灣也隨即捲入，使得原本就已急速升溫的台灣社會更加接近沸點。

總之，日本強勢的殖民統治與社會改造一方面造成了兩岸的現代性隔閡與文明歸屬感的問題，另一方面又造成台灣社會自我管理能力的匱乏，這個「日本因素」正是光復之後台灣社會易於陷入失序狀態的基本原因。再加上祖國孱弱的國民政府既沒能力認識到後殖民問題的複雜性，也沒能力處理陷入無政府危機的台灣社會，「二二八事件」終於由一偶發事件的小小星火而引致燎原野火，帶來民族的長期內傷。

當然，一個強大的接收政府或可免於類似「二二八事件」這樣的民族內部悲劇發生，但不見得能夠解決得了遠為複雜的後殖民問題。而「二二八事件」的具體歷史真相，在當年各個政治勢力至今仍然未能和解的情況下，也是一時難明。本文想指出的是，若我們不能把這事件放回歷史的大脈絡，放回東西文化碰撞、帝國主義侵凌、分歧的現代化路線、現代文明的位階與歸屬感、民族解放與回歸祖國、國共內戰、東亞冷戰等大脈絡下來理解，即使一些具體的人事釐清了，也無助於對歷史真相的認識，無助於民族內部的和解。

最後要說的是，台灣光復是歷史上回歸祖國的首例，雖然台港兩地的被殖民經驗有很大不同，但也有很多相似的歷史過程[28]。作為歷史上回歸第二例的香港，看似比當年的台灣順利許多，如今也陷入種種困境，因此重新檢視台灣在二戰光復後的「二二八事件」的歷史因素，是可提供寶貴借鏡的。或許在現實世界裡，人類社會總是滿身創傷、顛顛簸簸的往前走。然而不管如何，不記取歷史教訓，歷史是會回來再次教訓我們的。

原載於《二十一世紀》雙月刊（香港中文大學‧中國文化研究所）第 159 期，2017 年 2 月號。

---

28 請參閱收於本文集的〈關於東亞被殖民經驗的一些思考〉。

水龍頭的普世象徵

——國民黨是如何失去「現代」光環的？

「野火」的歷史任務

1982 年夏天，岳父母遠從台北飛到美國舊金山灣區，來參加他們女兒的畢業典禮。他們愉快地踏上旅途，除了欣喜於女兒取得學位外，這也是他們初次美國之旅。

岳父母都是上海人，岳父早在 1949 年之前，就已被他所服務的中信局調到台灣來工作，一生奉公守法，是個典型的公務員小康人家。這可從他們女兒大學畢業後出國留學時，只能提供單程機票與一點零用錢來送行看出。而這麼一個典型的擁護國民政府的外省公務員家庭，對他們女兒找了一個本省女婿卻是絕無二話，只有祝福。

一九八〇年代初，台灣在經濟上越發興旺，工業化帶來的城鄉重組基本完成，電子與資訊產業開始起飛，但是政治上卻還是個十分陰鬱的時期。相較於經濟上的現代化，統治方式則仍極為落後，那幾年接二連三發生了多重政治事件：1979 年底爆發美麗島高雄事件，接著的大逮捕中有我們熟識的友人；1980 年初發生林家血案，過一年又發生訪台留美學者陳文成命案。當時我們遠隔重洋，家鄉發生的事卻是令人極為牽掛，這些政治事件接二連三，在我們心中投下極深的陰影。

當他們於 1982 年夏天來到美國探望我們時，岳父已是七五高齡，但遊興一點不減。我們除了帶他們到處遊覽外，閒時也不免談起美國及家鄉的種種。雖有世代之隔，但出身上海的岳父有著現代化的開明觀念，對他女兒大學時代介入的校園異議活動並不介意，甚至還感到驕傲，因此我們對很多話題與意見頗為投契。然而有一次我們談著，竟就轉入了台灣的政治而觸及林家血案。然後對誰是背後主謀的不同看法，雙方都提高了聲調，岳父顯然不願面對威權體制的特務主導此事的可能性，最後他起身離座，走了幾步又回頭悵然說道：「你看，我像是個特務嗎？」

岳父這句話讓我一時啞口無言。我一點也沒有要把共謀的責任放到他身上的意思，而他雖然從來不是國民黨員，從未參加政治活動，甚至平常對政府的作為也會多所批評，卻似乎自覺要承擔起這個責任，以致於說出這樣無奈而悲切的話來。岳父如此回應，讓我頓覺個人處於不同處境的諸多困境與無奈，此後對於岳父的立場我也就釋然於心，不曾在這方面存有疙瘩。

我雖釋然於心，但也體認到像岳父母這一輩，播遷來台的外省人的心境。這一輩外省人中像他們這樣具有開明現代觀念的為數不少，也因此才有台灣在一九五〇年代由《自由中國》雜誌領頭的自由主義在台灣的傳布，以及一九六〇年代重現五四風華的文藝復興盛況。而這麼一批開明現代派的外省人，由於有著這麼一個大陸背景，或多或少都有著一九五〇年代白色恐怖犧牲者的關係，或者是家人親戚，或者是同事師友。這是因為那時白色恐怖主要正是針對與左翼思想有任何聯繫的人士，而從大陸來台的這一批開明現代派，對威權體制而言正是最有嫌疑的一群。他們這些人一方面要長期活在這樣的陰影之下，另一方面來到一九八〇年代在台獨勢力乍起之際，又被迫要與這個威權體制的命運綁在一起。這樣的困境，我從岳父那句話中是深深感觸到了。

兩年之後的 1984 年，龍應台開始在台灣報刊撰寫一系列的批判文章，一年後並集結成《野火集》出版。在這把「野火」燃燒整個台灣的時候，岳父母這樣的人也很自然成了龍迷，顯然龍應台講出了他們的心聲，抒發了他們多年來的無奈與悶氣。

單從《野火集》的文本來看，它所要燃燒掉的是被追求現代化的國民所深深引以為恥的、社會上的諸種落後現象。就像龍應台所說，她並不要像當時黨外民主運動那樣，去直接對抗當時的威權體制，而是以她特有的迂迴方式去挑戰其統治基礎。雖然讀者並不一定會有這般深刻而曲折的體會，但是《野火集》確實在政治上發揮了摧枯拉朽的作用。而它所召喚的讀者群，正是像岳父母這樣有著現代化信念的標準公民，召喚出來的正是他們長年以來對自身所處社會的落後現象的羞恥感，與對現代化的渴望，這些情緒當然也包含了對威權體制特務手段的不堪。這種祛除落後、向上提升的急切渴望，就在一九八〇年代的這個時刻轉為憤怒了，「你為什麼不生氣」這個質問正是個有力的召喚。

國民黨如何丟了現代光環

戰後台灣社會對現代化與落後問題早有敏銳反應，1963 年一位留台美國學生狄仁華寫了一篇批評國人沒有公德心的文章，在大學校園引發了一場影響深遠的「青年自覺運動」。與此同時的《文星》雜誌「全盤西化論」之爭，以及一九七〇年代之交《大學雜誌》的現代化論述，則是更深刻的思想運動了。

這些以歐美為師的現代化方案，到了一九八〇年代基本上已經內化為台灣標準公民的話語，當局面對這種新興的社會期望，它殘存的諸種威權作為就顯得極為扞格不入，極為跟不上時代，尤其是繼續以恐怖手段作為統治技術的那一面。從歐美現代化的觀點來看，特務手段真是極其落後的統治術，若還淪落到必須藉助黑道之力，那就更是不堪了。然而到了一九八〇年代，這種手段竟然還在使用，就讓我岳父母那樣的標準公民抬不起頭來，成了他們悶在心裡的極大痛楚與無奈，而在 1982 年訪美時對我說出那樣的話來。其實他們也是這種統治手段的極大受害者，於是在後來的熊熊「野火」中，終於有一位與他們同樣處境、同樣立場的龍應台，出來為他們抒解了這股悶氣，讓他們感到暢快。

龍應台《野火集》所召喚的這些社會標準公民，在更早的時候也曾被另外一種稱為「小市民」的身分召喚過，而召喚者卻是威權體制本身。那是發生在 1972 年的事，當時台大學生在保釣運動後的民主抗爭正鬧得風風火火，而哲學系教授陳鼓應正在鼓吹設立民主牆、開放學生運動。那年四月，《中央日報》副刊連載了一篇四萬多字的長文〈小市民的心聲〉，作者站在奉公守法的「小市民」立場，以「企圖製造社會動亂」的罪名來攻擊台大異議師生。當局旋將此文印製成數十萬份小冊子，廣為散發。在這篇文章的語境裡，「小市民」是守法、追求公共秩序、注重環境衛生、講究生活品味的所謂沉默大多數的中產階級「現代公民」。這批現代公民被召喚出來對抗「台大亂黨」，在 1972 年十分有效，台大的異議師生雖然在校園裡獲得了支持，但在社會上卻是處於劣勢。

同樣處境的這批「小市民」如我岳父母者，在 1972 年曾是黨國〈小市民的心聲〉企圖召喚的對象——當然這種藉著黨國威權而來的召喚並不見得處處有效，我岳父當時就不甚以為然。但他們在十多年後的 1984 年卻成了龍應台的熱烈支持者，成了動搖威權統治基礎的野火的一分子。其實這裡並無矛盾，因為時過境遷，到了這時黨國已經在小市民 / 現代公民的心目中開始崩盤了。而其中一個很重要的因素是，1980 年前後的政治事件讓黨國極為落後的統治方式充分曝光，讓這些原本的支持者也引以為恥，連自己的子弟都要起來反對，而忠心支持者也對它失去信心。何況就在〈野火〉一文開始登出的 1984 年，又發生了動用黑道之力、在現代化標竿的美國當場丟人現眼、那麼不堪的江南案。

換言之，到了這時威權體制不僅已經失去現代化的光環，甚至反倒成了一個落後的樣板。而引發這一連串政治事件的竟是這威權體制的原本靠山、現代化標竿的美國本身。它在稍早的 1978 年底，就公然拋棄了國府而與對岸建交。被美國拋棄這件事，對台灣社會的各種勢力有著不同但一樣強烈的衝擊，而對心懷美式現代化觀念、原本支持國府的小市民而言，那卻是更大的打擊了。

《野火集》在關鍵時刻迂迴地扯下了國民黨現代化的殘餘光環，但國民黨在一般人心目中與現代化完全脫勾，卻還有著一個漫長的過程，那是與民進黨奪得現代化的大旗互為消長的。野火過後沒幾年，民進黨就以進步為名建黨，從反面將國民黨的落後定了性，直到如今民進黨當權，而社會上任何「落後的」東西盡可歸罪舊黨國餘孽了。例如近年來，就有學者的研究將一些台灣醫生索取病人紅包的行為，也歸罪國民黨的統治，而這正是民進黨在一九九〇年代攻城掠地之時，逐步形成的一個社會共識，就是國民黨是落後的守舊政黨，而民進黨則是進步的現代政黨。

一九九〇年代中期陳水扁在台北市長任上發生的一件

事，很可呈現民進黨在這個民意觀感之戰中已經基本獲勝。1997 年台北市宣布轄區內的戶政事務所全面啟用戶政資訊系統，也就是將原來幾十年來用筆書寫在戶籍大簿上的戶口資料電腦化之謂。報紙上一時忙著介紹戶政電腦化帶來的諸種好處，不僅作業快、資料準確，戶籍謄本用印表機印出漂亮字體，更是一種進步表徵，而且還因為有網路連線可以遠距跨所作業，讓離鄉國民在申請戶籍作業上無需兩地奔波。除此之外，台北市政府還特別強調說，戶政所人員將以全新的便民態度來服務市民，比如作業櫃台全面下降，因此市民可以坐下來與戶政人員面對面交談，又會有服務人員來親切奉茶。台北市政府宣傳說，這些都是陳水扁市長的德政，是民進黨的進步便民理念的展現，而當時報紙也都如此讚譽有加。

就是說，在 2000 年民進黨贏得總統大選之前，其實已經奪得「現代與進步」的光圈了，它的一切施政與作為都會帶著這麼一圈耀眼的光環。

一場現代化競逐的政治零和遊戲

當時在台北市的戶政事務所承諾的這一切，確實都真的發生了——戶政資料電腦化了，網路也連線了，戶口謄本是有著漂亮字體的印刷文件，申請作業櫃台確實降低了，市民還有椅子可坐，而且還真有服務人員過來奉茶，一個現代公民在公家機構應該享受的待遇莫過如此了。這一切都是真的，除了其中唯一的誤導信息，就是這榮耀全被歸於陳水扁市長與民進黨。

因為真相是，台北市戶政資訊系統是全國戶政資訊系統的一環，在那時已經籌建十年之久，那一年正是系統開發測試基本完成後，在台北市全面實施之時，而恰巧就在陳水扁的市長任期上。

這套系統既然是「全國戶政資訊系統」，當然就是由全國性的內政部戶政司來督導其事了，而實際主導這項大計劃的則是內政部的資訊中心。從 1988 年開始，資訊工業策進會接受內政部委託，進行這套大系統的規劃、設計與開發建置，而我當時剛從美國回台，進入資策會工作，恰巧就是負責規劃設計這套大系統的網路方面，直到 1996 年離開，因此熟知建置這套系統的來龍去脈。

這個當年台灣最大的網路連線大型資訊系統，會交給資策會來建置，有著諸多原因。其中除了資策會是當時台灣最大的電腦軟體開發單位外，內政部也信任沒有外國廠商包袱的資策會工程師，會以最先進的技術來為國人建置這套史無前例的大系統。當時國外的大電腦廠商如 IBM、迪吉多、NEC 等等，都透過各種管道遊說採用他們各自的專屬系統。採用廠商專屬系統有其好處，就是交由廠商以其成熟的專屬技術來解決問題較不會出錯，資策會可以樂得輕鬆。然而資策會的工程師卻是高瞻遠矚、不為所動，決定全面採用當時雖然技術尚未完全成熟，卻是最先進、最公開的開放式電腦與網路架構，以免公眾的系統被任何一家專屬廠商的技術綁死，而代價則是資策會的工程師必須辛苦地邊學習邊開發這整套系統。

在系統主機與工作站上，我們訂出來的系統規格就是以 UNIX 為基礎，而且必得有能力處理三萬個以上中文字的開放系統，在網路方面我們訂出以 TCP/IP 為基礎架構的開放型網路，也就是今天全世界通用的 Internet 架構。這裡所謂開放的意思，就是它不是專屬於某個特定廠牌的技術，而是一套公共而公開的技術標準，每家廠商的系統只要符合這個公共標準，就可以加入。這是一套將公眾的大系統立於不敗之地的基本要求。

那是解嚴不久的 1988 年，UNIX 與 TCP/IP 這些開放系統技術尚未完全成熟與商業化，互聯網 W3 網頁製作格式還沒發明，Internet 商用網路也沒影兒，但資策會的工程師已經看出它們的前景。當資策會在為戶政資訊系統規劃台灣第一套 Internet 大型網路時，全國只有另一個地方在籌建這樣的先進網路，就是教育部資訊中心。他們正在計畫將原來是以 IBM 網路技術建置、連接各大專院校的學術網路，提升為開放的 Internet 網路。

熟悉電腦網路技術的人，在那時應該都能看出前景所在，在資策會工作的我們，可說只是順勢而上。但是不同於學術網路的實驗性質，資策會是在建置一個屬於全民的大系統，我們採用先進卻未成熟的技術是冒著風險的。然而資策會的長官接受了我們的規劃建議，委託單位內政部的資訊中心以及戶政司也都接受了。由於採用了開放系統架構，如今它可伸可縮，沒有被特定廠牌綁死，不至於牽一髮動全身。

一個大型資訊系統的建置不只是電腦軟硬體的安裝，還牽涉到具體使用上的作業安排。每位戶籍員桌上將會有一個電腦螢幕，也要讓來申辦的民眾能夠看到螢幕上顯示的戶籍資訊，因此以前高櫃台的作業模式就不管用了，於是就有了像平常書桌那樣可以面對面坐著談事、觀看同一電腦戶籍資訊的作業方式的構想。而且又因為資料電腦化本身會產生節省人力的效果，以致於能有充裕的人力來對民眾提供多方面的服務，包括奉茶。這一切都在當年內政部資訊中心的構想之中，也付諸實現了，是配合戶政電腦化的必要與衍生措施。

以上所以不憚其煩的細說戶政資訊系統的建置過程，主要想指出一件事，即是解嚴前後相關部會這些技術官員，其實已經是深具「現代化」與「進步」意識的一群人。這些單位，例如經濟部下屬的工研院、資策會，以及內政部與教育部的資訊中心等的主事者，基本上沒有財團包袱，卻有著追求世界最新技術的願景與認識。這些人基本上是國府三、四十年來栽培出來的技術官僚，具有追求「現代化」與「進步」的熱忱，也就自然會在 1988 年將台灣有史以來最大的資訊系統，交給也具有同樣懷抱與見識的資策會工程師來規劃建置了。

當 1997 年民進黨的台北市長陳水扁坐收這項成果時，我曾與一位泛綠老友爭辯。我費心向他說明這段十年苦心建置的過程，卻未能説服他國民黨也是有它「現代化」與「進步性」一面的事實。他對於陳市長這項德政極為驕傲，極不甘願把這項「現代化」的功勞歸諸國民黨。可以看出，國民黨到了這時真是已經完全失去「現代」與「進步」的光環，而被綁上「落後」的罪牌，等著選民來發落了。於是由代表「進步」與「現代」的民進黨政治人物來坐享這項榮譽，對選民而言是再自然不過的事了。這時，面對台北市這位氣勢如虹的政治明星，所有的報紙都莫敢攖其鋒芒，去質問這件事功勞誰屬，更遑論不敢多言的內政部技術官員了。

從上面這件事來看，我們可以説，到了一九九〇年代，由於國民黨在「現代化」意識形態領域的鬥爭已經失敗，以致於它幾十年來在台灣苦心經營的任何現代化成果，包括已成典範的經濟成長，不是埋沒不彰，就是被已經奪得「現代光環」的民進黨輕易的接收而去。

落後初體驗的建構

國民黨在台灣努力了幾十年的現代化經營，竟然還得背負著這個落後的沉重罪牌，除了因其特務統治而造成的離心離德之外，其實還有一個無可逃避的歷史性的外在因素，而那是打從 1945 年台灣光復，國軍部隊一上岸開始，就如影隨形地跟上來的。多年來，台灣社會曾流傳著多種對當年國府軍隊十分貶抑的説法，説當年來台的國軍軍紀是如何不良、軍容是如何破落、現代知識又是如何貧乏。傳言中，下船的國軍衣衫不整、背著做飯的大鍋，還拿著雨傘，令台民大失所望。

這些說法的貶抑性，最終凝結成一則關於水龍頭的故事，數十年來在台灣廣泛而不斷地轉述：

「當年日本戰敗，中國兵仔來到台灣時，他們看到牆壁上的水龍頭這東西竟然還會冒出水來，覺得很神奇，也去搞來一個往牆上一塞，卻奇怪為什麼沒有水流出來。」

這是我年少起就聽過的笑話，彭明敏在他的回憶錄裡也提到，說小時候他父親彭清靠 (光復後高雄市議會議長) 就曾在家裡轉述這故事。而一、二十年來的每次大小選戰，這故事就被民進黨一再用來羞辱對手。多年前有個試圖處理省籍問題的電視喜劇，甚至都用過這樣的題材。它顯然已經成了全民共識。

這些故事原來是以耳語的形式傳遞，解嚴之後就名正言順的在各種選戰與意識形態爭戰中公然引述傳布了。這樣的故事不管是否屬實、是否有普遍性，幾十年來在台灣人心目中已經成了一種精鍊出來的對國軍的「記憶」。而且這種「記憶」是帶著價值判斷的，拿來作參照標準的卻不是台灣人自己的軍隊，而是日本軍隊。在這標準下，國軍是一點也不如曾威懾台灣、軍容壯盛的日本軍隊，而國民政府一點也不如曾賜予台民「水龍頭」的日本政府了。

1945 年 8 月 15 日，日本帝國戰敗投降，隨後退出台灣，至今已六十年了。對只願認定這件大事情是「終戰」的人，尤其是台獨人士而言，日本殖民台灣五十年所留下來的就不只是「軍容壯盛」與「水龍頭」的表徵了。對他們而言，日本殖民政權還是台灣「現代化」的奠基者，是台灣的西方文明引入者。

在日本戰敗投降六十週年的前一個月，即 2005 年 7 月出版的《台灣西方文明初體驗》一書裡，作者蒐集豐富的材料，將日據時期台灣人在一般生活層面接受日本式「西方現代文明」的情景十分生動地呈現出來，例如第一次使用牙刷與牙膏、第一次打高爾夫球等。書裡也再次提到彭清靠傳述的那個水龍頭故事 (第 47 頁)。對於當年接受日本教育的我父母那輩人，這種「現代文明」的初體驗，的確形成了他們的意識形態感覺核心，在他們有生之年一再拿來作為比較的標準。水龍頭於是成了「文明」的台灣人嘲笑「落後」的外省人 / 中國人的故事，也是「進步的」民進黨嘲笑「落後的」國民黨的故事。

這個被拿來與國民政府進行對比的日本殖民政權，此後就一直是很多台民心中的衡量尺規，而成為台獨運動在「現代與落後之爭」的心理操作素材，甚至上了小林善紀《台灣論》的漫畫。這不啻說，表面上日本殖民政權在 1945 年退出了台灣，但實質上在台民的心理層次並未完全退出。因而當台灣回歸中國，或者說中國重回台灣之時，就不可避免的要碰上這個陰魂不散纏繞在我父母那輩人內心底層的日本殖民的幽靈。甚至到了六十年後的二十一世紀之初，他們的子孫們也還得重溫他們的舊夢。這就十分清楚地顯示，這個日本殖民政府賜予的「初體驗」的影響至今仍在發揮影響力，並且最後成功的扳倒了國民黨。而國民黨則顯然從來不曾認識到，它在台灣的主要競爭對手既非共產黨，也非台獨，而竟是日本殖民政權的「現代化」幽靈。比起這個無所不在的「日本幽靈」，那些令其支持者離心離德的特務手段，只是再一次證實其落後性，成了拖垮它的最後一根稻草。

水龍頭的普世論述

民進黨運用這種對文明與落後有著強烈對比的「水龍頭故事」，極為有力的將對手塑造成落後的刻板印象。可是我們卻發現，這個故事不僅在台灣流傳，甚至還有全球各地的各種版本：

例如，老牌英國演員尤斯提諾夫在《小心！偏見》這本書裡，就提到二次戰後歐洲的相同傳述：「誰不記得家中老一輩敘述的故事呢？一九四五年俄羅斯紅軍在行進中拆下水龍頭，將它往牆上隨處用力一插，以為這樣就有水汩汩流出。」這是「文明」的英國人嘲笑「落後」的俄國人的版本。

又如，在一個以色列的傳道網頁上，則是如此敘述類似的故事：「一個以色列的公益組織接待了一群來自西奈半島的阿拉伯貝都因游牧人，在送他們回家前向他們說，他們可以把在這裡所看到的最喜愛的東西拿回家當紀念品。沒料到這群貝都因牧民每個人都要了一個水龍頭，以為回到他們缺水的沙漠牧區後，將水龍頭往哪裡一插就可以有水流出。」

這個故事講得義正辭嚴，用來說明教義的源遠流長，讀來毫無訕笑之意，但卻也用了中東版的水龍頭故事，來說明「現代化」的以色列與「落後」的貝都因之間的強烈對比。

龍應台當年在散播野火之時，當也是滿懷「現代化」意識，極為敏感於她父兄之黨的落後性的。二十年後的2005年春天，她在一篇〈請問雅典在哪裡？〉的文章裡也提到這類水龍頭故事：「一個來自沒水沒電的山溝溝裡的人第一次進城，很驚訝看見水龍頭一扭，就有水流了出來。很驚訝看見牆上的燈泡，一按就有光。於是他設法取得了一節水龍頭和一個電燈泡。回到家裡，將燈泡黏到牆上，將龍頭綁在棍上。結果燈不亮，水也不來。……」

龍應台在這篇文章裡，用了水龍頭再加上燈泡這兩種極具現代象徵的產品，很嚴肅的在談論全球化下英語的適當位置，應無訕笑之意。卻也顯示她的這個視角與民進黨「水龍頭笑話」裡的現代化意識，雖然對象不同，卻有著全球化下的共同系譜。而這也應該就是她在1984年撰寫《野火集》時與當年黨外的共同心境及動力所在。

我相信在世界其他各地，只要有著這麼一種「文明與落後」糾結的地方，比如拉丁美洲、非洲、東南亞等，就會有各種版本的水龍頭或電燈泡的故事在流傳。這些多元的水龍頭故事在當地到底是否真有其事，已經不重要了。重點在於，它已成為多方參與建構的普世價值，既可用來說明教義的深奧，更可用來訕笑對手的落後。我們可以想像，若無光復後的種種政治事件，台灣流傳的水龍頭故事可能只是城市人嘲笑鄉下人的故事，然而多年來，它卻成了一則攻擊性的政治笑話，被民進黨用來嘲笑國民黨的落後，並進一步嘲笑中國的落後了。這個水龍頭笑話的內容，並不需要有人真正目睹，就像傳述上岸國軍軍容不整故事的人，也不需要親眼見過一樣。

歷史充滿著反諷，國民黨敗在水龍頭的現代性下，但它竟然也曾經用過這套水龍頭的故事，來攻擊對手中共。一個老友曾回憶起一九五〇年代初他兒時讀過的一份反共文宣，是這麼說的：當 1949 年中共解放軍進入上海時，這些「土八路」看到上海人將水龍頭一開就有清水汩汩流出，也去找來水龍頭往牆上一插，以為就會有水流出。這是個一模一樣的水龍頭故事，只是敘述者 (嘲笑者) 與故事主角 (被嘲笑者) 換成不同的人群。在這裡國民黨成了「文明人」，而共產黨則是「落後者」。我的老友還記得，故事裡這些「土八路」還用抽水馬桶來洗菜淘米呢！

台獨人士用水龍頭的故事將國民黨綁上落後的罪牌，就如同國民黨也曾經用同樣水龍頭的故事將中共綁上落後的罪牌一樣。這個落後的罪牌使得國民黨，在以現代化美國為「文明」唯一內容的意識形態霸權下，至今仍難翻身。而持續被綁上落後罪牌的中共，又如何才能躲得過這套「文明」霸權的全球化攻勢呢？

日本殖民的現代魔咒

這個文明與落後對比的水龍頭笑話，在台灣會成為有效的政治工具，其來有自。這並非是台灣人民在 1945 年國軍來台登陸那一刻的一時過敏，而是源自之前五十年的日本統治。就如《台灣西方文明初體驗》一書所呈現的，我父母那輩人，做為台灣初次學到西方現代文明的第一代人，面對前清遺民的他們父母輩，是充滿著文明現代人的幸福感與優越感的。

然而這套西方文明卻是透過日本才學到的，是一種日本形式的西方，而且又是被強加的，並非基於自己的需求去學來的。更何況，這一代人又被強迫與他們的父母即我祖父母輩自在自得的傳承斷絕，於是又有著不踏實的空虛感，成了台灣無根世代的起源。他們處於一種心靈扭曲的情境，一方面對殖民者日本的「文明」充滿著自卑感，另一方面對自己長輩先人的「落後」則充滿著優越感，但他們的心靈深處卻是空虛而無根的，因為他們的自信心，已經被強勢的日本殖民政權帶來的這個「現代文明初體驗」所徹底擊垮，而他們竟無能反抗。可以說這個壓抑著的、無能「做自己」的屈辱，應該才是綿延至今的「悲情意識」的根源所在。

這個上一輩人因為自慚形穢，無能面對先人的「落後」而導致的空虛無根的悲情意識，竟也毫無障礙的傳遞給戰後他們的後生。雖然這兩代之間有著從日語到中文的轉換，而且彼此也因為都講不好母語，而未能有順暢的語言溝通，但這傳遞卻經由身教而暢通無阻。於是兩代下來，這個日本殖民所種下的「現代魔咒」，遂成為以「進步」為名的民進黨能夠所向披靡的一個重大因素。

對於做為國民政府主要支柱的大半外省人，本來是較不會受到台獨運動這種「文明 / 落後」心理操作所影響。然而他們的心理基礎，卻也在 1978 年國府被現代標竿的美國拋棄，接著又是一連串政治事件之後，開始動搖了。到了這時，國民黨不只已經被台灣本土勢力及其後的民進黨定罪為「落後」，甚至淪落到它自己的支持者與子弟都引以為恥的地步。於是在 1972 年那時還可能會支持社會穩定的「小市民」，到了 1984 年就變成生氣甚至憤怒的「野火」了。《野火集》的風行草偃，讓人深刻感受到這個動搖。回頭想來，引發這個大轉折的，竟是當年威權體制以「國家安全」為名所使用的各色恐怖手段，是國民黨真正落後、完全脫離時代精神的統治術。然而國民黨幾十年來在其他方面的現代化與進步面，卻因此也就「全部不算」，與它的恐怖手段一起陪葬了。

重回一九四五的原初場景

然而 1945 年發生的「落後中國與文明日本的交鋒」會是那麼別無選擇嗎？

日本戰敗投降的六十週年，即 2005 年 8 月 15 日這一天，台灣又有另外一本書《1945 破曉時刻的台灣》的出版。作者以豐富的歷史材料，將台灣在 1945 年 8 月 15 日日本天皇宣布無條件投降之後的一百天，包括其間 10 月 25 日國民政府首任台灣行政長官陳儀接受在台日軍的投降，這段重大轉折的歷史時刻重新呈現。

對台灣人而言，這是歷史大轉變的時刻。不僅戰爭結束，不用再躲空襲，不必再吃配給糧，更重大的是台灣人從日本殖民地二等國民的身分回復到中國國民的身分。因此國民政府接受在台日軍投降的 10 月 25 日這一天，就訂為光復節，這是以一個中國人身分的立場來說的，因為是到了這一天，日本的台灣總督府及駐台日軍才正式被解除政權與武裝，開始進行退出台灣的作業。

雖然台獨運動並不接受光復的立場，只願承認 8 月 15 日的終戰，但這本書卻提供了很多歷史材料，來說明當時台灣人是如何歡欣鼓舞的慶祝台灣光復，迎接陳儀長官與國軍的到來。書裡提到一次歡迎國軍的場面，在度過第一次國慶日之後，街坊風聞國軍將於 10 月 15 日來台的消息，已是台籍人士主導的《台灣新報》在當天刊出頭條新聞〈全省民待望之國軍今天將登陸於基隆〉：

「……全省如大旱之望雲霓的國軍，已於今日將印其第一步於基隆。這是歷史上所應當特書而大書的。自八一五那天，我們是如何的悵惘！如何地期待！國軍將要來到！國軍將登陸於基隆埠頭！誰聽誰莫不歡喜，誰聽誰莫不雀躍。……」

然而10月15日那天國軍並沒有來，開到基隆港的卻是美國的數艘軍艦，但這並未減低在基隆碼頭歡迎國軍的熱忱。隔天的《台灣新報》接著報導：

「是我們的國軍！數千名站在岸邊滿山滿谷的歡迎市民忽然喊出來。大家喜上眉梢，一齊高舉手上的歡迎旗，但是當看到艦上高掛的不是青天白日旗，竟是星條旗時，原本響亮的群眾的拍手開始稍稍凌亂起來，然而大家忽然又想起，不管怎樣這是我們的盟國美國！手上的小旗又再度亂舞起來，用英文高喊著 Welcome ！」

從《台灣新報》的報導用「如大旱之望雲霓」的形容，可以深刻感受到當時台灣民眾企盼的心情。10月15日雖然歡迎不著，國軍其實已經分批在前後的日子在台灣登陸了。而我們也在這本書中看到不少老照片，顯示出當年民眾興高采烈的歡迎場面。

從這個1945年的原初場景，我們可以看出歷史是有可能走上不同道路的，是不必然要被「文明日本與落後中國」的二分模式所制約的。然而歷史畢竟難以回頭，如今只能引為前車之鑑。

岳父逝世於 1996 年，有幸沒看到國民黨於 2000 年失去政權，只是 1982 那年他在美國對我說的那句話所隱含的胸中之痛，卻仍舊等待如今淪為在野的國民黨後生晚輩來抒解。但是對於台灣人民而言，更深更大的則是如何破解日本殖民統治幽靈的問題。接受日本教育的李登輝及我父母那一代人，除了當年少數祖國派與受到社會主義思潮所啟蒙的左派分子外，大半沒能從日本殖民噩夢中醒來。他們被嚴重打擊的自信心，在六、七十年之後都還未能恢復。這個自信心的淪喪而陷入的悲情困境，甚至還傳遞到他們的子子孫孫而超生不得。由此看來，這「現代與落後」的糾結，就不只是曾經為中國提出一條現代化之路的國民黨如何重生的問題，更是台灣人民自己如何從這個日本殖民的噩夢中甦醒解脫的問題了！

(水龍頭故事的多種版本，除了我從小耳聞以及報章與網路所見者之外，尤斯提諾夫的版本是朱天心提供的，國民黨嘲諷中共的版本則來自錢永祥的回憶。)

起稿於台灣光復六十週年，刊於《思想》第二期，2006 年 6 月與《讀書》2006 年 9 月。

台灣民族想像的可能及其障礙

——回應安德森教授《想像的共同體》

首先感謝班納迪克·安德森教授(以下簡稱班安德森)這本書對民族主義的冷酷解構,所帶給我的深刻啟發。因此我在這裡想要做的是,應用班安德森的民族理論,來檢視台灣的民族想像的各種發展可能及其障礙。我尤其想從歷史情境談起,並且配合上我們家族三代的體驗來呈現。就是我的祖父母、父母以及我這三代,分別代表清代、日據時代以及國民政府時代。我想藉由這樣的歷史情境,來探討台灣的民族想像所內涵的矛盾與障礙。並且我也想以中國的民族主義為例,來談一下班安德森民族理論的一些難題。最後我將回到這次演講會的本題,即全球化下民族想像的前景與困境。

種因於日本殖民統治

首先我要說的是,台灣的民族想像的第一個歷史條件,就是一百年前開始的日本殖民統治五十年。而接下來五十年的國民黨反共親美的意識形態,則進一步成全了這個民族想像的可能。

從我所理解的班安德森的觀點來看,日本殖民統治在台灣的民族想像上起了十分關鍵的作用，而其中之一就是以日語為媒介的現代化教育。我的祖父只會講閩南語，受的是傳統漢文教育，他沒能趕得上日本人的現代化殖民教育，直到去世還是一個穿唐裝的「老一輩」。但是他的子女輩，我的父母則從日本的殖民教育中，「幸福地」用日語接受了「現代化」的觀念。

在這之前，「台灣人」這詞彙並不是一個完整而獨立的概念，住在台灣的人除了原住民外，更多的是偶而會互相械鬥的漳州人、泉州人與客家人。而這些漢人移民與內地其他人一樣，當時都是以北京為班安德森所謂的朝聖中心的。

日本殖民統治不僅斬斷了往北京朝聖的可能，還基本結束了漳泉客與原住民的多語問題，他們都統一在日本話的語言之下，只有用日本話他們才能在現代化的世界順利溝通，這裡還可能包括新興的「民族想像」。以我父母親同時代的李登輝為例，他只有在用日語面對日本媒體時，才能暢所欲言，而他也正代表著我父母親那個所謂的「失語的一代」。所以說，日本殖民統治用日本話幫助清除了台灣民族想像在語言上的第一個障礙。

同時日本殖民統治者，雖然用日本話教會了這整個世代的台灣人步入現代化，但並不將他們接納為日本人——他們仍是清國奴。一九三〇年代中期之後日本為了打戰而推動皇民化運動，但已經太遲了。日本的殖民統治雖然沒有將台灣納為它的本土，但卻幫助界定了這個民族想像的地理範圍，就是被日本殖民政權統治下的台灣島與澎湖群島這兩塊區域。有如班安德森所言，殖民地的行政邊界成了新的民族想像的邊界。

最後日本殖民統治者用日語所進行的現代化工程(這方面台灣史學者說了很多，無庸在此贅言)，也為想像「新的」民族提供了一個「否定過去」的武器。我的父母這一代人看不起我的祖父母那一代人的守舊、落後、迷信、抽鴉片、不衛生等，就像他們是屬於同樣落後的中國一樣。由此而來的文化羞恥感，幾十年後也轉成了「否定中國」的心理條件。

定型於國民黨政權

國民黨威權統治的思想基礎，除了中華民族主義之外，還有個很重要的親美反共意識形態。

這個親美反共意識形態，在台灣民族想像的發展上起了一個很重要的作用，就是建立了一個將對岸「傾共而反美的」中國人視為對立的「他者」的心理潛意識。然後國民黨又被錯誤地認定是傳統中國的代表者，於是在我們這一代的西化潮流中，反國民黨、反傳統與反中國遂有了心理上接軌的可能。

黨國威權不僅在思想上，同時也在實際行動上，對左派進行全面鎮壓與肅清。一九五〇年代的白色恐怖，造成台灣反帝國主義的左派傳統完全斷裂，以致在隨後的幾十年甚至到今天，台灣都極為缺乏左翼的聲音與挑戰，可謂全世界少有。此後，國民黨的親美反共意識形態，很成功地在台灣建立了一個「反共社會」，幾乎不受任何挑戰，也因此很弔詭地為台灣的民族想像事業，清除了思想上的雜質與抗體。

最後國民黨政權整套的統一語言、統一教本、統一歷史觀也為台灣的民族打造，準備好了思想結構 (mind set) 的現代條件。從這裡來檢視現在的「台灣民族主義者」，其中很多曾是以前國民黨的積極擁護者，或是無言的順從者。但作為與國民黨同質的「愛國者」，從班安德森的理論來看，其實並不矛盾。李登輝是一個很好的例子，我的父母親這一代有了他的發言後，終於不再失語。而我們這一代也有陳水扁來代言。但是倒楣的我祖父母那一代則繼續沉默，繼續被踩在腳底下。

台灣民族想像的弔詭與障礙

所以說台灣的民族想像與打造，是由日本殖民統治與國民黨政權來催生與界定的，而在李登輝的「新台灣人」想像中達到高峰。但是它同時也受到這兩個政權所內涵或衍生出的「另一個更強大的民族想像」——中華民族主義的挑戰。

中華民族主義深刻地受到帝國主義 (包括日本) 的制約，換句話說日本帝國對台灣的殖民統治，一方面開啟了台灣民族想像的可能，另一方面也在海峽兩岸同時強化了中華民族主義(或說中華民族想像)的發展。台獨的與中國的這兩種充滿現代性的民族想像辯證而弔詭地互相對立，又互相依存。

而國民黨一方面繼承了日本殖民統治的形式，並執行親美反共的政策，為台灣民族想像清除路障。另一方面卻也一再強化中華民族的各種想像，並製造了不少台灣民族想像的新路障。比如故宮博物院就繼續發散出，有如班安德森所言「博物館」在民族打造上的神聖光芒。又比如中華民國的現實領域「台澎金馬」，裡面的「金馬」成了很弔詭的東西，成了台灣民族想像中的贅肉——金門人、馬祖人是中國人還是台灣人？1994年台北市長選舉時，施明德為兩岸的和解而提出金馬撤軍論，卻惹得市長候選人陳水扁馬上飛到金門去安撫選民。這些都是台灣的民族想像發展中所內涵的矛盾。

可以說一百年來的發展，這兩個激烈衝突的民族想像，都在台灣本身同時並存，他們基本上是第三世界現代化下的孿生兄弟，展現出相同強度的「妒恨情結」。這個內在矛盾構成了台灣的民族打造的一個不小的，也可能是致命的障礙。

面對中國的難題

提到故宮博物院，我想順便談一下班安德森理論上的一個重大難題。故宮博物院也是一個有趣而弔詭的存在，它發揮著班安德森所說的民族想像的強大功能。然而我們考察它的歷史，就會發現故宮那些寶物的收藏在一千年前的北宋就開始了。後來金人攻陷汴梁，將這批寶貝帶回他們的帝都燕京——現在的北京。元朝一統天下之後，又將燕京與南宋臨安的收藏都放到大都——也是現在的北京。此後歷經元明清三代的陸續增藏，到了中華民國手裡，最後蔣介石把它很重要的一部分帶到台灣來。

從班安德森的理論來說，單從「博物館」的傳承這一項，我們似乎可以推論出中華民族的想像竟是發端於宋代。這聽來有些荒謬，然而宋代卻是個有趣的時代。有人說宋代有資本主義的萌芽，它的印刷業盛行 (是 print-capitalism 或是 commercialism?)；它開始了說書的傳統，是中國小說的濫觴；它完備了以才取士 (meritocracy) 的科舉制度，讓所有的讀書人，以其通用的「官話」，在其統轄領域內有個朝聖之旅 (pilgrimage)。

所有這些商業印刷、小說、以才取士、通用官話以及掌握知識的人的朝聖之旅，都是班安德森在《想像的共同體》一書裡，很精彩地描述出來的民族想像的諸種歷史條件。雖然這些條件竟都在宋代就發生了，但是我們今天卻不會說中國的民族主義開始於一千年前的宋代。顯然班安德森的民族理論少了某些重要的東西，以致於應用到中國的歷史情境來，就捉襟見肘了。

今天我們對中國的概括描述大約脫離不了「東方專制

主義」或「天朝模型」等東方主義式的論述，甚至今天用「民族主義」來界定中國，可能也脫離不了東方主義的陰影。不管如何，我個人覺得中國的問題是我們在民族主義論述上必須面對的挑戰，也是我對班安德森提出的一個基本問題。

全球化下民族想像的內爆

如果把全球化定義為以美國為典範，以華盛頓為中心的朝聖運動，這就表示每個小群體甚至每個人都有著排除中間障礙，以便直接去與中心美國掛勾的欲望，就像歐洲的宗教改革，改革教派與信徒個人都有著跳過羅馬教廷，去直接面對上帝的要求。

如此我們可以看到在一個較大範圍的民族或其他想像內部，會有較小範圍的民族想像要求打破阻隔，以便直接與世界中心掛勾，而在其內部也可能會有更小的群體提出同樣的要求。每個群體甚至個人都陷入這麼一個企圖直接與美國中心掛勾的競爭之中，整個就形成一個一再分化與重組的狀態，巴爾幹半島目前的局面應該是一個很好的例子。

從這觀點來看台灣，不論是國民黨還是民進黨，都有著親美的意識形態與民族想像，從來就是要和美國中心直接掛勾的，就是說台灣五十年來都押對了寶。從這條線索來看，台灣的民族想像者當然要將擋在中間的任何障礙排除，包括具有反美因素的那種中華民族主義。然而在台灣內部，也會有次一層的群體，想要排除以「台灣民族想像」為中間人，自主地去與任何世界或區域中心掛勾的企圖(像 Internet 的子民)。就是說一個民族想像的成就，可能引發自己的內爆。

因此，如果說全球化是數百年來現代化與民族運動的最高成就，則一再分化與重組的民族想像則可能是其內爆的元素，這是我對全球化下的民族主義比較悲觀的看法。

本文發表於 2000 年 3 月 23 日《台灣社會研究》與《中國時報》在台北合辦的班納迪克．安德森 (Benedict Anderson)「全球化時代的民族主義想像」演講會，作為回應。

第二部
分離與回歸的辯證發展

誰需要大和解？
——省籍問題中的災難與希望

關於本省外省和解是否可能的問題，我想先把場景拉寬拉深來看。剛才陳光興把場景拉寬，從同屬東亞的韓國談起，我就把場景拉深，從一千七百年前的中國談起。一千七百年前是中國南北朝的「五胡入華」時期，中原士族第一次大規模南移，他們先來到東吳，就是今天江南一帶，在那裡產生了所謂吳姓與僑姓之別，吳姓指的是東吳的原居民，僑姓就是新移入者，有如今天的本省與外省。我們不清楚當時具體的情境為何，但一、二百年後到了唐代這個問題也就不再存在了。

那時移民到東吳一帶的中原士族，其中有一部分繼續南下，經由浙江來到福建。雖然我們沒看到歷史上的記載，但相信也一樣有過閩姓與僑姓之別。這種情況在歷史上多次發生，而且在同一地區如江南與福建反覆出現。隨著時間過去，他們不僅和解，而且連和解的痕跡現在都看不到了，江浙人以為他們從來就是住在那裡的。

這種現象不僅發生在大規模的族群遷移上，也發生在個別的家族上。我最近讀到清初和尚畫家石濤的一些東西，石濤姓朱，原是明朝宗室之後，但他的籍貫卻是廣西，而非朱元璋的安徽，因為他們這一支已經落籍廣西好幾代了。因此我們可以看出不管族群大小，這個連結基本上不是土地的，而是宗族的與文化的。我的意思是說中國傳統社會雖然安土重遷，但只要在適當條件以及家族連結的條件下，也會大規模遷移的；而且這還不是絕無僅有，講閩南語或客家話的台灣人就是這樣來的，也因此我父母雙方的家族就這樣來到了台灣。

這個在歷史上自然發生的過程，在今天的台灣為何出了問題？我們試著從幾個方向來考察。今天外省人被罵的最狗血淋頭的是「不認同台灣這塊土地」，幾年前 (1997) 印尼發生排華暴動時，在台灣也有一些「政治正確」人士指責印尼華人不認同印尼才招來禍害，言下之意也是對印尼那塊「土地」的認同出了問題。

雖然我一直不明白土地要怎麼被認同，倒是很清楚傳統社會的家族認同機制。當中原人口一族一族往南遷移，甚至渡海來台時，是沒有認同問題的，至少每家每戶都有一座神主牌，就是供奉列祖列宗的牌位，牌位在，家就安了。有些閩南家族甚至把家鄉庇護鄉里的王爺廟也分香來台了，像我母親的家族。

但是我到現在為止還不曾在任何一位外省朋友家裡看到神主牌位，外省人的這次大遷移大半是個人的或者是現代化的小家庭，他們在台灣既沒有家族的連結，也沒有帶來神主牌，他們不再是另一次傳統移民。相對於本省人在這方面的保守傳統，要被罵「數典忘祖」的恐怕是這些現代化的外省人了。

關於台灣家族移民的多樣性，我想舉個很有意思的例子。我有個朋友籍貫是上海，他們家確實是在 1945 年後才從上海來到台灣的所謂外省人。但是有一件事很奇怪，他們家來到台灣後曾經到高雄屏東一帶尋找祖墳與族人，原來他們的家族曾經在台灣落腳過。他們原是福建漳州人，幾百年前先從漳州來到台灣，定居高屏一帶。幾代之後又有部分族人從台灣移到上海，那時上海已經開始成為大商港。卻沒想到過了幾代之後，這批人因戰亂又回到台灣。他們的家族以前經營海上貿易，靠海為生，自然也有分支去了南洋，他們的遷移路線是所謂海洋中國的一個鮮活例子。若硬要以自然界的東西來認同，我想對他們家族而言海洋比起土地恐怕更有意義。而其實從宋代開始，閩南人就有不少以海為生的，成了海商家族。這方面已經有不少歷史材料出土。

回到神主牌的問題，假設 1945 年後外省人都帶著祖宗牌位來到台灣，是否就沒問題了？應該沒這麼簡單，不然不會有吳姓與僑姓之爭。另一個可能的因素是時間，他們可能來得不夠長，才幾十年。這裡我想起我父母雙方的家族，他們來到台灣的時間也不能算很早，不出清代晚期十九世紀，但我不曾從長輩口中聽到，當年作為新移民有何齟齬之處，他們很快就被接納。顯然當下我們面臨的問題與時間的長短關係也不大。

陳光興的論文提到在傳統移民與新移民之間，有兩個不同於以前的重大歷史事件發生，一個是日本在台灣的殖民統治，另一個是二次大戰後的冷戰局勢。日本的殖民統治使得台灣的「本省人」社會不再是那麼完整的中國傳統社會，而冷戰局面也使得「外省人」不再是傳統的中國移民。沒有這兩個因素的其中任何一項，今天台灣會是如何我不敢說，但應該不會有本省外省的問題。

陳光興提到日本殖民統治對本省人的重大影響，我就先從這裡談起。去年 (2000) 班納迪克・安德森來台演講時，我參與過其中一場，任務也是作回應。在回應中，我提到我們家族三代人的不同思想背景。我的祖父算是前朝遺民，只受過漢文教育，我祖母一生只穿唐裝，她的髮油還是來自長在我們家牆頭上的蘆薈，而她最大的美容工程是挽面。我父母接受的則完全是日本殖民政府的整套現代化教育，而我與大家一樣戰後出生，接受的是國民黨的與美國式的現代化教育。接受日本現代化教育的我父母那一輩人，看不起我祖父母那一輩人的無知與落後。比如小時候我祖母會帶著我去看歌仔戲，我母親就不太以為然。而接受美國式現代化教育的我們這一輩，也不太看得起我父母那一輩，畢竟日本是戰敗國。我當時提出這些是作為反思台灣的民族主義的素材。

演講會後我們與安德森聚餐，我並開車送他回旅館。在途中他追問了我一個三代人之間的問題，他問說，我覺得與父母還是祖父母比較接近，我不假思索脫口而出「與父母比較接近」。這顯然是他較為期待的答案，因為對他而言我與父母所共有的現代化思想基礎，即使有著美國式與日本式的衝突，還是比較有助於他所同情的「台灣民族」的建構，而我祖父母那一代的東西卻可能起妨礙作用。

然而後來回想之下卻覺得事情沒那麼簡單，我的情感也沒那麼單面。我的父母輩，雖然有著接受了現代化洗禮之後的幸福與驕傲，精神上其實蠻空虛的，何況日本的一套戰敗了，而美國的一套又藉著國民黨之手把他們搞得七葷八素。其中的徵候之一是，他們雖然掌握了用來學習現代化種種事物的日語，但卻失去了母語的能力。我並不是說他們不會說閩南語了，而是說，他們除了用閩南語來進行日常生活的溝通外，其他屬於抽象的、高層次的、政治經濟層面的大道理，都必須藉助日語才行。李登輝就是那一輩的一個典型，他的日本話講得比他的母語流利太多了，他的高層次思考大半是用日語進行。金美齡應也如此。

我最近開始跟一位老先生學習「河洛話」，即是典雅閩南語。我們這位老師是台北三峽人，曾經擔任李登輝當總統時的台語代言人。他是經由家族裡傳統教育學到傳統漢文的，對他的閩南母語很感自豪，不願叫別的名稱，只叫它作河洛話。他認為河洛話是比「國語」還要古老、還要豐富的語言，也最合乎傳統詩詞的聲韻規律。他不只用河洛話來教我們讀三字經千字文，讀唐詩宋詞，還教我們用古調來吟唱，是他最得意的時刻。他是李登輝的同輩人，與日本人來往講日文也沒問題，但是李前總統在年輕時就已喪失母語的閱讀朗誦能力，不會用母語宣讀元旦文告，只好請我們老師代為宣讀。

在這個重新學習「河洛話」的過程中，我雖然覺得三字經千字文的內容確實有些跟不上時代，卻也認識到，非有傳統漢文教育不能掌握典雅閩南語，也更認識到我祖父母與我父母這兩代之間，在母語斷裂上的悲劇性。我父母的現代化語言是日語，而我的現代化語言則是國語加英語。除了日常生活溝通外，我們兩代各自失去了父母的語言。

那是不是把我的典雅閩南語老師那一套拿來就管用了？顯然也不行。那一套語言需要現代化，而且還有一些有音無字的問題，這方面很多人做過很大的努力，就不是我在此能言說的範圍了。我要說的是，從閩南語在我們家三代人之間的失傳，可以看到問題是出在現代化的斷裂上，而從同樣的斷裂點上切入，我們也應該可以找到本省外省和解的線索。

如此把場景拉遠拉大之後，我們看到的就是現代化這個力量，然而這個東西卻又多重線索，令人無所適從。如果用簡單的現代化上國 (先進國家) 來分類，我們有過日本式、德國式、美國式、甚至蘇聯式的現代化方案。這些彼此衝突的方案也都各自有著在地的代表，形成不同的政治立場與文化霸權，也形成難以和解的衝突以及前後矛盾的論述。

比如說現在有個「落後的外省人來統治現代化的台灣人」這個流行說法，可是大家不要忘記，在不久之前我們也有過「現代化的外省人瞧不起沒有文化的本省人」的說法。我記得一九七〇年代初系上的一位外省教授曾表示過對雨夜花這類流行歌謠的不屑，他的不屑很清楚的是因為他的上國是美國，他是聽古典音樂與藝術歌曲的，他對所有的流行歌都不屑。但是他的個人的不屑卻可能上綱為「有文化的外省人歧視沒文化的本省人」的責難。我個人認為，到底誰有文化誰落後都不重要，因為這些互相矛盾的說法都是一種政治操作，牽涉到背後不同的現代化意識形態。在這類政治操作中，我們當然看不到和解的可能，甚至有時會讓人捏把冷汗，如安德森在去年演講會上提到的另一件事。

安德森在那次演講會上曾經提到在美國的一位台灣留學生向他說起的一件事，是那位留學生親身聽到還是轉述並不清楚。安德森說，在美國有一位男性中國大陸留學生對於台灣獨立的主張很是悲憤，以為大半的台灣人都是這樣，於是說出要 X 盡所有台灣女人，類似這樣的話。

安德森的轉述是否屬實並不重要，因為我們知道全世界帶有種族主義傾向的右翼民族主義者都會有這種集體性強暴敵對者婦女的念頭。最近的例子是巴爾幹半島的族群衝突；再早一些的例子是南京大屠殺；更早的還有日本軍隊侵占台灣時，在鎮壓了當時起來抵抗的地方武力後，對他們的婦女施以姦淫凌辱的手段，這也是史冊有載的。這種集體強暴的行為並不只是在發洩性慾，而是戰勝族群的男性對敵對者男性的一種耀武揚威。這裡或可看出現代民族主義所潛藏的男性因素，是那般充滿著集體性的神經病徵。

由此來看，大陸留美學生中有人會有這種想法就不足為奇了。反過來說亦復如此，我認識一位有很強烈台灣意識的，他很討厭大陸的中國人，多年來不願踏上對岸一步。但這一年來他不知為何去了幾趟，回來後卻向我誇耀他在那裡找女人的經驗。這雖是個人行為，但這種被身分認同政治所扭曲的集體神經症狀，即使程度有別，在兩性關係上卻是無所不在的。

但這些都不是安德森所要傳述的重點。安德森要說的是，男性武裝者只會對敵對異族的婦女進行集體姦淫，而不會對自己族群的婦女同胞幹這種事。因此當他聽到有大陸中國人想對台灣婦女幹這種事時，他高興地想到大陸的中國男性開始不把台灣人當成是自己的同胞了。當然安德森不會無知到以為那位中國大陸留學生的想法有代表性，但以他的民族理論以及同情台灣獨立的立場，自然會希望兩岸之間的問題是兩個異族之間的問題，以為從這裡可以看到解決的曙光。於是他那天就進一步說，當有很多中國大陸男性都有這種想法的時候，就是他們不再把台灣人當成是中國同胞的時候，那台灣民族的問題就解決大半了。

我覺得安德森有點一廂情願，但他的確觸到了一個存在於兩岸之間，存在於本省外省之間的一個很關鍵的東西。身分認同是互相的，你即使拿到美國國籍，很多美國人都不見得會接受你為美國人。你去日本，日本人也會把你當「外人」。但是你去中國大陸，他們卻還是把你當中國人，不管你接不接受，喜不喜歡，這個致命的吸引力確實有點麻煩。這裡當然有打造中華民族的現代因素在內，但也有不少前現代的傳統因素。比如中國人一向都稱南洋華人為華僑，把他們當成中國人，這種前現代觀念碰上界線分明的現代國家觀念，當然屢被指責為撈過界的大中國心態。

這種不完全與現代國家 / 政權的認同有關的包容性觀念，其實也存在於台灣中心的意識裡。多年以前，很多台灣人第一次到新加坡時，還會驚訝於新加坡人也會講「台灣話」。其他的因素不談，這裡是包含著一種把新加坡華人納為自己人的底層心理機制，我想這是中國人把有相同文化連帶宗族連帶的都認為是中國人一樣的心理機制。而正是這種身分認同的底層機制是難以用現代民族國家的觀念來輕易加以解消的。

我想以安德森的智慧，他是看到了兩岸之間，甚至台灣內部，在身分認同上的這個麻煩，不是民族主義可以輕易解決得了的。進一步說，我想他在這裡也看到了他那套現代民族理論的困境。我想這是他當時心裡的疙瘩，也因此他會一廂情願地寄望於有朝一日大陸人不再將台灣人當成同胞。

相對於傳統中國人概念的過度包容性 (或說雜交性)，新生的台灣人概念則顯得保守許多。本省人與台灣人這兩個概念在很長一段時間一直是可以互用的，在台灣不少地方例如台南，台灣人原先只指涉到講閩南語的福佬人，固然不包括原住民，甚至也不包括客家人。在這種地方原先是沒有福佬人概念的，自己就是台灣人或本省人，客家人則是客家人，其他族群就不用說了。

多年前朱天心曾在報紙上強烈抗議不少本省人只把她當作是外省人，即使她有一個本省母親。這使我想起美國的情況。老虎伍茲據說是個大混血，他的長輩除了有黑人與白人外，還包括好幾種其他血統。但很清楚的，美國白人不會認為他是白人，即使他有白人血統，美國黑人倒是接受他為黑人，即使他只有部分的黑人血統。這是美國人一般的黑白分類法，白人必須是純粹的白人才算，比如說你只要有八分之一的黑人血統，你的黑人特徵就會顯示出來，你就是黑人。這是你會發現很多美國黑人長得比較「白」的原因。在美國族群顏色的位階上，處於最高階的白人有如純種狗一樣，不能有一點雜質。

回到我們台灣人的情況，我想以傳統社會為基礎的閩南移民社會，還是有著傳統中國人的包容性與雜交性，只要文化上能夠納進來的就是自己人。那為何還會有朱天心抗議的情況？我想還是與現代性有關，與台灣民族國家的打造所衍生出來的族群政治有關。問題就在於，我們台灣人的身分認同為什麼會變得這麼狹隘，好像是在培養一種純種狗？當然我指的並非是血統論的問題，而是說台灣人身分認同的標準居然變得這麼講究心理層次的純粹性。而安德森提起的那位大陸留學生也一樣不再有傳統中國人的包容觀念，海峽兩岸顯然都陷入了打造現代民族國家的迷障。

《多桑》[1] 的英文副名是 “A Borrowed Life”(借來的生命)，廖朝陽教授引伸出來的一篇英文論文名為 “Borrowed Modernity”(借來的現代性)，這個「借來的」字眼很貼切，我們的現代化是借來的，缺乏自發性。自從我祖父那一代之後，活在借來的世界似乎是我們難以逃避的宿命，就如我們今天討論到的四部作品的題目。例如《香蕉天堂》，香蕉原產地應該是中南美，天堂應該也是個現代觀念。而「多桑」的叫法，在我台南老家並不曾聽到有人用過。小時候有一家頗為西化的鄰居，他們的小孩叫母親作「媽咪」，相對於多桑的日本，這是美國式的。我的父母輩則要我們叫他們「爸爸、媽媽」，這也是現代化後了的叫法，而我的祖父母輩則仍舊要他們的子女叫他們「阿爸、阿母」，或者「阿爹、阿娘」的。

這裡反映的情況是，借來的東西充滿著差異性與拼湊性，甚至在同一個時期的台灣 (其中台南人可能比較有那麼一點自主性)。至於「蝙蝠」[2] 的意象，就一個比較本土的觀點看，蝙蝠是吉祥動物。而以自然的觀點來看，蝙蝠其實是與人類相當親近的動物；甚至在台北都會，你也只要找個有水有樹的空曠地方，在黃昏的時候抬頭一望，就會發現有蝙蝠在空中捕食蚊蟲。蝙蝠會在我們讀書人中成為一種恐怖之物，也是一種借來的現代性。

---

1 研討會上放映的電影《多桑》。

2 指宋澤萊小說《血色蝙蝠降臨的城市》的以蝙蝠為意象。

因此，如果說「借來的現代性」太多樣，太缺乏自我，以致讓我們陷入無可避免的衝突，那和解的源頭恐怕還是要回到那個前現代與各種現代的交接點上，進行全面反思。從這個觀點來看，就不只本省外省要和解，接受國民黨加美國教育的我這一輩，要和接受日本教育的父母和解，我們兩代也要與沒接受到現代化洗禮的祖父母和解。

我個人與外省人沒有和解問題，我妻子就是外省人。我與受日本教育的父母的和解也不成問題，雖然我曾怪罪過他們為何沒有教我講漂亮的典雅閩南話，只會背著我用日語交談。然而就如安德森所期待的，我們兩代人還是較為接近，因此與前現代的祖父母的和解會是一個考驗。但是都已走到所謂後現代的今天，對我個人而言應該也是可以解決的，尤其是在學習用「河洛話」吟唱唐詩宋詞的時候。當然我很清楚那個時代已經一去不返，但我感覺到有個和解的情懷在心裡頭，在精神上不再踐踏他們，就覺得心安理得，不再怨恨，雖然這樣子就有點與安德森的期待背道而馳了。這是我個人的層面，但就整個台灣社會而言，當然不會如此簡單，而將是一個大工程，需要各個層次的參與。

而且進一步說，不只台灣內部要和解，兩岸之間也要和解，而受到現代化衝擊的整個亞洲，包括日本與韓國，也都有自身的以及互相的和解要求。其中很重要的一環是與日本的和解，不論是從台灣出發，還是從大陸出發。如果只是去看到日本的侵略行為，而要求日本道歉，那是絕對有偏差的，就如溝口雄三的質疑「一個國家的歷史全部過程，就這樣成了其他國家的罪孽，這難道是可能成立之事」？我們也必須看到日本人其實也是陷入現代化的迷障裡，才會衍生出後來一連串的國族悲劇。因此就像陳光興的論文開頭提到的「首爾在集體哀悼韓國的現代性」，我們是必須把場景拉大拉遠，進行一種全面的和解，如此本省外省的和解才有可能，也才有意義。而且，如果是能如此將眼光拉遠放大，那問題恐怕也就不在和解與否了。

此文原發表於文化研究學會於 2001 年 5 月 26 日舉辦的「為什麼大和解不 / 可能？——省籍問題中的災難與希望」文化批判論壇研討會，並刊登於《台灣社會研究季刊》第 43 期，2001 年 9 月。

台灣的大陸想像

一

在 2004 年台灣的這次總統大選藍綠兩陣營的激烈對立下，泛綠陣營繼續增強他們一貫的省籍族群心理操作，並引起極大反彈。一位較我稍年輕的朋友有天打來電話問起是否聽過如下的笑話：

「當 1945 年日本戰敗，中國兵仔來到台灣時，他們看到牆壁上的水龍頭這個東西，竟然還會冒出水來，覺得很神奇，也去搞來一個往牆上一塞，卻奇怪為什麼沒有水流出來！」

我的朋友似乎在這次選戰中才聽到這個笑話，不勝欷噓。他屬於台灣的新生代，雖然父親來自大陸，但自己一直來卻是偏綠的。我回答說，我不僅聽過，由於出身本省人社區，還從小就聽起。在一、二十年來的每次選戰中，這笑話被民進黨一用再用，多年前甚至有個試圖調和「省籍矛盾」的電視喜劇也曾用過這樣的題材，可見這個觀點不分政治立場已經形成台灣人對中國大陸的刻板印象。其實把這笑話中的「中國軍隊」換成了台灣鄉下人，台灣換成了都市，在當年的情境也一樣成立。我與我的偏綠朋友都同意這是個文明都市人嘲笑落後鄉下人的笑話，實在太不上道了。

這當然不只是文明都市人嘲笑落後鄉下人的笑話，還隱含著現代化的進步的日本嘲笑保守的落後的中國。而開始講起這笑話的台灣人正是處於這種身分的曖昧狀態——他認同了現代化的文明日本，而拒絕了落後的中國。他以自身的位置，即被日本殖民者帶來現代化好處的都市台灣人，來與大半是被國民黨拉夫而來的大陸農民，進行對立比較。這種強化中國大陸之落後性的刻板印象的笑話就一直是泛綠陣營用來動員台灣選民的宣傳策略。

這是我的上一代人，就是接受日本殖民式的現代化教育的我的父母輩，所陷入的身分危機。小說家黃春明曾經提過他們家發生的一件事：1945 年當日本天皇宣布戰敗投降時，他的祖父很高興地回到家裡，卻發現他的父親哀傷地哭著，他祖父不解地問他父親說：「孩子，是我們打贏了，你為什麼還哭呢？」與我父母親同輩的黃春明的父親，確實接受了日本殖民式現代化的影響與好處，而有了與他們上一輩的重大心理差距。

我的祖父母那一輩都屬前清遺老，在日本據台之前就出生，並且也都經由《三字經》等傳統中國經典而識字。閩南語是他們唯一的語言，他們用閩南語讀全部的漢文經典，以接近唐音的閩南語讀書音來吟唱唐詩，句句押韻而自得於其韻律之美，並自豪於這套來自古中原的「河洛話」。他們還大半身穿傳統「唐裝」，而稱大陸原鄉叫

「唐山」，這與到世界其他地區的閩粵移民是使用一樣名稱的。他們觀賞傳統戲曲歌仔戲布袋戲，聆聽有著漢唐雅樂遺風的南管與高亢喧鬧的明清新興音樂北管亂彈，膜拜傳統神祇關公媽祖。他們大半只能在日本殖民式現代化風潮下以遺民心態苟活，我們可以從流傳在他們這一輩人中的一個日本兵的笑話來理解這心情：

「日本兵仔剛到台灣時，看到尋常人家屋外曝曬在大太陽下、洗刷得十分乾淨的木桶，就像他們家鄉用來裝米飯的，於是就拿去當飯桶使用了。沒想到這些木桶原來是台灣家裡用的夜尿壺，每天一大早就必須拿到屋外洗刷乾淨、曝曬消毒。」

這是兩代間的巨大差異，前清遺民的我的祖父母輩回首遙望的是「唐山」，吃穿閱聽的是中國傳統的閩南樣態；而我父母輩，也即是李登輝這一輩，隔海看到的卻是「支那」，他們期待著成為日本殖民地的現代新國民，對傳統閩南文化習俗就不能不抱著鄙視的態度了。他們不僅對傳統文化抱著鄙視的態度，也對抱殘守缺的他們的父母輩抱著鄙視的態度。他們不看歌仔戲布袋戲，而看起日本美國電影；他們不讀《三國》、《水滸》，而讀起紫式、芥川；他們不聽南管亂彈，而聽起日本歌謠與西方音樂了。

他們這一輩人是台灣受到現代化教育的第一代人，然而接受到的卻是日本殖民式現代化教育，日語是他們現代化的思想工具，成了他們此後一輩子的思想語言。這樣一種教育卻是一種「強者邏輯」的教育：國家分強弱，弱小國家理該接受強大國家的掌控；文化分先後，落後文化理該接受先進文化的同化；人種分優劣，劣等種族理當接受優秀種族的宰制。這是以納粹德國為軸心，在二戰時達到最高峰的現代化意識形態下極右翼的一環。這麼一種意識形態在日本帝國的殖民教育體制裡，以現代化做包裝，灌輸到我父母輩一整個世代。

如此看來，由這一輩日本殖民式現代化的受益者在二次戰後所渲染開來的水龍頭笑話，就不只是台灣人譏笑大陸人或都市人譏笑鄉下人的故事，也是現代台灣譏笑落後唐山，有著我的父母輩鄙視我祖父母輩的意涵。他們不只在譏笑隔著台灣海峽、外在於自己的對岸那群人，也在鄙視自己所從出的父母先祖，即是在內心深處鄙視著自己的「清國奴」身分。這個自我否定是這一代人的一個情結。

二次戰後台灣有個嬰兒潮，我們這一代人就是這前後出生的。這時祖父母輩的「唐山」與父母輩的「支那」都已變成了「中國」，而且不只是中國，是一個新的中國，一個經過辛亥革命、五四運動、北伐統一、八年抗戰之後的新中國。然而有這麼一段充滿著奮鬥與掙扎歷史的新中國，對他們兩代人而言卻都是陌生的，必須趕緊補課認識。戰爭末期，大家預期日本即將戰敗，開始偷偷學習英語和北京話，父親還曾因此被日本憲兵隊拘禁多日。我父母那一輩人心裡明白要迎接來的將是一個新的中國，不是過去的唐山了。

光復後台灣家庭的一件大事就是將祭拜列祖列宗的神

主牌位請回來，因為這在皇民化時期曾被壓制禁止。不過他們卻發現從唐山過來的新唐山人家裡竟然沒有神主牌位，不拜公媽祖先。這是一批受過中國現代化革命影響的大陸人，對仍有著舊唐山記憶的台灣人而言確實有點不一樣了。然而不管如何，舊傳統都一一恢復了，歌仔戲、布袋戲、酬神廟會，及其民俗舞蹈宋江陣與八家將都回來了，但是傳統的漢文教育，以及作為我祖父母輩的思想語言、用來讀經吟詩的典雅閩南語，卻是一去不返。

二

1947 年悲劇的二二八事件及 1949 年後國民黨威權體制的確立，卻又開始了一連串的心理變化。在日文出版品遭到壓制的情況下，以日文作為接觸現代知識唯一語言的我父母這一代人，在社會發言上頓時成了文盲啞巴的失語的一代。而原本用來稱呼自己先祖之地的唐山一詞，卻被轉成「阿山仔」一詞，還以輕蔑聲調說出，用來稱呼戰後來台的外省人；「半山」則用來蔑稱抗戰期間奔赴唐山參加抗日行列，戰後隨著國民政府回來的台灣人。在我們這一代人成長的一九五、六〇年代，傳統唐山觀念基本上已經灰飛煙滅，只偶而在祖父母提及陳年往事時脫口而出。阿山之名則是父母輩的用語，這是與「支那」一詞及他們年輕時所接受的日本殖民式現代化教育可以接得上的東西。

這是我們這一代人在成長年代從家族鄰里接受到的一

些感覺概念。然而由於國民政府對傳統戲曲與宗教習俗的解禁(這在日據時代末期是遭到壓抑的)，屬於祖父母輩的傳統文化與宗教活動又蓬勃起來了。於是我們這一代人在小時候，可能一邊聽著父母唱日本歌謠桃太郎與荒城之月，一邊跟著祖父母去看歌仔戲山伯英台和狸貓換太子；一邊高興地跟父母親去看日本美國電影，一邊興奮地站在廟口觀看迎媽祖的熱鬧行列；一邊到基督教堂去領糖果，一邊牽著祖父的手去清明掃墓。

父母為新生兒子命名，在日據末期皇民化壓力下曾經出現一大批「文雄、武雄」，光復後出生潮的我們這一代，卻出現了很多「崇堯、崇舜、堯雄、舜傑」之名，顯然是在我祖父母輩重新取得命名主導權下所取的名字，以堯舜之名重新召喚唐山先祖。經由這麼一個迂迴的方式，我們戰後這一代人似乎又與舊唐山掛了勾，然而卻是在這唐山與日本的矛盾情境中成長的。

一個更大的影響力在我們入學之後發生。我們是戰後重新接受「中國教育」的第一代，但這教育已經不是傳統的漢文教育，而是一個「新中國」的教育，這個新中國是以辛亥革命為主軸的中華民國。中華民國有其特定的中國概念，雖然在很大程度上容忍唐山傳統，但基本上卻是一個現代化的國族概念，傳統只是用來支撐這個國族目標，尤其它又是撤退到台灣的偏安政權。

然而即使我們整天聽著「領袖、主義、國家」，它所容忍的中國傳統卻還是能與台灣的民俗社會掛勾。我們在學校學習的中國歷史地理與文化教材，基本上是與台灣傳統的戲曲音樂宗教習俗一致的，即使有著不完全一樣的態度，但堯舜禹湯與媽祖關公並列，都是「屬於我們的」東西。這個共同的文化歸屬感是我們戰後這一代人與我們父母輩不一樣的第一個重大的中國概念，神州大陸乃是我們的眾神之州。而我們也很快掌握到新中國的國語——以北方官話為基礎的現代白話中文，即使在發音上講不好標準國語，但到了一九六〇年代就已經產生出陳映真、黃春明、季季、施叔青、王禎和、李昂等文學家寫出精彩的中文作品。甚至在重演五四的「中西文化論戰」中，出場的幾位殷海光在台大的年輕弟子許登源、何秀煌、洪成完等人也都是本省子弟，其運用中文的邏輯思辯能力，比起外省籍的年長對手毫不遜色。這個新的「中國文化共同體」在有著舊唐山養分的土壤上，以不到二十年的時間就重建起來了，國語成了我們這一代開始的思想與論述語言。

但是這個文化共同體的中國概念卻大半只能是個概念，1949 年之後兩岸的分治與敵對全面斷絕了人的往來，而這種斷絕的情況比日本據台五十年還要嚴重。日據時期即使有海禁，兩岸的人還是可以往來，尤其是在閩南語區的泉州漳州潮州與台灣之間的親族往還，如今連傳統親族往還都不可得。在這種極端的情況下，文化共同體的中國概念遂缺乏很重要的人的具體接觸與互動。

然而更重大的影響是，以「反共」作為其新中國重要屬性的中華民國，無所不用其極地將對岸的另一個新中國——中華人民共和國，描繪成妖魔之域。雖然中華民國有一個「反攻大陸，解救大陸同胞」的目標，但這個「大陸同胞」是無臉的、抽象的、觸摸不到的。在一九六〇年代的台灣，我們會理直氣壯地說「我們中國人」應當如何如何，但是這連海外華僑都算在內的「中國人」卻不包含「大陸同胞」，那十億人口只是面貌模糊的「苦難同胞」，具體現身的只能是一些汙名化了的「匪酋」。我們即使很有興致地在中華民國的地圖上劃著祖國江山的鐵路線，但也只能是畫餅充飢。這是我們這一代人在一九七〇年代之前成長過程中所能抓到的「中國」。

雖然兩岸各有不同的新中國版本，卻都是在十九世紀列強侵凌中國時，做為一種對傳統中國的改造而生的，都是在繼承辛亥革命的同一條道路上。另一方面他們又是對立的，他們在對美國與傳統的態度上對立，一個新中國內含「親美反共」並容忍傳統象徵，另一個新中國則是「抗美援朝」並走向破四舊的道路。同樣是中國現代化革命之子，分歧的關鍵似乎在於如何對待美國這個新興的世界霸權。在一九五、六〇年代冷戰時期成長的我們這一代人，接受的即是這麼一種反對大陸新中國版本的「親美反共」教育。

美國的因素極為重大，它在國民黨新中國的內部製造蛻變，它是五四運動有別於中共路線的另類出路。這也同時發生在一九五、六〇年代，雷震、殷海光、李敖等人藉由《自由中國》與《文星》雜誌，展開對國民黨威權統治一連串的嚴厲批判，最後竟走到了「全盤西化」論。然而這並非五四的全然回魂，不同於當年五四全盤西化的走向中共路線，發生在一九六〇年代台灣的全盤西化論卻是走向國民黨的背後支持者——美國。如此，五四在台灣的重演一方面的確加強了新中國意識，包含國民黨版的以及夾帶其間的一點中共版；另一方面卻也同時提供了內含於親美反共意識形態裡的反中國因素，而且不論反的是新還是舊的中國。

三

然而從日據到光復，各種新舊中國意識在台灣的脈絡裡，並非完全是斷裂跳躍地發生。在漢人最後的武裝抗爭結束前後，從參加同盟會並在台灣延燒辛亥烽火而上了絞刑台的羅福星 (1886-1914) 開始，呼應大陸現代化革命進程每個環節的行動接二連三地發生，直到台灣光復。台南人翁俊明 (1891-1943) 自許為辛亥革命志士，畢業於台灣醫學校，曾於 1913 年集結同志籌款援助國民革命，並與醫學校同學淡水人杜聰明 (1893-1986) 於 1915 年同赴北京企圖暗殺袁世凱，未果而還。隨後他奔赴大陸，恢復國籍，後來又在抗戰其間幫助成立國民黨台灣黨部。接著也是畢業於台灣醫學校的宜蘭人蔣渭水 (1891-1931)，信奉孫中山學說，在 1921 年糾集同志成立了「文化協會」，推展台灣人民之啟蒙運動，並在 1926 年成立台灣民眾黨，展開工人農民運動。而他的同學、摯友與同志——彰化人賴和 (1894-1943)，響應五四的白話文運動，提倡台灣的白話文小説書寫，被尊為台灣現代小説之父。

日據後期，台灣的工農運動蜂起。台南人蘇新 (1907-1981) 於 1928 年赴日求學期間加入了共產黨，並於隔年回台開展工人運動。1931 年被殖民當局逮捕入獄十二年，而在 1947 年二二八事件後經香港轉赴大陸，並在晚年當選政協委員。他的台南同鄉楊逵 (1905-1985)，在 1924 年赴日求學，1927 年回台後參加領導農民運動，對殖民資本進行抗爭。也是作家的楊逵原名楊貴，因慕水滸李逵之名而取楊逵為筆名，並在 1932 年發表獲獎的日文小説〈送報伕〉，揭發日本殖民統治真相，後經胡風翻譯成中文。然而光復後他卻在國共內戰時因發表「和平宣言」而招國府逮捕入獄十二年。出身貧賤的彰化人謝雪紅 (1901-1970) 在年輕時參加了文化協會的活動而得到極大的啟發，後於 1925 年在上海參與五卅工人運動並加入中國共產黨，同年底赴莫斯科東方大學就讀，並於 1928 年在上海成立台共組織，回台活動。1931 年被殖民政府逮捕入獄八年，光復後二二八事件時在台中組織二七部隊抗暴，後經香港前往大陸，成立台灣民主自治同盟。

以上所提事件、運動與人物等等，無一不是在同時呼應大陸現代化革命進程的每個環節。這是一個企圖擺脱日本殖民式現代化意識形態，而與現代中國一起呼吸，共同成長，一個追求民族平等、主權在民與社會正義的左翼民族運動。這運動雖然在戰爭期間遭到日本殖民政府的殘酷鎮壓，光復後卻也迅速恢復為重要力量。然而由於國共內戰的慘烈，這支力量在五〇年代初還是逃不過國民黨極為全面的整肅，幾乎遭到整個剷除。

這條傳承雖然在五〇年代幾乎斷了根，但在完全接受戰後國民黨教育的新生一代中竟還藕斷絲連，在七〇年代初台灣的大學校園裡爆發的「保衛釣魚台運動」重新公開接上了線。這運動不僅引發了對民主的訴求，也隱含著對「社會主義新中國」的企盼，對邁向理想大同世界的新中國的憧憬，這麼一個火苗當然也迅速被撲滅，而那正是文革高潮剛過之時。稍後雖有懷抱同樣憧憬且影響深遠的，由蘇新女兒蘇慶黎 (1946-2004) 所辦的《夏潮》雜誌繼之而起，然而隨著文革的落幕與鄧小平的復出，這麼一種對現代中國革命的憧憬與企盼遂進入一種壓抑隱誨的狀態。

四

在 1971 年與保釣運動幾乎同時發生，並且促成文革落幕的，還有一連串極為重要的事件：美國總統尼克森宣布訪問北京與同年底中華人民共和國取代中華民國進入聯合國。此後，大陸在全世界範圍重新取回了「中國」的名號，同時國民黨的威權體制開始崩潰，以戰後新一代為核心的新興台獨勢力藉由黨外民主運動也開始逐漸取得政治正當性，這三者是同時並存發展的。這正是台灣由反共親美走到反中國之路的關鍵時刻。

從七〇年代開始，大陸在國際上取回了中國名號，又隨著八〇年代改革開放時代的來臨，原來在五、六〇年代面貌模糊的「大陸同胞」，開始有了具體的形象。然而這些形象對大部分台灣人而言卻是既熟悉又陌生，這裡存在著從南京到北京的差距，從帶著吳儂軟語餘音的「國語」到高亢而有點興奮的「普通話」的差距，從傳統漢字到簡體字的差距。而心懷多年故國之思回去尋找文化之根的人，找到了那些古蹟勝地，但也就只是唐詩、宋詞、《三國》、《水滸》之地，以及殘破凋零的宗祠祖塋，此外卻大半是陌生的了，既找不到清明端午中秋重陽的痕跡，連減了筆畫的漢字都陌生起來。以致到了九〇年代，台灣介紹大陸風光的電視節目都還是帶著獵奇的眼光，其中一個很熱門的節目就直接叫做「大陸尋奇」。

而國民黨從七〇年代開始不只失去中國名號的正當性，它所建立的威權體制也逐漸在民主浪潮與經濟發展下逐漸崩盤，而連帶著崩盤的還有它那個版本的新中國理念。原來朗朗上口的「我們中國人」變得囁嚅難言，取而代之的是「我們台灣人」。而原來從中國自由主義者雷震殷海光等人汲取諸多思想養分的黨外民主運動，這時也逐漸被以「我們台灣人」為號召的民進黨所僭奪。

從六、七〇年代的黨外民主運動開始，到 2000 年民進黨成功奪取政權，新興的台獨運動雖然反對國民黨版的新中國，但在國民黨這幾十年來將大陸妖魔化的「反共親美」路線上卻是忠實的繼承者，他們同時也受到六〇年代五四台灣版反傳統的影響。而且當反共意識在九〇年代已經失去其實質意義後，又很弔詭地被轉化成反中國意識。即是說在台獨運動的這些多重繼承線索中，新中國不論那個版本，中國也不論新舊，都一概被拒斥了。而就在這個空虛關頭上，李登輝一輩的「支那觀」遂又被召喚回來，尤其是在 1990 年他藉著要求重組國會的三月學運將舊勢力清除出國民黨權力核心之後，如此一路走到「去中國化」的今天。

一九九〇年代冷戰結束，美式資本主義成為唯一稱霸的意識形態，而其「民主自由」遂成了這一意識形態的武器，成功地稼接在「皇民支那觀」的心態上。大陸的「缺乏民主自由」相對於台灣在李登輝掌權後的「民主自由」，也就成了一種「落後」，「進步的社會主義中國」遂又淪為「落後的中國」。如此就不難理解為何五、六十年前的水龍頭笑話到了二十一世紀還能在台灣流行，而其主要對象已經不再是在台灣的外省人及其後裔，而是大陸的中國人。「皇民支那觀」借屍還魂，隔著海峽望過去，竟然還是一個「落後支那」。這是從七〇年代以降，在冷戰與美國因素的交相影響下所促成的關鍵性轉折，直到民進黨在世紀之交取得政權。

2004 年 9 月底，民進黨籍的新政府外交部長陳唐山批評新加坡反對台灣走向獨立之路的言論時，在一個公開場合說「新加坡，一個鼻屎大的國家，根本是在拍中國馬屁」，其中拍馬屁一語是以閩南語粗話說出。在接下去的紛爭中，政治對手的攻擊主要集中在外交部長竟然說出鼻屎與拍馬屁這兩個不雅之詞，而媒體也將焦點放在這裡。然而他們都一如往常忽略了新加坡其實是台灣的另一個影子，新加坡人口有百分之七十也是閩南移民，與占台灣百分之七十人口的閩南移民講一樣的閩南語——台獨運動者所一再標榜的母語，大半新加坡人是直接聽得懂陳唐山的閩南粗話的。

民選縣長出身的陳唐山(他竟有個唐山之名)說粗話，其實是用來強化他與在地支持群眾的聯繫，並非說給其他人聽的，更沒考慮到新加坡人能直接聽得懂他的粗話。這裡有一個重要的面向，在台獨運動排斥中國身分的幾十年來，他們不僅拒絕了中國，還拒絕或忽略了使用同一母語的其他華人。閩南語被他們直接稱做台灣話，而看不到台灣之外講同一語言的人群。民進黨早期重要人物、新政府前國安會秘書長康寧祥就曾鬧過這麼一個笑話：多年前他第一次到新加坡訪問，有個驚人的發現，他發現新加坡人居然也會講「台灣話」！

這個台灣福佬人與其他閩南語地區的隔閡來自歷史上的幾次外力強加的斷裂：先是日本占領台灣強迫海峽兩岸閩南語區分裂，接著國共內戰與四九年之後的對立再一次強化這個分裂。講「國語」的國民黨也不鼓勵重建聯繫，因此在我們的成長過程中是難得見到聽到或感覺到講閩南語的非台灣人存在的。到了後來的台獨運動更是將這原鄉同語族的分裂視為理所當然了，閩南語遂成了排他的「台灣話」，也就有了康寧祥的笑話。因此，對於受到前後新舊政權影響的台灣選民，他們從台灣看出去除了是個陌生的新中國外，是看不到閩南語原鄉的，更不用說同是閩南移民後裔的新加坡人或東南亞的其他華裔了，進一步說他們也是看不到亞洲的。而這裡正是他們以閩南語為中心的「本土論述」的內在矛盾所在，難怪其中有人建議乾脆放棄閩南語，而以英語為第二官方語言。他們不只要去中國化，還要去閩南化，如此就再次陷入李登輝那一輩人鄙視其父祖輩舊唐山的自我否定情結裡了。而這竟就成了今天在台灣社會占主導地位的，以都市福佬人為主體的台獨運動的深層意識。

在 2004 年為貫穿台灣南北第二條高速公路命名的問題上，被台獨運動奉為神聖名號的「福爾摩沙」被列為首選，四百年前一艘路過的歐洲船隻上的水手隨口說出的這麼一個偶然稱呼，竟成了「新台灣」的開始。在這之前的 2002 年，民進黨成立了一個叫做「V1492」的青年俱樂部，意在發揚「1492 年歐洲人發現美洲新大陸的精神」。相較於到了九〇年代還再留戀舊日本帝國之眼界的李登輝南進政策，年輕一輩的台獨運動者則已配上了一副新美利堅帝國之眼鏡。這裡可以看到台獨運動面對大陸 / 亞洲，基本上還是走著一條類似舊日本帝國「脫亞入歐」的老路，只是以更扭曲的姿態。

五

一九七〇年代開始的變局並不只在台灣發生。1972 年初毛澤東高興地接見尼克森，預示了文革的結束與新時代的開始。中美和解帶給大陸又一次天翻地覆的變化，不僅在國際局勢上，更在大陸的新中國路線上。然而這次的巨大變化卻是慢慢顯現的，而且也更慢地才為台灣的人所察覺。隨著大陸的開放，台灣商人跟著回鄉探親老兵的步伐，一點一滴將加工出口的模式移植到大陸去，目標不是為了大陸的市場，而是為著同一個美國市場。對美國 / 全球市場開放的鄧小平路線即使歷經六四，到了九〇年代還是繼續堅定地走下去，大陸遂像磁石一樣一步步將台灣商人吸引了過去。來到二十一世紀，受制於島內的「去中國化」意識而被蒙蔽於大陸的崛起的台灣人民，突然發現原來落後的支那中國竟然變成了世界工廠，成了帶動全球經濟成長的火車頭之一。大陸的這個發展不論是對於崩盤中的國民黨，還是新取得政權的民進黨，甚至對社會主義中國抱著孤忠之忱的統派，都是令人手足無措的一個「更新的中國」。

然而對在於當局鎮壓黨外人士的 1979 年美麗島事件之後出生長大，對藍綠雙方都持懷疑態度，也不太被社會主義所吸引的新生代，對大陸的這般發展卻有個不同的視野。他們與大陸同在承平時代成長的一代人同樣是以當代唯一霸權的美國為標的，學一樣美式發音的英文，看同一位 NBA 的麥可喬登，讀哈利波特的同一中文翻譯本。但因為政治對立的關係，他們卻又是在這以講國語 / 普通話為範圍的大中華區，以美國為同一參考目標的合作兼競爭者。國共各自的新中國與台獨的獨立建國對他們而言都不再有神聖光環，甚至連舊唐山也是天寶遺事了。而他們最純熟的語言則是從小說起的「台北國語」，這是半個世紀以來以台北為文化中心所形成的一種分不出本省外省的「國語」，它既非帶著閩南腔調的「台灣國語」，也非原先從大陸帶過來的「南京國語」。然而這竟也並非偏促一隅的語言，它所創造運用的一些詞彙在包括大陸的整個中文華語圈中被廣泛使用著。

在藍綠不同中國觀的紛擾中，這批使用台北國語的新生代從其他路徑找到了多重互動管道。例如台灣流行歌謠在新加坡十分紅火，新加坡歌手孫燕姿在台灣也紅得發紫，台灣卑南族歌手張惠妹也擁有很多大陸的年輕歌迷。又如我的一個姪兒沒有特定的政治立場，剛退伍即背著行囊自助旅行，以三個月的時間走過大陸半壁河山，沿途結識了不少同一旅程上的大陸年輕人，他們無所不談，除了統獨問題外都可溝通。他們都活在全球 / 美國化下一個叫「華語文化圈」的新興氛圍裡，幾個世代來「中國 / 台灣應該是什麼」的紛紛嚷嚷，都不太在他們的視野裡了，甚至連「中國 / 台灣曾經是什麼」也不太成問題。他們不太有這些歷史意識了。

新生代之缺乏歷史意識有其主客關因素。他們經常被批評為「只看自己肚臍眼」或「只要我喜歡，有什麼不可以」的「無根的一代」。然而他們的這種匱乏與其說是來自他們自身，毋寧是肇因於發生在海峽兩岸的歷史嬗變。百年來介入這裡的各種政治力量都因各自的政治目的而對歷史傳承隨意切斷，對歷史傷痕則是無情抹殺。我們可以看到，百年來站在台灣島上回望大陸，從我祖父母輩看到的「原鄉唐山」，來到日據時期接受殖民式現代化教育的我父母輩所看到的「落後支那」，再來到接受國民政府教育的我這一代人觸摸不到的「神州大陸」，接著新興的台獨運動又將這神州之地描繪成「妖魔中國」。短短百年斷裂如此之巨，嬗變如此之頻，而兩岸人民卻都未能對自身這種斷裂的歷史進行認真反思。

而今炎黃子孫中華民族的歷史意識隨著其原初打造者國民黨的逐步崩解，已失去了現實的引領作用。台獨運動者汲汲於創造新的國族歷史神話，根本無視於充斥其中的自我否定的嚴重神經癥候。急於崛起的大陸新中國則似乎忙著向西方宣示，而無暇於反思它所走過血淚斑斑的崎嶇之路，也自然無從向新生代提出一個有厚實歷史傳承的中國意識。於是當新生代面對這些既存的或打造中的歷史觀時，看到的竟都是這般殘缺扭曲，就只能當成當下的政治分歧而已，無從去追索其歷史因緣，更遑論建立自己的歷史意識了。

因此顯然海峽兩岸若不能認真地對這段斷裂的歷史進行深刻反思，我們今日的癥結將是難以解消的。而且不只對台灣的歷史進行反思，還要對整個中國二百年來的近代史 (以及整個東亞的近代史) 進行反思。而對中國 / 台灣的歷史進行反思的條件，也是作為反思的起點，則是必須重新站回舊唐山的土壤，回到那個東西碰撞新舊遞嬗的年代，重新去連結出一個源遠流長的歷史傳承，當面對西方 / 美國時也不再自我否定地將自身視為異己，如此或許才會再有一個對中國真正堅實的新的憧憬的來臨。

此文原是應孫歌、白永瑞、陳光興三位先生編撰的日文書《ポスト〈東アジア〉》(後東亞) (作品社，日本東京，2006 年) 一書而寫，中文稿先刊載於《台灣社會研究季刊》第 56 期 (2004 年 12 月) 與北京《讀書》雜誌 2005 年 1 月號。

台灣的文藝復興年代

——試論台灣六十年代的思想狀況

1975 年 8 月，我剛服完兵役，準備赴美留學，卻被一本新出的雜誌深深吸引住了，那是黃信介與康寧祥出面辦的《台灣政論》。當時想到，繼《自由中國》、《文星》等五、六十年代的反對刊物之後，又有了一面新的抗議旗幟，感覺有如久旱甘霖。尤其我那時又剛經歷過兩年多來「台大哲學系事件」的心理折磨，十分鬱悶，一心想著離開台灣。《台灣政論》雜誌的出現讓我重燃信心，以為「五四運動」在台灣的香火終能不斷，台灣民主運動的康莊大道將會如此筆直展開，遂在行李中偷偷夾帶了一本，出國去了。

三十多年後回顧往事，《台灣政論》這份刊物竟是七十年代台灣歷史轉折的一個重要徵兆。在政治上，它代表著台灣本土政治勢力的崛起，以及中國五四傳承在台灣的開始沒落。這不只是台灣民主運動的大轉折，更是七十年代思想轉型的重大象徵。這本刊物的名稱有兩個意涵：「台灣」與「政治」，顯示了本土黨外新生代的首次政治集結。相較於五十年代政論刊物《自由中國》名稱的意涵，這是從「中國」變成了「台灣」，而「自由」變成了「政治」。自 1960 年《自由中國》停刊之後，《台灣政論》是十五年來第一本成氣候的政治刊物，雖然只出了五期，到了年底就被禁刊了，但它的出版不論在政治上或台灣意識上都是劃時代的。「台灣」與「政治」這兩樣東西在那之後的三、四十年來，成了台灣社會的兩大主導意識，也是兩頂金鐘大罩。

任何轉型皆非一蹴而就，總要經過內在動力的長期蓄積與外在環境的逐步演變。要理解七十年代這麼一個轉折，必須回到三、四十年前的情境，尤其回到那段從 1960 年《自由中國》停刊，到 1975 年《台灣政論》發行的這十五年間的狀況。這十五年正是如今在社會上與政治上當權的戰後新生代思想成長的年代，以下我們就以延長了的「台灣的六十年代」來泛稱這段基本沒有政治刊物的十五年，且讓我們回溯六十年代台灣的思想狀況，來追索這個重大轉型的來龍去脈。

楊逵〈送報伕〉，1972

1972 年，在中國重新進入聯合國組織，中美開始重建友好關係之後，大陸的文革進入最後階段。我那時就讀台灣大學哲學系，曾經參與過的台大學生保衛釣魚台運動 (1971 年春夏)，及接踵而起的校園民主潮 (1971 年秋到 1972 年夏)，也已步入尾聲。在暑假回南台灣老家的途中，我照例路過台中大度山上的東海大學，尋訪中學時代的老友，就讀東海大學歷史系的林載爵。

上大學之後幾年來，我每次來到大度山，老友總會興奮的展示他在山上的新發現。從唐代風格的校舍，到那座令他感動不已的經典建築路思義教堂，再到那時幾乎將校園包圍起來的綿密堅韌的相思樹林，總讓我覺得來到一個充滿靈氣的所在。而這次的暑假路過之行，老友一見到我就又興奮的說：走！我們到學校對面的「東海花園」去找個人。我遂跟著他走出校門來到對山的一處不大的私人花圃。園裡一位老者守著一棟簡陋的農舍，在磽薄的土地上種植出一方花草。然而他並非像陶淵明式的隱者那樣，躲在山上採菊東籬以度餘生，而是為了餬口度日，種的花是運到山下市場去賣的。

老友帶我去拜訪的這位老農，既非山中隱士，也非一般花農，他是楊逵——台灣在日據時期的小說家及抗日農民運動的組織者。然而在當時，對我們這些後生晚輩，楊逵這個名字卻是陌生的。他在 1949 年因為發表了一篇呼籲停止內戰的「和平宣言」而被當局投獄十多年。出獄幾年後，在台中友人葉榮鐘等的幫助下，終於在大度山上覓得一塊地，隱姓埋名做起花農來。

1972 這一年，他已經六十七歲了。我們這些戰後嬰兒潮的一代，當然無從知道有這麼一個人物，也無知於台灣在日據時期曾有過的各種抗日運動，更不可能去讀到他那篇描寫台灣人民反抗日本殖民統治的著名短篇小說〈送報伕〉。回到友人住處，老友就拿出手抄的〈送報伕〉來給我看，讓我讀得熱血沸騰。接著我又得知，這篇發表於

1934 年的作品原是以日文書寫的。畢竟，就像同一世代接受日本殖民教育的我父母親，楊逵當時所能掌握的現代語言只有日文。然而我又發現，將原著翻譯成中文的人竟是大陸的著名作家胡風，心裡更是驚喜萬分。

為了追尋前輩足跡，老友開始探討台灣歷史與文學，挖掘楊逵的事蹟，並寫成〈台灣文學的兩種精神——楊逵與鍾理和之比較〉一文，於 1973 年登在創刊不久的《中外文學》。此後楊逵再度為台灣的知識界所知，重新與台灣的文化圈掛了鉤，他所代表的歷史意義也獲得肯定。到了七十年代末期鄉土文學論戰時，他是鄉土派作家陳映真、黃春明、王禎和等人可以回溯的文學源頭。

在 1972 年的台灣，我們有機會重新讀到楊逵的〈送報伕〉，是有著重大的歷史與現實意義的。那個時代，台灣的知識青年正在各種歷史斷裂中，重新尋找任何彌補的可能。上面提到台灣戰後新生代，直到那時可說基本無知於台灣日據時期在文學上、思想上與政治上的各種抗日活動。這當然首先來自教科書與歷史書在這方面的空白，而我們從父祖之輩也無從得知。這樣的噤聲狀態，主要由於當局在五十年代對左翼人士的全面鎮壓——如今被稱為「白色恐怖」時期。日據時期抗日運動的力量之一，正是像楊逵那樣的左翼分子。這些人來到 1950 年之交，自然成了鎮壓與肅清的對象，而劫後餘生者也就只能噤聲無語。對我們而言，這是巨大的歷史斷裂，也只能等到七十年代的各種條件成熟之後，才能將中間的線索重新串起。

因此，楊逵及其作品的重現江湖，有著重大的歷史與現實意義。這個意義指的不僅是一個第三世界民族解放的左翼運動傳承，同時也是台灣在被日本占領五十年之後，重新尋回中國歷史傳承的一環。

《西潮》與〈阿Q正傳〉，1966

歷史傳承的重新尋找要從日據時期說起。日本統治台灣五十年，對台灣的漢人傳統社會所施加的改造，造成了幾乎難以回天的破壞。它一方面切斷了與新中國現代化運動的聯繫，另一方面又對台民施以日本殖民式現代化改造。光復之後，國民政府對待回歸台民的粗暴政策，包括全面禁止日文書刊的發行，將只能掌握日語的我父執輩整整一代人，變成失語而對中國疏離的一代。五十年代對左翼人士的鎮壓，更斷絕了那一代人如楊逵者延續新中國運動的線索。

於是戰後出生的我們這一代人，一方面從父母輩得不到精神的指引，另一方面又只能接觸到當局「反共親美」政策所能容許的書刊。五十年代是個思想荒疏、精神壓抑的年代。過了那段驚悚的鎮壓期之後，有人開始要突破這種荒疏與壓抑，然而這個突破，還得在「反共親美」的大傘之下進行，雖然屢屢遊移到大傘的邊緣。這是 1960 年前後雷震的《自由中國》雜誌，以及影響整個六十年代知識分子的《文星》雜誌所扮演的角色。

1966 年我上高中，一位初中時的國文老師給了我一本書，讓我讀得幾乎廢寢忘食，那是前北大校長蔣夢麟的《西潮》。這個五四時代人物的自傳，以親身的經歷重新鋪陳中西文化碰撞的早期歷史。這是第一次讓我能超越教科書裡對五四的教條式敘述，而從一個親身參與者的筆下，來認識五四年代前前後後的社會巨變。

其實在 1966 年前後，台灣戰後新生代曾多方面重新排演了四、五十年前發生在海峽對岸的五四運動，等於是對五四運動作了一次重新演練與必要補課，而我那年讀到《西潮》這本書，不過是其中一個情節。當時台灣在度過嚴厲的五十年代後，六十年代出現了出版的榮景。不僅冒出很多新出版社像文星、水牛、志文等，大量出版新書，包括在地的創作與外文的編譯；更有很多大陸遷台的老出版社，如商務、世界、中華等，也將大陸時期的舊書大批翻印出版。其中尤其是商務的「人人文庫」，涵蓋了大陸時期二、三十年間的各種思潮與論戰。這套人人文庫雖然印刷粗糙，字體模糊，但小小一本正可隱藏在課本後面，在枯燥的中學課堂裡，躲過講台上老師的眼光。這些新舊出版物不僅讓青年學子大開眼界，還是一個非常重要的對中國近現代史的補充教材。

對五四時期的補課，不只限於閱讀新舊書籍，甚至還以思想論戰的方式實際發生了一次，即李敖以《文星》雜誌為基地所點燃的「中西文化論戰」。李敖當時以「全盤西化派」的姿態及潑辣的文筆挑戰對手，他們的觀點與視野並沒超過大陸時期，而且其中也充滿各自隱含的政治意圖，但卻無損於這是一次中國現代化議題的實際論辯，無損於這是一次在台灣遲來的五四的重演，即使這些補課與排演都必須限制在當時的親美反共的思想框架之內，只能涵蓋到「五四」豐富意涵中的有限面向。於是這些翻版的大陸舊書、這些與此論戰相關的各種論述與翻譯，包括李敖與殷海光的一系列著作，構成了六十年代台灣知識青年從中學到大學的思想成長背景。

六十年代的「中西文化論戰」，最後以《文星》雜誌的停刊及李敖與殷海光著作的遭查禁告終。「全盤西化派」表面上被壓制了，但卻以其對國民黨保守與威權的含蓄反抗，贏得了大部分知識青年的心。然而弔詭的是，在後來七十年代的「現代化論述」，及至八十年代之後的「台獨論述」中，這個「全盤思維」卻構成了某種沒有明說的「去中國化」潛流。

在 1966 年，那位初中老師不僅介紹我讀蔣夢麟的《西潮》，給了我後來得以了解這場論戰的部分歷史背景；他還小心翼翼塞給我一本小書，竟是魯迅〈阿 Q 正傳〉的手抄本。在台灣當時黨國的主導論述中，魯迅這名字是歸於「附匪文人」之類的，而一般人對所謂「三十年代左翼文學」更是聞所未聞。然而隨著六十年代的這麼一次小小的「文藝復興」，魯迅以及其他的左翼文學也隨之掙出地面，但大半都在一些舊書店的隱晦角落。我手中拿到的這本〈阿 Q 正傳〉，竟是師母的筆跡；那時沒有影印機，因此不知已經如此傳抄幾手了。

雖然魯迅是左翼文學巨擘，而蔣夢麟則是隨著國民黨到台灣的親美派，但我當時讀〈阿 Q 正傳〉的心情，完全接得上讀《西潮》的心情，因為他們都提供了認識中國從傳統到現代之交的素材。這裡的重點在於，魯迅在六十年代台灣的重新現身，除了有著上述那次「五四重演」的歷史背景外，還有著整個內外在國際環境的因素。內在的線索是左翼之苗雖在五十年代被鎮壓，但從未完全斷絕，總是伺機而出。外在環境則是六十年代左翼的全球性反戰、學潮與工運。台灣由於親美，也受到美國民間反越戰與黑人民權運動的衝擊。這些信息大半以文學、電影、搖滾樂、民歌的方式進來，幫助斷裂了的左翼思想在台灣復甦，而大陸文革的理想面經由西方的轉介，對當時台灣較為敏感的知識青年，也有著某種連得上的召喚。

1966 年對岸爆發文革，國民黨在台灣也相應推出「中華文化復興運動」。這個「文化復興」除了用來加強思想管制外，只能流於口號，而不像大陸文革那般引發實質的衝撞力。中國大陸的文革，不管其中牽涉多少複雜的權力與路線鬥爭，「打倒官僚」與「破四舊」的主張，在台灣的知識青年中卻能引發一些遐想，因為台灣的知識圈在那時候剛經歷過那場延續五四的「中西文化論戰」，而且還以隱含民主訴求的「全盤西化派」占了上風。在六十年代後半期，大陸進入文革的瘋狂狀態，它在現實上血淋淋的那一面，當然就一再成為當局現成的反共教材。但是文革較為理想性的主張，竟然隱隱接得上當年台灣知識青年的心境，何況文革又被視為六十年代全球性青年造反運動的一環。

因此六十年代的台灣青年，在經過「文藝復興」的洗禮後，接著能夠敞開胸懷接受全球性青年造反風潮的感染，也就順理成章了。加上台灣是美國圍堵社會主義國家冷戰的前哨，駐台美軍與來台休假的越戰美軍也帶來了一番美式風光，全部使用英語廣播的美軍電台 (ICRT 前身) 更是青年學子聆聽上國之音的重要頻道，其中最主要的是帶著叛逆因子的西洋熱門音樂。因此歐美青年運動除了帶來政治方面如反越戰與民權運動的衝擊之外，還有著文化方面的深遠影響，經由音樂、書刊以及少數來台的美國青年的傳布，美國青年的「反文化」運動，從花童、嬉皮、搖滾樂到嗑藥等等思潮，也浸染了台灣的藝文圈，一直維持到七十年代。雖然這些東西並未以嚴肅的思想面貌出現，但在一些外文書店，連 Charles Reich 在 1970 年所寫的那本反文化經典 The Greening of America 的翻印本，也可以買到。當時台灣青年想要接上全球潮流的方式堪稱古怪，毛澤東與嗑藥竟是可以並列的。

六十年代的台灣不只被動地吸收美國新潮文化，還主動朝聖。六十年代是台灣赴美國留學潮的開始，當時還流傳著這麼一句順口溜：「來來來，來台大。去去去，去美國」。當年除了由於台灣經濟起飛而開始有餘裕提供子弟出國外，美國也提供了大量的獎學金給港澳台灣的學生，一方面用以吸收第三世界的人才，另一方面也用來栽培圍堵中共的冷戰工具。六十年代留學潮的興旺竟也造就了托福補習班的企業規模，當年校園裡的學生報刊都少不了他們的廣告。

然而大批來到美國的台灣留學生，脱離了威權的羈絆，既覺得海闊天空，又和台灣有著藕斷絲連的瓜葛。他們遂成了給台灣青年學子提供美國消息的重要來源，除了各種現代化論述和進步思潮外，留學生生活以及畢業後的旅美生涯也成了大家關心的焦點，遂有了「留學生文學」這麼一個文類。1967 年於梨華的《又見棕櫚，又見棕櫚》由皇冠出版，這本小説描寫台灣留學生在太平洋兩岸間的家國情懷與愛情糾葛，在知識青年中引發熱潮。接著幾年留學問題就一直是台灣的大學校園議論紛紛的座談主題，直到 1971 年保釣運動爆發，而這又是一次與留美學生密切相關的運動。

陳映真與張愛玲，1968

詭譎的六十年代後半期，1968 年我讀高二時，一位知性成熟度遠超乎當時高中生的學長曾組織了一個小讀書會。六十年代的台灣是升學的聯考制度籠罩青年學生一切活動的年代，不管你想報考的是理工醫農，還是人文社會科系，都逃不了這一升學體制的牢籠。而我們這些膽敢搞讀書會讀課外書的，自然就是一些較為叛逆的文藝青年，居然不僅不甩聯考對個人前途的重要性，還無視於思想管制的眼線。

這個小讀書會最令我印象深刻的，是我們討論的兩篇文學創作：張愛玲的〈留情〉與陳映真的〈我的弟弟康雄〉。我們不只把這些當作小說來讀，而且要讀出其背後所蘊含的時代意義。我們不僅讀書，也看法國的前衛電影、聽 Joan Baez 與 Bob Dylan 的抗議歌曲、汲取美國民權與反戰運動的養分，而陳映真作品中極為濃厚的社會意識也在我們之間傳播。

陳映真在 1968 年入獄前的小說與論述，對那一代的知識青年造成巨大的衝擊。從〈我的弟弟康雄〉開始，他筆下「市鎮小知識分子」蒼白而缺乏行動能力的自我形象，與屠格涅夫筆下的羅亭相互映照，一直在我們這些知識青年的敏感心靈裡隱隱作痛，難以擺脫。舊俄的小說也在六十年代的台灣風行，大陸時期翻譯的屠格涅夫、朵斯妥也夫斯基、托爾斯泰等人的作品，隨著那時的出版榮景紛紛翻印出來，為六十年代的台灣補上了三十年代的大陸氛圍。從十九世紀末的舊俄知青，到三十年代的大陸知青，最後是六十年代面對威權體制的台灣知青，那種心境一脈相承。而陳映真充滿深刻內省的作品，似乎就在直接呼應這條時代的傳承，深深吸引住心中有所覺悟、卻自覺無能於現實處境的台灣青年學子。

陳映真所鋪陳出來的，不僅觸及當時知識青年的敏感心靈，還從生命層次去呈現社會主流的偽善與欺罔。然而他並沒有耽溺在這種「蒼白、憂悒」與自省的境地裡，他的小說不只傳達給讀者一種對卑微困頓者的悲憫胸懷，也開始透露出一種對人間現實與真相的清澈洞察。不論是〈悽慘的無言的嘴〉裡逃亡的雛妓、〈將軍族〉裡那兩位苦命卻莊嚴的男女主角、〈六月裡的玫瑰花〉裡的黑人軍曹與台灣吧女，〈兀自照耀著的太陽〉裡那個礦區小鎮的醫生家、〈第一件差事〉裡找不到心靈出路的胡心保，還是〈最後的夏日〉裡那個失戀扭曲的外省教師裴海東，甚至〈唐倩的喜劇〉裡的女主人翁，從陳映真筆下流出的不只是「哀矜勿喜」的胸襟，而且也是超越族群，既不分黑白人種，也不分本省外省的清澈視野。

我們當時並不清楚陳映真因何入獄，對他在 1968 年進行實踐的內容也一無所知。然而陳映真的小說，以及更廣義的說，同一時代的黃春明、王禎和及後來引發論戰的「鄉土文學」作品，共同呈現一種對卑微、流離、困頓、扭曲的人類處境的關懷與洞澈，共同傳達一種十分激進的信息。這種對主流觀點的質疑與批判、對其偽善與欺罔的鄙視、對各種壓迫的不妥協、對理想的認真與執著，並且超越自我本位去認識人間真相的新而徹底的視野，在陳映真的小說裡出現得最早，表現得最強烈。這種新而徹底的視野透過陳映真入獄前的一篇評論，闡述理想主義之倫理條件的〈最牢固的磐石〉，表現得極為雄辯，一直影響著當年的知識青年。

雖然陳映真六十年代的作品裡並沒將左翼的東西明白

的說出來，但其社會意識之濃烈與自我反省之深刻，足以讓讀者自行將他連上魯迅。這在當時有著一個承先啟後的意義：一個在五十年代遭到肅清的台灣左翼傳承，在這裡藕斷絲連被神秘地接上了，而被掩蓋了的五四的左翼傳承也透過這麼一種連結呼之欲出。他在六十年代的這個文學實踐帶給尋找「救贖之道」的進步青年極大的啟示。

張愛玲寫於四十年代初淪陷區上海的小說，在六十年代台灣的重現，也成了文藝青年捧讀再三的文學作品，則令人有著從天而降的感覺。除了夏濟安與夏志清兄弟的引介所起的關鍵作用外，她又如何與當時台灣的現實處境扣得上呢？那時她已避居美國，不再是一個活躍的創作者。雖在 1961 年曾有一次機會在往返北美與香港途中路過台灣，也只留下一點足跡與風姿。我手上還留著當年為了讀書會在一家舊書店找到的一本舊書，標題為《張愛玲創作小說集》，是 1960 年台灣一家出版社翻印的，原版來自 1954 年的香港。張愛玲在〈自序〉裡提到：「不記得是不是論語上有這樣兩句話：『如得其情，哀矜而勿喜。』這兩句話給我的印象很深刻。我們明白了一件事的內情，與一個人內心的曲折，我們也都『哀矜而勿喜』吧。」或許就是這麼一種「哀矜勿喜」的普世內涵，讓她的小說在六十年代的台灣流行起來，甚至列在我們小讀書會的書單裡，與陳映真的作品一起捧讀。

後來張愛玲的作品在台灣的正式發行，全部經由皇冠出版社，皇冠老闆平鑫濤的伯父平襟亞，即是當年在上海刊登不少張愛玲作品的《萬象》雜誌老闆。《皇冠》雜誌是六十年代台灣最風行的大眾文學刊物，作者群裡最著名的應屬瓊瑤。瓊瑤的愛情小說，就像港台武俠小說一樣，幾乎成了當時男女青少年在成長時期的必讀。同一份報紙副刊版面，一個角落可能正在連載臥龍生的《飄花令》，而另一個角落則會是瓊瑤的《菟絲花》。在七十年代初政治局勢的巨大變化之前，男女關係與愛情主題也一直是大學校園刊物的主要論題。在這個背景下，張愛玲的流行，確實與知識圈文以載道的文學創作有著不同的背景，而與《皇冠》的各種大眾文藝構成了六十年代台灣的另一番風景。並且這一番風景還少不了「國語片」電影的襯托：以香港的邵氏與電懋出品為主的國語片，從古裝、愛情、歌舞到黃梅調，與言情小說共同構成台灣藝文消費市場的重要基礎。與《皇冠》有著密切關係的張愛玲，在那時期為了餬口也曾為香港國語片電影寫過一些劇本。

張愛玲與陳映真的作品會在 1968 年同時出現在我們那個小讀書會，是有著上述這兩個層次的交錯影響的。然而就文學做為時代思潮的藝術呈現而言，還是陳映真這一脈絡的作品，更能吸引政治早熟的知識青年。陳映真的一篇小說〈唐倩的喜劇〉就很經典地描繪了六十年代台灣的兩大「思潮」——邏輯實證論與存在主義，在文化圈的風行景象。小說描述女主角如何遊移於台北文化圈的兩位青年思想大師之間，其中一個搞邏輯實證論，另一個則是搞存在主義。

《思想與方法》與《從異鄉人到失落的一代》，1964

當我在 1970 年來到台大哲學系時，邏輯實證論與存在主義還是系裡的兩大思想主流。邏輯實證論在六十年代台灣知識圈的風行，離不開台大哲學系教授殷海光。殷海光與李敖等人在六十年代台灣，為我們這些戰後出生，生活在反共教育陰影與威權體制精神困境下的知識青年，起了思想啟蒙與個性解放的作用。殷海光除了是一位自由鬥士之外，更具威力的毋寧是他在思想方法上的論述。殷海光是邏輯實證論的引入者，這套當時在西方已漸過時的顯學，成了他用來批判威權體制的強大武器，對青年學子發揮重要的啟蒙作用，打破了舊有的神話、傳統與偶像。更重要的是，殷海光為年輕人提供了獨立思考、不盲從於既定秩序與主流價值的一個大丈夫威武不屈的精神典範。

這套發源於二十世紀初期的歐陸維也納學圈，爾後在新大陸發揚光大的哲學理論，就像其他哲學派別一樣有其霸道的一面。其所衍生出來的分析哲學、語言哲學與科學哲學，企圖要取消西方傳統哲學的各種命題，認為這些命題若非語意上的無意義，就是科學上的不可驗證。這麼一套全盤性的思想武器卻十分投合當時激進的知識青年，用它來反抗以文化道統自居的威權當局。更何況，這套哲學的流行源頭英美等國，又是西方政治制度的典範所在。

哲學、政治與經濟理論在這裡都糾結在一起了。殷海光不僅引介邏輯實證論，還大力推介自由市場派大師海耶克。維也納出身的另一名大將波普的「開放社會」論也同時風行。而這套哲學理論的早期開拓者羅素的著作與傳記也及時有了譯本，更成為知識青年不可或缺的讀物。這些結合政治、經濟與哲學於一爐的思想體系，竟能在台灣的知識青年中成為顯學，其複雜的內涵是否真被讀者所理解，其實並不重要；重要的是它可以用作思想批判的有力武器。

作為思想的武器，存在主義也變成了當時台灣知識圈的另一門顯學。存在主義從「存在先於本質」的立論出發，反對任何「先驗」的理念加諸個人具體存在的種種精神束縛。這套與邏輯實證論並不搭調的歐陸哲學思想，主要在文藝圈作為一種苦悶時代的文學思潮在流行，例如英年早夭的醫學院學生王尚義所寫的《從異鄉人到失落的一代》與《野鴿子的黃昏》，就風靡了多少青年學子。存在主義在台灣雖然大半以文藝創作來呈現，但也少不了哲學界的參與，台大哲學系的陳鼓應即為一例。而陳鼓應卻也是殷海光的親近弟子，陪著他走完生命的最後階段。

殷海光與陳鼓應的親密師生關係，可以用來理解這兩套扞格不入的哲學理論，為何在六十年代的台灣，會被用來作為反抗威權體制的思想武器。這個異質同構的情況，又可由當局在數年之後的鎮壓行動來作為例證。那是七十年代初期，時移境遷，這兩套哲學思潮不再風行，殷海光也已去世三、四年了。當局在 1973 年開始對台大哲學系展開整肅行動，清除殷海光在台大的殘餘影響。在這個史稱「台大哲學系事件」的大大小小行動當中，有一位教語言哲學的美籍客座教授 Robert Martin 被當成「匪諜」，不能再入境，而存在主義則被王昇看成是共產主義的同義詞。對於當局，這兩套哲學思想都有叛逆的成分在內，對於知識青年，這兩套東西也確實都提供了叛逆的養分。

相對於被叛逆青年所接受的存在主義與邏輯實證論，在台大哲學系裡還有另外一支吸引一些學生的思潮，即方東美所代表的新儒家。新儒家一直被進步知青視為保守政權的維護者，尤其台灣當時又籠罩在官方「中華文化復興運動」的喋喋不休之中，新儒家的思想在當時熱火朝天的台大校園遂被視為與政權掛勾的保守思潮。後來方東美的一個學生竟至於成了「台大哲學系事件」的興風作浪者，幫著當局整肅掉一批被認為是受到殷海光影響的師生。因此新儒家鼻祖熊十力在五十年代出版於上海的巨著《原儒》，當 1971 年在台灣出版時也就理所當然的沒能在進步知青中引起太多波瀾了。

《戰報》與《天讎》，1971

如果說思想主要是被拿來當成現實鬥爭的工具，那邏輯實證論與存在主義這兩套流行思潮在七十年代的退潮，也就很可理解。這時對岸文革的熱潮已經基本結束，歐美青年的各種反對運動也都各自開始收尾，越戰也步入尾聲，但是在台灣還能感覺到外頭這些運動巨大熱能的餘溫。因此雖然六十年代的反叛旗手都已不在，陳映真在 1968 年身繫囹圄，殷海光在 1969 年去世，李敖被軟禁，接著在 1971 年也步入牢籠，而很多曾在六十年代搖旗吶喊的人，也都出國或躲入學院，台灣卻進入了典範轉型的時刻。

或許這些人的消失是為了一個新時代的來臨。新的時代以一個政治運動來開始，保衛釣魚台運動在 1971 年同時爆發於台灣與北美洲的大學校園。這是一次純粹的政治行動，學生重提五四運動的口號「中國的土地可以征服，不可以斷送。中國的人民可以殺戮，不可以低頭。」要求當局在釣魚台列嶼的問題上不能屈服於美日強權。而留美學生在北美洲辦的保釣刊物，例如劉大任與郭松芬的《戰報》，悄悄越洋流入台灣的大學校園。這些保釣報刊突破台灣的言論禁忌，令人大開眼界。總的說，過去只能在文學與哲學上尋求精神出路的知識青年，如今驟然轉到在政治與現實社會中尋求出路，六十年代所累積的各種能量，逐漸匯聚到保釣運動及其衍生的政治與社會行動上了。

這種對社會實踐的要求，在六十年代後半已見端倪，尤其呈現在陳映真入獄前以許南村為筆名所寫的一系列評論上。他在 1968 年發表於《文學季刊》的〈最牢固的磐石〉一文中，以文化圈對黑澤明電影《紅鬍子》的冷淡反應為例，說明我們的社會需要一種從現實出發的素樸理想主義。黑澤明在《紅鬍子》裡用很平白的手法描寫一位醫生的人道精神，因而被譏評為既缺乏前衛新潮，又是「老掉大牙的人道主義」。為此，陳映真指出這些以複雜高深理論為藉口，犬儒的拒絕理想主義的人，只是在維護其既得利益，維護社會的既定地位。當時有人質疑說理想主義具有欺罔性，他則認為只要站穩了正義的立場，理想是得以實現的。唯有在現實社會中進行實踐，才可能站穩正義的立場，不致迷失，而這個「真理的倫理條件，便是理想主義得勝的最牢固的磐石！」這篇評論對於當時身陷令人目眩神搖的西方理論迷宮中的知識青年，有著當頭棒喝的作用。這種社會實踐的呼喚，確實啟發了不少人。而小說家陳映真開始寫起評論這件事，也正代表著一種實踐的轉移。這些對社會行動的心理要求，如此在一些知識青年中逐漸累積著，終於在保釣運動爆發出來。

除了來自於要求實踐的內在動能的累積外，保釣運動也是在外在國際形勢的變遷上發生的。整個六十年代在世界各地發生的反越戰、黑人民權、工人運動、文革、布拉格之春等都是旗幟鮮明的政治運動，也是促成台灣知青走向政治實踐的因素。不僅如此，對台灣衝擊更大的是兩岸形勢的變化。1971 年夏天，就在保釣運動高潮剛過之時，美國總統尼克森宣布訪問北京，同一年年底國府退出了聯合國。兩岸形勢的巨變，迫使台灣的知識青年在釣運之後進一步走上政治訴求的道路。在島內，台大學生展開校園民主抗爭，而北美洲的保釣留學生則形成了中國統一運動。在這氛圍中，新興的親美台灣獨立運動也在北美洲漸次成形。

七十年代初的這些運動，以政治行動的形式來為五四運動在六十年代台灣的重演補足了完整性，畢竟五四運動是以外抗強權的政治運動開始的。然而台灣的這次重演卻是個倒著走的五四，政治運動不是它的開始，反而是它的尾聲，因為接著引發的「台大哲學系事件」，導致當局清除最後的五四風範殷海光在台灣知識界的影響。而與此同時發生的中國大陸進入聯合國這歷史事件，不論是在台灣還是海外，都代表一個時代的結束，結束了一個由台灣代表「中國」的時代。

在這樣的一個新時代裡，大陸的形象也在起著變化。在文革爆發之前，大陸的形象在當局的管制之下，不是被醜化就是很模糊不清。然而文革造成大陸信息大量對外溢流，也不免流進管制嚴格的台灣。其中尤以來到台灣的幾位前紅衛兵更具衝擊性。其中一位王朝天，在 1968 ～ 69 年巡迴台灣的中學校演說，令當時台灣中學生震驚的不只是所講的內容，更是他能言善道的便給口才，是我們同齡的台灣青年難望項背的。那時台灣的教育還十分傳統保守，不多言是後輩的美德。王朝天後來就因「言多必失」，被當局軟禁在綠島多年。

再來又有一位與我同屆就讀台大電機系的前紅衛兵郭坤仁，以凌耿為筆名寫了《天讎》一書，敘述他的文革經驗。其中描寫到他文革前在廈門成長的日子，家裡有鋼琴，早餐喝牛奶，生活條件比起台灣都市居民甚有過之。

這些細膩描寫也讓台灣的讀者開了眼界，原來大陸同胞並未如當局所宣傳的那樣生活在水深火熱之中。這本在 1972 年出版的書暢銷一時，透露不少大陸文革實況。再加上當時保釣運動與海外的統一運動帶來的效應，知識青年遂開始有了重新認識中國的想望。這個想望曾在 1972 年底的台大校園引發了「民族主義論戰」，而最後匯聚到七十年代中期出刊的《夏潮》雜誌上。

《台灣社會力分析》與現代化理論，1971

如此，保釣運動所企圖重燃的五四香火，抗日老作家楊逵的出土，以及重新認識左翼中國的想望，雖然由《夏潮》雜誌來延續，並表現在七十年代末期的「鄉土文學論戰」上，但比起另一個力量卻顯得十分弱勢，而且是逐漸的邊緣化了。這是因為同時有另外一個力量撲天蓋地而來，即延續六十年代中西文化論戰的全盤西化論述而來的「現代化理論」。

七十年代初，當我們興奮的讀到楊逵的〈送報伕〉時，一本名為《台灣社會力分析》的小書已在台灣知識界風行。「社會力」一詞，讀者很快就理解到，其實就是「階級」之謂。就是說這本書是針對當時的台灣社會在進行階級分析，只是因為當時「階級」一詞在台灣較為敏感，而以「社會力」代之。對社會進行階級分析向來是左翼的職志所在，毛澤東〈湖南農民運動考察報告〉即為典範。但這不僅不是一本以左翼立場出發的書，甚至可說是偏右的。在四個聯名作者裡，除兩位企業界人士外，主要撰稿者乃是後來民進黨創黨者的許信良與張俊宏。許張兩人當時竟又在國民黨中央黨部工作，屬於國民黨培養中的青年才俊，尚未走上反對運動之途。由這樣背景的人來進行台灣的階級分析，當然不會從左翼立場出發，也不會獲得左派的結果。他們的結論是台灣的「中產階級」在六十年代的經濟發展中已經壯大，而這將是帶領政治革新的新興力量。

這本書由與國民黨有關的人來撰寫，與當時蔣經國以革新之名全面掌權的政治局面，當然是有關連的。但是它又是整個時代潮流的反映，在六十年代「全盤西化」派在中西文化論戰中占了上風之後，以美國為標竿的「現代化理論」開始風行。這是個不再局限於文學與哲學、而踏足於政治與社會的思潮，具體談到政治制度與社會改革。其中的主要人物金耀基，在 1967 年出版《從傳統到現代》之後，到了七十年代更是屢屢在《大學雜誌》撰文。這本雜誌成了以美國「現代化理論」來推動政治社會改革的青年知識分子聚集之處，包括撰寫《台灣社會力分析》的四位作者，而這本書原來也是分期刊載在《大學雜誌》上的。這本書的確吸引了「新興中產階級」的注意，不再局限於知識文化圈，也在企業界的少壯菁英中傳閱，成為後來都會菁英支持黨外運動的思想武器。從《大學雜誌》開始，介入政治的雜誌遂成為光點所在，接著就有 1975 年的《台灣政論》，而在七十年代末的《美麗島》達到了引爆的高潮。

此外，在《大學雜誌》於七十年代初揭起現代化的標竿後，「中產階級」還以另一個名稱「小市民」出現過，但卻與《台灣社會力分析》裡的中產階級呈現出不同的面貌。那是 1972 年，正當台大學生接著保釣運動之後的民主抗爭鬧得風風火火之時，《中央日報》副刊在四月連載了一篇四萬多字的長文〈小市民的心聲〉。作者站在追求穩定的「小市民」立場，以「企圖製造社會動亂」的罪名來攻擊台大異議師生。當局並將此文印製成數十萬份小冊子，在學校與部隊裡廣為散發。在這篇文章的語境裡，「小市民」企圖召喚出來的完全是「中產階級」最保守的一面，相當反映出「現代化」意識形態的保守性。

以美國為標竿的「現代化理論」的光環，最後落在民進黨與台獨運動上，並成為其意識形態的基礎，與攻擊國民黨的重要思想武器。1975 年《台灣政論》的出現正是這套理論與新興政治勢力結合的象徵。

出路：唐倩的歸宿 vs. 鄉土的重建

四十年後回首，六、七十年代之交台灣的思想交鋒，竟是今日當道思想的濫觴。在七十年代之初，大陸與美國的開始和解預示著改弦更張，而台灣在陷入國際孤立，不再能代表中國之際，美國現代化理論成了當道之學。這真是一個全新的局面，以「現代化」為訴求的思潮，在那時取代了早期雷震、殷海光等人對自由與民主的素樸訴求。五四所代表的種種論爭，到此竟匯流成以美國為師的單一面向的現代化。

此後不管是在哪個領域，以何名目，兩岸互相的或各自的發展與爭論，在思想底蘊上其實都離不開美國這個因素。在台灣，不管是七十年代末期的鄉土文學論戰，或是八十年代興起的台獨運動，都有著「美國現代性」的這麼一個巨大陰影。正如陳映真發表於 1967 年的經典小說〈唐倩的喜劇〉的結局，唐倩最後的歸宿只能是一位在美國大軍火公司工作的華人科學家，什麼邏輯實證論，什麼存在主義，最後都抵不過美國的全球化大企業，及其背後的現代化理論了。

然而近年來金耀基卻也開始質疑，現代化是否就只有歐美這麼一種模式而已，他也開始反思現代的多元性了。其實這個單元的「西方現代性」，在六十年代末的台灣也曾經被挑戰過，只不過以極為隱晦的方式發生。就在現代化浪潮洶湧之中，1968/69 年之際在台灣的一些不事張揚的小書店裡，曾出現了兩本綠皮小書，在一些知識分子小圈子裡流傳。這兩本書的封面只是綠色厚紙，上面用大號明體簡單印著這兩本的書名：《鄉土中國》和《鄉土重建》，以及不見經傳的作者「費通」兩字。介紹這兩本書給我的朋友向我說明，費通即是費孝通，中國重要的社會學家，未隨國府遷台，因此他的著作在台灣成了禁書，出版者只好用費通兩字偷印。

費孝通在英國接受完整的西方學術訓練，在八年抗戰到國共內戰期間，他致力於中國農村社會的研究。這段期間他提出了「差序格局」的概念，來理解中國傳統社會的人際關係。這樣的視野有別於以個人為單位的西方社會理論，讓人覺得豁然開朗，開始認識到中國傳統社會自身發展規律的存在，不是以歐美社會發展為經驗基礎的現成社會理論——不管是「現代化理論」還是「階級理論」——所能涵蓋的。他開啟了超越西方既成社會理論與意識形態，來重新認識中國傳統社會及其發展的新視野。

這些研究成果呈現在《鄉土中國》與《鄉土重建》這兩本小書裡，出版於抗戰結束後即又陷入內戰烽火的 1947 年到 1949 年間。其中的基本觀點，此後在大陸就不再能發展，然而這兩本書卻在二十年後的台灣重現，在一小群希望重新認識中國社會發展的人士間流傳。不過在這個時候，台灣的社會畢竟還沒窮盡其追求現代化方案的動力，費孝通別樹一幟的另類觀點，也就掩沒不彰。

如今，當現代化理論的當年重要旗手金耀基都在進行反思，我們是否已經面臨又一次重大的思想轉型？

小結：期待一次真正的中華文化復興

總的來說，發生在台灣六十年代到七十年代初期的這一切思想衝撞與文藝豐收，可以視為一場五四運動在台灣的歷史性重演，也可看作是對歐美的六十年代青年運動稍遲一步的呼應。民國初年的五四自由精神與六十年代歐美青年的造反呼聲，在這個時期交相衝擊，對戰後初生之犢的知識青年確實起了強大的啟蒙作用。但以台灣的在地情境而言，它又是五十年代反共的白色恐怖時期之後的一次思想解放，以及一場「文藝復興」。

這是台灣戰後新生代很重要的一次成長經驗，就發生在舊威權逐漸解體，而新的意識形態霸權尚未當道的六十年代到八十年代之間。在這個時期，黨國的威權與教條其實已經難以構成內在禁忌，只能是令人討厭鄙夷的外在束縛。而在八十年代之後開始發展進而當道的台獨意識形態，當時則還在萌芽階段。但更重要的是，以美國式現代化為標準的「全球化」意識形態雖開始以文化的形式大量進來，卻尚未像今天這樣全面籠罩台灣。

在這個時期，對於一心追求理想與自由，而未曾直接感受到鎮壓之慘烈的戰後年輕一輩而言，黨國的威權與傳統的教條其實已經構成不了內在的禁忌，而只能是令人討厭鄙視的外在束縛。那個時代的台灣，雖然威權依然籠罩而缺乏形式上的言論自由，但肅殺氣氛已消退，而威權所依賴的那套意識形態也在崩毀之中。在這種環境下，思想的解放、文藝的創作與理想的追尋，反倒沒有太多「政治正確」的陰影在內心起著自我禁制的作用。大家對台灣社會既心懷憂思也充滿期待，覺得可以有一番作為。

這種自覺有能力改變周遭世界而想像力較無拘束的樂

觀狀態，不只發生在被保釣運動洗禮的青年學生身上，也是投入文學、音樂、舞蹈、電影，以及電子與資訊產業的所有年輕人的共同感覺。可以說台灣的六十年代相較而言還是個精神上比較自由的時期，沒有太多的心靈禁忌。因此在年輕人心中，有著一份素樸的自由精神，思想也就較為大膽，這正是理想能夠培育而文藝與思想能夠豐收的基本條件。在這種氣氛中，社會有著充沛的創造精神與內在自由。今天台灣可以拿得出來的文藝與思想成果，幾乎都可回溯到那個年代，或者作品創作於斯時，或者作者成長於斯時。

這真是個時代的弔詭。在解嚴二十年後的今天，我們雖然享受著形式上的言論自由，但由於各種新興政治/社會勢力在八十年代之後形構了各色各樣意識形態上的「政治正確性」，像是心靈的緊箍咒，嚴重禁錮了內在的自由。只要這種無形卻又無所不在的「政治正確」的壓力存在，創造即不自由。不只文藝創作與思想創新受到影響，台灣追尋理想出路的多重可能性也受到戕害。台灣六十、七十年代仍是處於戒嚴時代，卻有著豐碩思想與文藝成果，回顧之下，多年來在思想出路上的萎縮，毋寧是歷史最大的反諷。

然而來到二十一世紀，尤其是這幾年來，美國的霸權顯然已開始走上了下坡路，而兩岸在突破分斷體制上則有了初步的成果，不少人也開始反思百年來中國歷史的道路。如此，我們是否可以期待一次橫跨海峽兩岸、具有真正自由與創造精神的中華文化復興運動的來臨？

本文原刊於 2007 年 1 月《思想》雜誌第 4 期，修訂版收於《崢嶸歲月、壯志未酬——保釣運動四十週年紀念專輯》，海峽學術出版社，2010 年 6 月。

陳映真與台灣的「六十年代」
——試論台灣戰後新生代的自我實現

國家劇院舞台上的陳映真

2004 年 9 月 18 日晚上，雲門舞集的《陳映真・風景》在台灣最高的藝術殿堂國家劇院首演。林懷民將他在年輕歲月讀陳映真的小說〈將軍族〉、〈兀自照耀著的太陽〉、〈哦！蘇珊娜〉、〈山路〉等，所受到的感動與意象編成一齣舞作，再配上德布西 (C. Debussy) 的音樂、李臨秋作詞的台灣老歌〈補破網〉以及蔣勳的朗誦等做為背景音響。首演獲得很大的成功，結束後掌聲雷動，久久不止。報紙如此描述：

> 雲門舞集《陳映真・風景》昨晚首演，陳映真筆下台灣卑微的小人物，在舞台上迸發生命的力量。首演結束時，林懷民把玫瑰花束傳遞給坐在觀眾席的陳映真，陳映真紅著眼眶，三次起身致謝，巨大的身影在昏暗的聚光燈下，一如他的作品幽微卻隱隱含光。[1]

1　《聯合報》2004 年 9 月 19 日頭版現場圖片說明。

首演當場我遇到了不少像我這樣已過中年，頭髮開始花白，平常不會特意來看雲門演出的觀眾。他們這次都是衝著陳映真而來的，正如季季在〈林懷民的陳映真〉裡寫的：

林懷民把他的偶像陳映真，珍藏在心底四十年，不時回味，左右推敲，終於在 2004 年的九一八，把陳映真的小說從幽微的角落，推向燈光明滅，車輪隆隆的舞台。[2]

這些中年觀眾就是來緬懷回味三、四十年前初次接觸到陳映真小說時的感動。

這是個弔詭的場景。一個小眾菁英的、高文化的，又主要是成名於歐美的現代舞團，其整個呈現的氛圍與意義，顯然與陳映真後來旗幟鮮明所倡議的頗不搭調。然而，陳映真還是去參加了首演，接受了獻花，並且以其一貫的低姿態，紅著眼眶無語的向熱烈鼓掌的觀眾回禮。他後來還向記者表示「舞蹈不是戲劇」，他「完全尊重林懷民的詮釋」。

陳映真在 1968 年因社會主義信念而入獄，1975 年出獄後繼續堅持，後來大家認識的陳映真幾乎都是圍繞在他所「明火執仗」的左翼大纛上。陳映真做為某種信仰與世

2　季季〈林懷民的陳映真〉，收於《寫給你的故事》(台北：印刻，2005)，頁 50-53。

界觀的代表人物，在台灣是寂寞的，被認為是一種過時的六十年代的激情與夢想。但是林懷民為他編舞這件事卻讓我感覺到，做為一種與生命貼近的行動召喚，他卻是不寂寞的，而有很多的追隨者與同道。例如在前不久舉辦有關陳映真創作五十週年的一項活動中，贊助者趨勢教育基金會的陳怡蓁也坦言他們夫婦在一九七〇年代末羈留美國工作時，因為讀了陳映真的〈夜行貨車〉，而毅然決定回台創業。[3]

陳映真的小說感動並影響了很多文藝青年，包括林懷民。這些人後來的思想與行動的出路是多樣的，大部分並沒能追隨他的政治信念，但當初都受到同樣的衝擊。我們或許可以說，陳映真六十年代的小說所蘊含的多面意義，遠遠大過他自己從那之後一直篤信的東西，而在這些多重影響之中，有一大部分已經不是他能期待、預見或掌握。然而本文並非要來回答他的作品裡頭到底蘊含著什麼特別的思想(比如左翼的或人道的理念)，以及為何會有這麼豐富而多重的影響力(比如林懷民如何受到影響)這類問題，而是試圖在另一層次，即生命實踐與時代背景的層次，來探討他的文學活動所代表的世代自我實現的意義。林懷民用現代舞來回味他當時的感動與詮釋，正可開啟我們這麼一個視野，重新來看陳映真在六十年代的這另一種

3 陳怡蓁〈向陳映真致敬〉，收於《人間風景・陳映真》(台北：文訊雜誌社，2009 年 9 月)，頁 4。

意義。

當一個人在實踐時，就是拿他原來的所思所想、所欲所望，來和身邊的現實世界碰撞，是與當下和在地緊密扣連的。而當一群人甚至一整個世代在進行集體實踐時，他們所碰撞出來的就可能是具有時代特徵的世代自我實現了。從這視野來看，任何文藝創作都可以是具有時代意義的實踐，甚至一個新的行業的生成與發展都可能具有這種時代意義，並非一定要從事政治或社會運動才稱得上實踐。

當然在歷史上最醒目的實踐往往是政治或社會運動，對中國而言一百多年來就表現在解決傳統與現代、外力與自主、保守與進步及威權與自由的各種矛盾上，其中充滿著理念與實踐在生命各個層次的辯證循環。而台灣的六十年代也基本上是這麼一個由理念到實踐的轉折期，陳映真的文學創作正是開啟這個世代實踐的重要代表。本文想探討的就是，他在六十年代對當時知識青年在實踐層次上的影響，及其作品與行動所反映出來的那個時代的知識青年，從理念到實踐的心志轉型上的意義。

台灣這批戰後出生，成長於一九五〇、六〇年代的新生代知識青年，包括大專院校的學生與陸續出到社會的畢業生，以及更多期望進入大專院校的高中生，或沒能繼續升學的中學畢業生。這批能夠讀書閱報，接受文字信息的年輕人，他們的數目隨著台灣經濟的發展與教育的普及而快速成長，到了六十年代已經形成一股不小的群體。

以台灣各級學校升學率來看，在我出生的 1951 年小學畢業生升上初中的升學率是 38.6%，我小學畢業的 1963 年增加到 54%，到我大學畢業的 1973 年則增為 83.7%；而 1951 年初中畢業生升高中的比率是 57.3%，到我初中畢業的 1966 年則增加到 75.8%。以全體國民的教育程度來看，中等學校以上學歷的人口在 1952 年只占 8.0%，到了我升上初中的 1963 年是 13.4%，而在 1975 年我退伍時則上升到 30.6%。若以絕對人數來看也呈現急速上升的趨勢，1951 年台灣從小學到大專等各級學校的當屆畢業生是 16 萬人，1963 年增加到 45 萬人，到 1973 年更增加到近 90 萬人；其中當屆中等教育畢業生在 1951 年是 3 萬 6 千人，到我高中畢業的 1969 年則增加到 27 萬 7 千人；而在學的中等教育學生人數 1951 年是 12 萬 8 千人，1969 年增加到 102 萬 8 千人，有七倍的成長率。可以說相較於日據時代，台灣在經過一九五〇年代開始的普及教育後，到了六十年代受過中等以上教育的人口確實已是個不小的群體。[4]

這一群體或許來自不同出身，但卻有著相當的自我認同，其中大部分人廣義而言可以歸入陳映真所細緻描繪的「市鎮小知識分子」這個知識階層，並且在國民政府的一體化教育下，省籍族群之分也漸減弱。這批知識青年的特質在於他們是台灣第一批接受現代中國教育的新世代，然

4　以上資料來自《歷年度各級教育簡況》(教育部統計處，2008) 與 "*Taiwan Statistical Data Book*"(經建會，1983)。

而接受的卻又是兩岸分斷體制下的現代中國教育，這是其時代特徵。

這裡將台灣戰後接受中國教育的新生代以世代的概念來涵蓋，是有其歷史與時代意義的。蕭阿勤 (2008) 曾以「回歸現實世代」一詞來形容在一九七〇年代開始進行政治與社會行動的台灣知識青年，他用「回歸現實」這個概念作為區隔的判準，將戰後台灣知識青年劃分為一九六〇年代以前與一九七〇年代以後的不同世代。本文想要闡述的則是與之不同的世代概念，其實對台灣戰後新生代的知識青年而言，一九六〇年代與一九七〇年代是同一時代的不同階段，而這兩階段的台灣知識青年除了年齡上的同輩差距外，就戰後重新接受國府的中國教育而言並無基本不同，在成長期有著共同而特殊的時代背景，只是要到一九七〇年代的新形勢下，知識青年才有了政治與社會行動的實踐條件，而不能說一九六〇年代的台灣知識青年不「回歸現實」。

若我們用這種世代概念來涵蓋文學與思想的心智活動，則這個世代實踐早在一九六〇年代之初就開始了，比如陳映真的小説與許登源等人在「中西文化論戰」時的論辯文章。後文將對這點進一步申論，而這裡將先從台灣六十年代的這批戰後新生代知識青年的思想狀況，以及陳映真在其中所處的歷史角色做一簡要説明。

六十年代台灣的思想狀況[5]

一九七〇年代的台灣在思想上有個重大轉折。1975年8月一本政治刊物《台灣政論》出版了，雖然到了年底即遭查禁，卻是這個思想轉折的重大標誌。這本刊物的名稱有兩重意涵：「台灣」與「政治」，顯示了本土黨外新生代的首次政治集結。相較於一九五〇年代政論刊物《自由中國》名稱的意涵，這是從「中國」變成了「台灣」，而「自由」變成了「政治」。自1960年《自由中國》停刊之後，《台灣政論》是十五年來第一本成氣候的政治刊物，雖然只出了五期就停刊了，但它的出版不論在政治上或意識形態上都是劃時代的。「台灣」與「政治」這兩樣東西在1975年之後的三十多年來，成了台灣社會的兩大主導意識。

要理解這麼一個轉折，必須回到三、四十年前的情境，尤其回到那段從1960年《自由中國》停刊，到1975年《台灣政論》發行的這十五年間的狀況。這十五年正是如今在社會上與政治上當權的戰後新生代思想成長的年代，以下我們就以延長了的「台灣的六十年代」來泛稱這段基本沒有政治刊物的十五年。本文提到台灣的「六十年代」蓋指1960到1975的這十五年。

5　本節關於台灣六十年代思想狀況的內容，請參閱收於本文集的〈台灣的文藝復興年代〉。

台灣的六十年代是個「文藝復興」年代。相較於西方文藝復興從神權籠罩下解脫，台灣則是從一九五〇年代嚴厲肅殺的禁制中鬆綁，而出現了創作與出版的榮景。那時不僅冒出很多新的出版社，像文星、水牛、志文等，大量出版新書與叢刊，包括在地的創作與外文的編譯，更有很多大陸遷台的老出版社，如商務、世界、中華等，也將他們在一九二〇、三〇年代大陸時期的老書大批翻印出版，例如商務的「人人文庫」涵蓋了大陸時期那二、三十年間的各種思潮與論戰。如此新老書店如雨後春筍，一套套文庫接連出版，有如一場思想的盛宴，帶給當時的青少年巨大的啟蒙。這些書都是以成熟了的現代白話中文在論述辯駁，構成台灣戰後新生代的思想資源，本省子弟在這段期間藉著大量閱讀這些作品，培養出更上一層的現代中文的語言、思考、論述與創作能力。

這是個台灣文藝豐收的時代，不僅大陸來台的青年作家開始大量創作，掌握了現代白話中文的新生代台灣青年文學創作者，也如雨後春筍，紛紛冒芽，甚至長成大樹，創作出大量文藝作品。除了接二連三出版的文學刊物《筆匯》、《現代文學》、《文學季刊》、《純文學》外，報紙副刊像早期的中央副刊和林海音主持的聯合副刊，都提供他們創作的園地。這個時代產生了陳映真、黃春明、季季、施叔青、王禎和、七等生、李昂等本省作家，開創了後來稱為鄉土文學的流派，引發風潮，成為一九七〇年代末「鄉土文學論戰」的文本基礎。

六十年代是五四運動在台灣重新演練的時代。做為中國現代革命重要一環的五四新文化運動，不僅在出版物與思想上經由像「人人文庫」這類叢書在台灣重新出現，還藉著文星雜誌的「中西文化論戰」，讓當年的中國現代化路線之爭在台灣重演一遍，有若一場為台灣新生代所辦的中國近代史的補課。李敖等人當時以全盤西化派的姿態及潑辣的文筆挑戰對手，他們的觀點與視野雖沒超過大陸時期，而且其中也充滿各自隱諱的政治意圖，卻無損於這是一次中國現代化議題的實質論辯，無損於這是一次台灣遲來的五四的重演，即使這些補課與排演都必須限制在當時的親美反共的思想框架之內，只能涵蓋到五四豐富意義中的有限面向。

而這時就已經有不少戰後新生代的本省籍知識青年，能夠純熟的運用國語來書寫與論辯了。諸多參與「中西文化論戰」的殷海光弟子都是本省人，如許登源、何秀煌、洪成完等。他們雖非論戰主角，但都能洋洋灑灑、下筆成章，運用中文的邏輯思辯能力，比起多是大陸渡台知名學者的對手如胡秋原、徐復觀等，毫不遜色。在這裡，論辯的結果與是非暫且不論，台灣新生代知識青年能無礙的以現代白話中文來思辯與論述，確實有著十足的世代實踐意義。

以「文藝復興」之名來稱呼台灣的六十年代或許過譽，但這裡要強調的是，在經過嚴厲肅殺的一九五〇年代之後，台灣人的戰後新生世代藉著學會國語，重新掌握了語言工具，可以大量閱讀一九二〇、三〇年代以降的各種中文書刊。[6] 相較於在日據時期成長的他們父母那輩人，歷經過日本帝國皇民化運動與國民政府粗糙的語言政策交相的禁制與割裂而變成失語的一代，台灣戰後新生世代重新掌握了語言工具，而在因緣際會的六十年代出版榮景中可以閱讀論述。於是這些新出的創作與翻版的舊書、這些與文化論戰相關的各種論述與翻譯，包括李敖、柏楊與殷海光的一系列著作，構成了台灣六十年代知識青年從中學到大學的思想成長背景。

六十年代又是冷戰時期美國文化開始全面影響台灣的年代，歐美青年那時的各種叛逆之舉如反越戰、民權、嬉皮、搖滾樂及新潮電影大量傳入。台灣青年在經過「文藝復興」的洗禮同時，也如饑似渴的接受全球性青年造反風潮的感染。加上台灣是美國圍堵社會主義國家的冷戰前哨，總部設在香港的美國政府的宣傳機構「今日世界出版社」，除了發行《今日世界》月刊外，還出版了大量印刷精美、內容豐富的中文圖書，也影響一整代知識青年。駐台美軍與來台休假的越戰美軍也帶來一番美式風光。而全部使用英語廣播的美軍電台 (ICRT 前身) 更是青年學子聆聽上國之音的重要頻道，其中有不少是帶著叛逆因子的英美「熱門音樂」節目。

因此歐美青年運動除了帶來政治方面如反越戰與民權

6　請參閱收於本文集的〈台灣人的國語經驗〉。

運動的衝擊之外，還有著文化方面的深遠影響，經由音樂、書刊、影像的傳布，美國青年的「反文化」運動，從花童、嬉皮、搖滾樂到嗑藥等等思潮，也感染了這個年代的台灣知識圈。與此同時，以「西化」為內容的「現代化」在年輕人心目中遂戴上了神聖光環，以美國為標竿的全球化思想基石「現代化理論」，也在台灣的知識界開始發聲。美國因素對台灣的知識青年如此起了潛移默化的作用。

陳映真 1967 年的小說〈唐倩的喜劇〉頗為經典的描繪了台灣六十年代的知識圈受到西方思潮衝擊，及對歐美現代性熱烈追求的情景。小說女主角先是遊移於兩位本土青年思想大師之間，其中一個搞邏輯實證論，一個搞存在主義，都是當時台灣的思想顯學。而她最後的歸宿卻是一個美國大軍火公司的科學家。邏輯實證論與存在主義最後都抵不過美國的全球化大企業，及其背後的現代化理論。

而台灣的六十年代這十五年也大約就是陳映真從 1959 年開始創作，1968 年入獄，到 1975 年出獄的這段時間，正是他人生的一個重要階段。當他在 1975 年出獄時，台灣的裡裡外外卻有了極大的變化。除了《台灣政論》的出刊所揭示的一個新的內在動力之外，美國總統尼克森在 1972 年 2 月訪問北京，更是啟動了一個全新的世界局勢。

這是個「中國」之名在台灣開始失去光環的年代。在中西文化論戰與現代化理論的接續衝擊下，中國傳統變成是與黨國威權綁在一起的落伍之物。攻擊傳統的李敖與斥罵「中國醬缸文化」的柏楊，他們的著作都是當時知識青年的精神食糧。而且在六十年代冷戰與親美反共的現代化意識形態的交相影響下，現實的中國則一直是被醜化的怪物，當時大陸上的中國人不是「匪幹」就是「苦難同胞」，兩者都呈現出模糊不清的疏離面貌。然而在 1971 年底國府退出聯合國，接著 1972 年春尼克森訪問北京之後，台灣失去代表中國的名分，國民黨就此開始失去政權的法統正當性，而這正是台獨意識在部分新生代青年中萌芽茁壯的時機。

總的來說，中國在二十世紀上半期的各種現代化運動在台灣六十年代的部分重演，一方面是對中國民族主義的補課，另一方面卻又孕育了台灣民族主義的思想基因。這種自我悖反的情況，只能用辯證思維來理解，一九七〇年代後台灣的思想轉折正是這個辯證發展的結果。

社會意識在台灣的重建

在這思想有如天馬行空又詭譎多變的六十年代，陳映真小說的出現有著多重意義，其中社會意識在戰後台灣的重建與傳承最為顯著。

1968 年春天我讀高二時曾參加一位學長組織的地下讀書會。那時升學的聯考制度籠罩了青年學生的一切活動，我們這些膽敢搞讀書會讀課外書的自然是些較為叛逆的文藝青年，不僅不甩聯考對個人前途的重要性，還無視於思想管制的眼線。我們這個讀書會第一次討論了兩篇文學作品：陳映真的〈我的弟弟康雄〉以及張愛玲的〈留情〉。張愛玲以其一九四〇年代上海時期的作品在台灣重現，而陳映真的作品則是以那時台灣當下在地的氛圍，同樣吸引了很多文藝青年。

我們讀他們的小說時，也在讀著他們的時代意義。與此同時，我們也熱衷於法國前衛電影、聽 Joan Baez 與 Bob Dylan 的抗議歌曲、汲取美國民權與反戰運動的養分。而陳映真作品中極為濃厚的社會意識更讓我們深受感動，他在 1968 年入獄前的小說與論述，對那一代的文藝青年產生了巨大的衝擊。從〈我的弟弟康雄〉開始，他筆下「市鎮小知識分子」內心充滿進步理念卻拙於行動的蒼白形象，與屠格涅夫 (Turgenev) 筆下像羅亭 (Rudin) 那樣的角色相互映照，一直在我們這些知識青年的敏感心靈裡隱隱作痛，難以擺脫。舊俄的小說也風行於六十年代的台灣，大陸時期翻譯的屠格涅夫、杜斯妥也夫斯基 (Dostoevsky)、托爾斯泰 (Tolstoy) 等人的作品，隨著那時的出版榮景紛紛翻印出來，為六十年代的台灣披上了一九三〇年代的大陸氛圍。從十九世紀末的舊俄知青，到一九三〇年代的大陸知青，最後是六十年代面對威權體制的台灣知青，那種心境竟然可以一脈相承。而陳映真充滿深刻內省的作品，就在直接呼應這條時代的傳承，深深吸引住心中似有覺醒，卻自覺無能於現實處境的台灣青年學子。

陳映真所鋪陳出來的，不僅觸及當時知識青年的敏感心靈，還從生命層次去呈現社會主流的偽善與欺罔。然而他並沒有耽溺在這種「蒼白、憂悒」與自省的境地裡，他的小說不只傳達給讀者一種對卑微困頓者的悲憫胸懷，也透露出一種對人間現實與真相的清澈洞察。不論是〈悽慘的無言的嘴〉裡逃亡的雛妓、〈將軍族〉裡那兩位苦命卻莊嚴的男女主角、〈六月裡的玫瑰花〉裡的黑人軍曹與台灣吧女，〈兀自照耀著的太陽〉裡那個礦區小鎮的醫生家、〈第一件差事〉裡找不到心靈出路的胡心保，還是〈最後的夏日〉裡那個失戀扭曲的外省教師裘海東，甚至〈唐倩的喜劇〉裡的女主人翁，從陳映真筆下流出的不只是「哀矜勿喜」的胸襟，而且也是超越族群，既不分黑白人種，也不分本省外省的清澈視野。陳映真的小說從蒼白憂悒走向清澈洞察，他自己在 1975 年出獄後如此回顧：

在一個歷史的轉型期，市鎮小知識分子的唯一救贖之道，便是在介入的實踐行程中，艱苦地做自我革新，同他們無限依戀的舊世界作毅然的訣絕，從而投入一個更新的時代。[7]

我們當時並不清楚陳映真因何入獄，對他在 1968 年

7　陳映真〈試論陳映真：《第一件差事》〉(《陳映真人間版作品集 9》，頁 9)。

進行實踐的內容也一無所悉。然而陳映真的小說，以及更廣義的說同一時代的黃春明、王禎和及後來引發論戰的「鄉土文學」作品，共同呈現一種對卑微、流離、困頓、扭曲的人類處境的關懷與洞澈，共同傳達一種十分激進(以陳映真語彙言「新而徹底」)的信息。這種對主流觀點的質疑與批判、對其偽善與欺罔的鄙視、對各種壓迫的不妥協、對理想的認真與執著，並且超越自我本位去認識人間真相的新而徹底的視野，在陳映真的小說裡出現得最早，表現得最強烈，吸引了不少當年的知識青年。

陳映真的六十年代小說從〈麵攤〉開始就強烈隱含著左翼的信息，但因時代條件而沒能明白言說，他政治理想的眾多追隨者也都沒能清楚讀出，直到最近才由趙剛鞭辟入裡的闡述出來。[8] 雖然他在入獄前的小說沒能明白說出左翼的政治理念，但其社會意識之濃烈與自我反省之深刻，足以讓讀者自行將他連上魯迅。這在當時有著一個承先啟後的意義：一個在一九五〇年代遭到肅清的台灣左翼傳承，在這裡藕斷絲連被神秘的接上了，而被掩蓋了的五四的左翼傳承也透過這麼一種連結呼之欲出。他在六十年代的這個文學實踐帶給尋找「救贖之道」的進步青年極大的啟示。

陳映真的這條承先啟後的線索如今較為清楚，也有不

8　見趙剛《求索》(聯經出版，2011)與《橙紅的早星》(人間出版社，2013)二書。

少論述。以上主要在概略描述台灣六十年代的思想大背景，以及陳映真在左翼傳承上承先啟後的歷史位置。有了這個背景的理解，接下本文主要探討的不再是陳映真明火執杖所代表的左翼影響，而試圖去發掘他在六十年代的另一種意義，即是台灣戰後新生代如何透過實踐來進行世代自我實現的這個面向。

政治行動做為新生代的一種實踐形式

當我在 1970 年來到台大哲學系時，邏輯實證論 (Logical Positivism) 與存在主義 (Existentialism) 還是系裡的兩大思想主流。邏輯實證論在六十年代台灣知識圈的風行，離不開台大哲學系教授殷海光。這套當時在西方已漸過時的顯學，成了他用來批判政治威權的強大武器，對青年學子發揮重要的啟蒙作用，打破了舊有的神話、傳統與偶像。這麼一套企圖要取消西方傳統哲學所有命題的全盤性思想武器，十分投合當時激進的知識青年，用它來反抗以文化道統自居的威權當局。殷海光不僅引介邏輯實證論，還大力推介自由市場派個人主義大師海耶克 (F. Hayek)。維也納出身的另一名大將波普 (Karl Popper) 的「開放社會」論也同時風行。這些結合政治、經濟與哲學於一爐的思想體系，竟能在台灣的知識青年中蔚為風潮，成為顯學，其複雜的內涵是否真被讀者所理解並不重要，重要的是它可以用來作為思想批判的有力武器。

做為思想的武器，存在主義也成了當時台灣知識圈的另一門顯學。存在主義從「存在先於本質」的立論出發，反對任何先驗的理念加諸個人具體存在的種種精神束縛。這套與邏輯實證論並不搭調的歐陸哲學思想，主要在文藝圈作為一種苦悶時代的文學思潮在流行，英年早逝的醫學院學生王尚義所寫的《從異鄉人到失落的一代》與《野鴿子的黃昏》這兩本書，就風靡了多少青年學子。[9]存在主義在台灣雖然大半以文藝創作來呈現，但也少不了哲學界的參與，台大哲學系的陳鼓應即是其中大將。而陳鼓應卻又是殷海光的親近弟子，陪著他走完生命的最後階段。殷海光與陳鼓應的親密師生關係，可以用來理解這兩套扞格不入的哲學理論，為何在六十年代的台灣會一起被用來作為反抗威權體制的思想武器。

如果說思想主要是被拿來當成現實的工具，那邏輯實證論與存在主義這兩套流行思潮在一九七〇年代的退潮，也就可以理解。來到一九七〇年代，此時對岸文革熱潮已過，越戰步入尾聲，歐美青年的各種反對運動也各自收尾，但是台灣還能感覺到外頭這些運動巨大能量的餘溫。因此雖然六十年代的反叛旗手都已不在，陳映真在 1968 年身繫囹圄，殷海光在 1969 年去世，李敖被軟禁且接著在 1971 年也步入牢籠，很多曾在六十年代搖旗吶喊的人

9 王尚義《從異鄉人到失落的一代》(文星，1963) 和《野鴿子的黃昏》(水牛，1966)。

也都出國或躲入學院，而台灣卻進入了轉型的時刻。

新的局面以一個愛國運動來開始，「保衛釣魚台運動」在 1970 與 1971 年接連爆發於北美洲與台灣的大學校園。[10] 這是一次純粹的政治行動，學生重提五四運動的口號「中國的土地可以征服，不可以斷送。中國的人民可以殺戮，不可以低頭」，要求當局在釣魚台列嶼的問題上不能屈服於美日強權。

在台灣這個政治運動雖然局限在大學校園裡，卻有著不尋常的時代意義。台灣的保釣運動最熱烈的是在台灣大學，而其中最積極參與的即是這個有著殷海光傳承的哲學系年輕師生，而這批人又多是在這之前曾熱切捧讀過陳映真的小說，並被深深衝擊過，如同北美保釣運動的多位發動者。

當時在台大啟動保釣運動的除了港澳僑生外，就是學生刊物社團《大學論壇》社。論壇社當時的成員主要來自兩個高中學生刊物社團，一個是《建中青年》社 (台北建國中學)，包括論壇社社長錢永祥；另一個是《南一中青年》社 (台南一中)。錢永祥在高中時就深為陳映真作品裡豐富的社會意識與實踐精神所震撼，而南一中這批學生，包括上述我高中時參加過的那個讀書會的成員，也同樣的都曾被陳映真的作品所深深感染過。這兩批高中生

---

10 關於台灣的保釣運動，請參閱鄭鴻生《青春之歌》(聯經，2001)。

曾在1968那年南北串連，湊在一起，後來上了大學又聚到這個《大學論壇》社來，而其中有多位還是哲學系的學生。有著這麼一個淵源，來到1970與1971年之交釣魚台事件發生時，這批吃過陳映真奶水的學生遂被這一事件所驚醒，並且抓住這一足以引發變革的實踐契機而參與發動台大的保釣運動。

從保釣運動開始，過去只能在文學與哲學上尋找精神出路的知識青年，如今驟然轉到在政治與現實社會中尋找出路，十多年來所積累的各種精神與思想能量，逐漸匯聚到保釣運動及其衍生的政治與社會行動上了。在保釣運動爆發後的台大校園，學生越過了愛國運動的局限，轉而要求校園民主，並進一步批判政治體制。同時也興起一股「走出大學象牙塔」的風潮，有不少學校成立社會服務社團像慈幼社，名目上是走出校園去扶助社會弱勢者，實質上卻起著重新認識自己社會的作用，有如當時大陸的「知青下鄉」。整個校園一反過去沉浸在抽象理念與男女愛情的氣氛，而進入一個「要能在此時此地實際做出什麼」的精神面貌。

這種對社會實踐的要求在一九六〇年代後半已見端倪，尤其呈現在陳映真入獄前以許南村為筆名所寫的一系列評論上。他在1968年發表於《文學季刊》的〈最牢固的磐石〉一文中，以受到存在主義與邏輯實證論影響下的知識圈對黑澤明電影《紅鬍子》的冷淡反應為例，說明我們的社會需要一種從現實出發的素樸理想主義。黑澤明在

《紅鬍子》裡用很平白的手法描寫一位醫生的人道精神，因而被譏評為既缺乏前衛新潮，又是「老掉大牙的人道主義」。為此，陳映真指出這些以複雜高深理論為藉口，犬儒的拒絕理想主義的人，只是在維護其既得利益，維護社會的既定地位。當時有人質疑說理想主義具有欺罔性，他則認為只要站穩了正義的立場，理想是得以實現的。唯有在現實社會中進行實踐，才可能站穩正義的立場，不致迷失，而這個「真理的倫理條件，便是理想主義得勝的最牢固的磐石」！這篇評論對於當時身陷令人目眩神搖的西方理論迷宮中的知識青年，可說當頭棒喝。這種對實踐的呼喚確實啟發了不少人，而小說家陳映真寫起評論這件事也正代表著一種實踐的轉移。

陳映真在他入獄前發表的〈最牢固的磐石〉這篇文章，被我們這批在 1971 年春發起保釣並開始尋找另類出路的台大學生，奉為經典捧讀再三。在接著的 1972 年底台大「民族主義論戰」中，我還將這篇文章摘取精華，改頭換面，以〈理想主義的磐石〉為題，以許南村諧音「喃春」為名登於學生報刊，用來辯駁對手。在 1973 年初春的「台大哲學系事件」爆發後，我又將他的另一篇評論〈知識人的偏執〉稍做剪裁後，以「秋木」為筆名登出來。如今想起，雖然陳映真入獄前的作品裡頭毫無半句左翼用語，但已是飽含社會主義的思想因素，確實構成了保釣運動時期我們這批學生的重要思想資源。

我的這種將陳映真當成「左翼專屬」的心情，向來是大部分左翼人士的共同感情，我一直要到世紀之交才陸續被各種來自五湖四海開始湧現的陳映真迷，包括本文一開始提到的林懷民、季季、陳怡蓁等這些朱天心所說的「秘密黨員」，他們所呈現的對陳映真的多重感受面向所驚醒。而這個也即是我寫作本文的動機所在，試圖卸下我對陳映真向來的「左翼專屬」心情，來理解他在六十年代超乎左右、更大更廣的時代意義。對於左翼而言，他是黑暗時代的一線光明與星星之火，而我想從這一線星火中引伸出一個較為光明開闊的視野。因此本文論述的基本重點不只在於陳映真對台灣的左翼影響及其階級面向，而更在於他對戰後台灣青年世代起到驚蟄作用的實踐啟示。

這些對社會行動的心理要求，當年在一些知識青年中逐漸積累著，終於在保釣運動及其後續的民主抗爭與社會關懷中爆發出來，直到今天台灣政治上的紛紛擾擾都起自於那個時刻。知識青年會有從理念到實踐的心志轉型，除了愛國、自由、正義這些觀念本是較具號召性的旗幟外，又有著更深更廣的時代意義。如果我們把社會實踐做為一種世代生命的自我實現來理解，這是戰後新生代對其當下與在地的生命空間，不論是物質上還是精神上的，所提出的行動要求。是新生代在六十年代接受了這麼多民族的、哲學的、文學的與政治的上層抽象理念之後，所爆發出來對生命的自我實現的要求。

如此，自我實現就不只限於政治或社會領域，不只出於被某種抽象的主義或崇高的觀念所召喚而發的行動，而是任何與當下和在地扣連緊密的作為。後來稱之為「鄉土文學」作家的陳映真這一代，雖說他們豐富的文學作品所使用的語言，是台灣人在光復後才學會不久的現代白話中文，也是一個當下而在地的文學創作實踐。甚至在鄉土文學之後知識圈對楊逵的抗日文學、陳達的吟唱、洪通的素人畫、朱銘的雕刻等的發掘，都與在地實踐息息相關，而從保釣開始的一連串政治社會行動也是這個戰後新生代自我實現的一個面向。

以這個擴大了的陳映真視野來回顧那個年代，我們就可以來考察另一個世代實踐之例：一九七〇年代「唱自己的歌」的現代民歌運動。

另一個實踐場域——民歌運動的發展脈絡

正當《台灣政論》1975 年出刊前後，台灣開始了一場現代民歌運動，這個「民歌」並非來自民間傳唱、沒有作者、也無固定樂譜的民謠，而竟是知識分子自行定義的「自己創作，唱給自己聽」的歌，尤其大半來自大學校園及知識青年群體，因此後來又叫「校園歌曲」。知識青年自己創作的歌謠竟叫民歌的這種名不符實的狀況，必須從在那之前大家唱些什麼歌及其唱歌的心情與環境來理解。而這與六十年代陳映真所代表的新生代自我實現的社會實踐又有何因緣？先讓我們簡單回顧它的歷史背景。

整個一九五〇、六〇年代，台灣民間傳唱的歌曲主要就是國台語流行歌。國語流行歌承接大陸時期上海周璇、白光的歌謠繼續發展，到了六十年代由於作曲者少，需求量大，就大量引入國外流行歌曲的旋律(大部分日本與少數西洋與韓國歌曲)，填上中文歌詞由歌星傳唱。台語流行歌則淵源於台灣民謠以及日據時代的流行曲，到了六十年代也因作曲者少的同樣原因，而大量引入日本流行歌曲來填上閩南語歌詞。

當時民間對流行歌曲的大量需求，部分來自一個物質條件的變化，即是電晶體收音機、電唱機以及 33 轉長時間 LP 黑膠唱片的問世與量產。到了六十年代末期，從都市到鄉村的街頭巷尾莫不充塞著國台語流行歌，有來自店家招徠生意的，有來自敞開大門的住家客廳的，甚至從村子的公眾廣播器傳出的。唱流行歌是當時平民百姓的兩大娛樂之一，另一個是看電影。

處於這種民樂飄飄處處聞的氛圍中，戰後新生代的知識青年心情是頗為複雜的。在學校的音樂與道德教育裡，那些老是糾纏在男女愛情或兄弟義氣的流行歌蓋屬低俗的靡靡之音。而且當時流行歌曲演唱者也確實尚未完全脫離舊時演藝工作者的社會位階，還帶著「戲子」的遺痕。我們這批新生代從小在學校就被教導著不要聽這些靡靡之音，接受過日本教育的我們父母輩也對這類歌曲嗤之以鼻。學校裡教的除了愛國歌曲外，就是藝術歌曲了。這些歌曲大半源自西方古典音樂，又多是一九三〇、一九四〇年代的創作，缺乏時代的脈動。

然而真正存在於愛樂青年心裡的，卻又有著另一番音樂世界的圖像。首先西方古典音樂當然是最高級、最值得追求的，但卻又不那麼親近悅耳，難以朗朗上口。另一個選擇就是西方流行音樂，尤其是英文流行歌。這雖然也被正統音樂工作者及道統維護者歸類為通俗、膚淺甚至崇洋，卻由於它是以英美排行榜的方式被介紹進來，而有了「西洋熱門音樂」之名，彷彿這樣就與國台語流行歌有所區隔了。的確是有所區隔，這些歐美流行歌對知青而言確實是比國台語流行歌位階要高，因為它是用英文這個上國語言唱出來的，當然就大不同於被官方認定為靡靡之音的國台語流行歌了。何況，這些洋歌又確實有著豐富的旋律與多樣的風格，那般悅耳動聽，遂成了知識青年都要能哼上兩句的自我標籤。

台灣在六十年代大量引入西洋熱門音樂的同時，如前所述也是大量引入西方思潮的年代。而就在這種洋歌的氛圍中，六十年代歐美社會的反戰、反體制、爭民權的抗議民歌，以及富含叛逆因子的搖滾樂，也藉由這麼一個管道大量流進台灣的大學校園。甚至隨著知識青年思想的躍動，也成了時髦與啟蒙的音樂。胡德夫曾如此回憶[11]：

這些歌在那個時代真的是很啟蒙我們，一首明明是反

---

11 蔣勳對談胡德夫，〈從「美麗島」看到「美麗的稻穗」〉，載 2006 年 4 月《印刻文學生活誌》第 32 期。

戰的歌，但是它歌出來的是花，是飛鳥，是海豚，是子彈大砲，是墳墓，卻可以直接的撼動我們。

英文裡的 folksong 翻譯成民歌，而不是民謠，飽含著這個時代意義。這是六十年代大學校園的音樂氛圍，愛樂青年或者一心鑽進西方古典音樂的高塔，或者就唱著 Beatles、Bee Gees、Bob Dylan 與 Joan Baez。社會上那一片「靡靡之音」不太進得了校園，大學生開舞會播放的大半是洋歌。

以上是這個現代民歌運動開始前大致的狀況。然而隨著一九七〇年代開始的整個知識青年心志上的轉型，唱什麼歌這件事也烙上了時代印記。帶著政治警覺的學生以保釣運動及衍發出來的民主抗爭與社會關懷，來展現他們的實踐。而愛樂的青年夾在這個西方古典音樂、西洋熱門音樂以及國台語流行歌之間，隨著一九七〇年代從《台灣政論》開始的政治動盪，他們則以「唱自己的歌」來進行他們的世代實踐。

愛樂者的這個自我實現是從洪小喬開始的[12]，她在 1971 年開始拿著一把木吉他，在《金曲獎》電視節目上彈唱包括自己創作的歌曲，吸引不少知識青年甚至長一輩的

12 本節關於台灣一九七〇年代現代民歌的發展，請參閱張釗維《誰在那邊唱自己的歌：台灣現代民歌運動史》(台北：滾石文化，2003 年 10 月)。

專業人士。大家心照不宣都很清楚這是有別於流行歌的、比較符合知識分子身分的、有「文化格調」的東西。接著有一群年輕人如胡德夫、楊弦等人就在新興的「民歌餐廳」裡，拿著木吉他自彈自唱起來，還自己譜曲作詞，這很清楚是受到西方民歌手的啟發。1974 年李雙澤還為胡德夫在國際學舍辦了一場演唱會，以卑南族歌謠〈美麗的稻穗〉做為演唱會名稱。到了 1975 年楊弦的「現代民謠創作演唱會」，有如「辛亥革命第一槍」，被認為是正式啟動了這麼一個集體的創作衝動。這個當時被冠以「中國現代民歌」的運動不僅吸引來很多年輕音樂工作者，還有不少有地位的文學家像余光中的大力贊助，不少他的詩作也被譜成歌曲傳唱，成為這運動的一部分。這個接合民謠風格與文學創作的民歌運動，獲得西洋熱門音樂節目主持人陶曉清在廣播電台熱心引介，並在節目裡建立排行榜。在電台的推波助瀾下，這些「民歌」開始吸引知識青年。

這個「唱自己的歌」運動當時又有著另一股動力，竟是來自對陶曉清的挑戰而開始的。1976 年底位於淡水河口的陳映真的母校淡江文理學院 (淡江大學前身)，舉辦了一場「以西洋民謠為主」的演唱會，輪到代替胡德夫上場的淡江校友李雙澤時，他一手拿著吉他，另一手拿著可口可樂上台，當著主持人陶曉清的面質問大家為何喝的還是可口可樂？唱的還是洋歌而不是自己的歌？隨後他就在來自台下「我們有什麼自己的歌可唱」的質問下，在台上唱起〈思想起〉、〈補破網〉、〈雨夜花〉等台灣民謠與老歌，以及〈國父紀念歌〉和〈Blowing in The Wind〉，引來台下噓聲與掌聲兼有的反應。事後李雙澤念念不忘「無自己的歌可唱」的質疑，遂開始創作歌曲。這個史稱「淡江事件」開啟了李雙澤這一系，與《夏潮》雜誌有關的「唱自己的歌」的路線。這個帶著夏潮色彩，倡議知識青年應該走入民間、關懷弱勢的民歌路線，深深吸引胡德夫、楊祖珺，還有其他民歌手。他們在那幾年除了開了幾次公開演唱會，包括紀念早逝的李雙澤(淡江事件一年後他在淡水海邊因拯溺而亡)的紀念會外，楊祖珺也走入弱勢社群如收容雛妓的廣慈博愛院以及工廠廠區去教唱，胡德夫後來甚至全身投入了原住民運動。這一系帶著左翼色彩、關懷社會弱勢、反對國內外強權的民歌手，其實是更符合美國抗議民歌的傳承。而這麼一種帶著抗議精神的民歌運動，在政治衝突升高的一九七〇年代末，也就不免被當局封殺了，卻也留下了〈美麗島〉、〈少年中國〉、〈老鼓手〉等多首經典名曲，及其充滿著陽光的抗議精神。

「中國現代民歌」與淡江/夏潮系的抗議民歌這兩個看似對立的資源，在一九七〇、八〇年代之交的政治動盪中被新生代的商業機制接收，並以「校園歌曲」名目現身。這個校園歌曲之名確實較為符合這批新生代唱自己的歌的屬性，那是屬於整個戰後新生代知識青年自己的歌。〈少年中國〉一曲的作詞者蔣勳那時說道：

幾年前被帶動起來的「中國現代民歌」運動，不斷發展，有更趨熱烈普及的現象，我對這個運動的名稱略有意見，把它改為「校園歌曲」。「校園歌曲」的成員絕大部分是非音樂科系的大學生，在他們愛好音樂的成長過程中，西洋熱門歌曲成為他們主要的模仿對象。「校園歌曲」的出現，說明了幾方面的意義：

第一，對英語熱門歌曲在校園氾濫的反省。

第二，對學院音樂與社會脫節的抗議。

第三，提高目前商業性流行歌的素質。[13]

這是他在 1979 年為新格唱片所發行的楊祖珺第一張專輯所寫的話，把這個「現代民歌」與「抗議歌曲」的互相轉化、摶成，而最後以商業機制「校園歌曲」出現的歷史，作了簡要的詮釋。而楊祖珺那時的經歷也很可作為這一段歷史演變的註腳，她既參加過現代民歌的演唱會，也是李雙澤歌曲的傳唱者，最後經由新生代的唱片公司發行第一張專輯。

然而「校園歌曲」終究不過是策略上的暫時名稱，用來與當時的國台語流行歌有所區別，以便在其萌芽階段能得到主流的認可而存活，更重要的是能得到日漸擴大並有消費能力的新生代知識階層的欣賞。因此不出數年，在這一批新起的音樂工作者中，就產生了像羅大佑、蘇芮等風

---

13 蔣勳〈從「校園歌手」到「民歌手」〉，《楊祖珺專輯》(新格唱片，1979) 所附的歌手介紹。

靡整個華人世界的新歌手，這時也就不再有「校園歌曲」之名了。此後流行歌曲風格為之一新，還開創了台灣做為華人地區流行歌曲中心的時代。同時它在社會上所代表的意義幡然丕變，不僅不再被認為是靡靡之音，而且還成為流傳無礙，上下階層都在傳唱的真正流行歌，政治人物往往也需要在台上哼上一曲來博取民心。

相對的，西洋熱門歌曲在一九八〇年代之後的知識青年心中漸漸不再熱門，也不再被認為較為高級。同時很多搞西方古典音樂的人，也不再將自己與流行歌做出那麼死板的區隔，讓兩者之間存在著較大的模糊空間。「唱什麼歌」就此不再有以前那麼嚴格的上下標準，那個曾經存在於台灣知識青年心裡的音樂高低上下區隔之牆就此動搖。

民歌運動作為世代的自我實現

對於民歌運動所帶來這麼大的轉折，張釗維在《台灣現代民歌運動史》裡指出向來有兩種詮釋脈絡，分別站在台灣高層文化文藝發展與流行音樂發展之歷史過程的角度來看待現代民歌：

(1) 鄉土 / 本土文化運動的脈絡：……現代民歌運動是整個「本土運動」中的一環。這股反向自己，回歸本土的自覺性意識潮流，在六〇年代之後就以各種不同的方式凸顯出來……像鄉土文學運動、現代民歌運動……

在這類詮釋脈絡之下，現代民歌在進入八〇年代之後的發展，基本上是以「沒落」這樣的措辭來形容。

(2) 國語流行歌曲的脈絡：在這類談法中，將現代民歌(主要是稍後的「校園民歌」)視為是原本被指為「靡靡之音」的國語流行歌曲在八〇年代轉型的重要因素，特別是自現代民歌當中產生了一批新一代的音樂工作者，準此而給現代民歌正面的評價……進入八〇年代之後，現代民歌「功成身退……完成了它的任務」。

從六十年代到今天，對於要唱什麼歌就一直有著各種上下左右對立的爭論，比如高雅相對於低俗、本土相對於崇洋、學院相對於民間、保守相對於進步、前衛相對於傳統、主流相對於另類、獨立製作相對於商業機制等等。張釗維指出這類對立觀點的差異與矛盾正可提供我們「另一個切入的可能」，底下讓我們從這個戰後新生代自我實現的角度切入，來看看這些對立如何表現出世代實踐的共同心志。

前面提到，成長於一九五〇、六〇年代的知識青年在音樂上處在一種上下斷裂的不安位置。那時的傳統音樂，包括被冠以「國樂」之名的以及其他民間戲曲，幾乎已被邊緣化了，而國台語流行歌又被貶為靡靡之音，因而對絕大多數人而言，不論喜不喜歡，西方古典音樂都是最崇高的音樂，甚至可以免於當時的思想管制。比如我讀高中的 1968 年前後，竟可買到當代蘇聯作曲家蕭斯塔高維奇 (Shostakovich) 的翻版唱片。然而這真是一種高高在上的音樂，除了欣賞門檻高之外，愛樂青年並沒能有太多現場聆賞或參與演出的機會，因為能學成鋼琴、小提琴等樂器的都屬極少數，而通常又必須從小學起。直到一九七〇年代，這種崇高的音樂從樂器到演奏，就像很多現代事物那樣，基本上都還是從西方橫向移植過來的，缺乏在地的社會基礎。

但是它雖不是有著廣大社會基礎的音樂，來到六十年代卻有個奇特的際遇。如前所述，那時廉價的電唱收音機與長時間黑膠唱片開始量產，而尚未被歐美唱片大廠所在意的翻版唱片遂大量流通，在此情況下西方古典音樂竟然變成是容易聽到的音樂。和西洋熱門音樂一樣，這些唱片的價格比國台語流行歌還便宜，因為基本上只有壓製成本。如此竟然形成了一群幾乎沒有現場演奏會可聽，也不太熟悉樂理與樂器，但卻很容易聽到唱片的西方古典音樂聽眾。就是在這樣的條件下，這批愛樂聽眾在那時能夠聽到蕭斯塔高維奇的交響曲。不過它雖然有著不亞於流行歌唱片的流通管道，由於欣賞門檻偏高，甚至在大學校園也就只能屬於小眾了。如此站在音樂欣賞層級的最高位階，卻是一個沒有社會與歷史基礎，漂浮在上的不安位置。它是橫向從西方移植過來的，自身沒能建立一個有效的社會再生產機制。

這情況與其原生地歐美社會極為不同。古典音樂在西方，雖然也是高踞上位，卻是自身社會的產物。在其生成過程中，與大眾傳唱的通俗流行歌謠互補，並沒有像我們的社會那樣形成上下斷裂的情況。西方古典音樂創作者從一開始就不斷從民間歌謠汲取養分，不管陽春白雪還是下里巴人，不管精緻還是通俗，都是來自同樣的泉源，相輔相成。因此六十年代那時，紐約愛樂交響樂團的指揮大師伯恩斯坦 (Bernstein) 會帶著全家人去聆賞披頭四 (The Bealtes) 的演唱會，不以為怪；他的音樂創作也充滿著民間音樂的素材。由於有著這麼一個厚實的社會基礎，西方社會也才會有那麼多樣的音樂形式。

因此西方的上下左右是互補的，而我們的上下左右卻是拼湊隔離的。這不只是音樂界的現象，思想與藝術也是如此。上層知識分子直接從西方移植概念，而非從自身社會與歷史中歸納提煉，思想與概念在沒能與現實扣連時，大半只能成為某種地位表徵。因此這類高層文化就從沒能在我們社會構成一個真正的社會力，只能作為符號與姿態。就是說台灣在那時並沒有真正的「上層文化」與「文化上層」，西方古典音樂圈在此地並沒能形成一個真正有力的文化保守派。

同樣是西方傳來的西洋熱門音樂，卻有著極為不同的景象。首先它的欣賞門檻不高，本來就是西方的通俗歌曲，歌詞雖簡單易懂，但在英文的包裝下也就不被認為低俗。再則它也很快在聽眾裡產生為數不小的演出者，不只很多人能哼上一段，還有不少人學會木吉他。這不只因為吉他比較便宜，還比鋼琴或小提琴易學多了。演唱也無須受過太多正式聲樂訓練，以自然發聲為尚。在後來現代民歌運動中，幾乎所有歌手都是以一把吉他自彈自唱打開出路的。於是廣大的新生代知識青年階層，處在那種「高不可攀」的西方古典音樂與「靡靡之音」的國台語流行歌的上下斷裂之間，西洋熱門音樂包括抗議民歌遂成為他們最佳的音樂選擇，即使那也是處於一個橫向移植而被數落為「崇洋媚外」的尷尬位置。而當他們不滿足於只是聆聽與演唱外來的音樂，想在音樂上落實到自己的生命經驗，以能有所自我實現時，身邊的西洋熱門音樂自然就成了最佳的參照與出發點了。

由此我們必須看到一個重要現象，一九七〇年代的這批現代民歌手並非外在於西洋熱門音樂圈而突然冒出來的。包括李雙澤、胡德夫還有楊弦這批人，他們原本都是西洋熱門音樂愛好者與演唱者，都是從那裡脫胎換骨生成的，甚至其中不乏接受過西方古典音樂的訓練。而他們的聽眾也原本多是西洋熱門音樂的愛好者，並曾被不少國台語流行歌的迴腸蕩氣所感染。於是他們的發展遂能以一種包容、收編與改造的延續方式進行，而不是由外強加的橫向移植。

總的說，經由戰後普及教育大量培養出來的這麼一大批戰後新生代知識青年，在餵飽了西方古典音樂、西洋熱門音樂，以及國台語流行歌之後，來到一九七〇年代就想要有屬於自己的歌曲了，即使這個「自己的歌」其實混雜了上述所有的音樂元素。於是在一九七〇年代的情境下，我們先有了胡德夫、楊弦、李雙澤，有了校園民歌手，然後又有了羅大佑與蘇芮。這麼一系列下來的知青歌曲，除了訴說民族大義、社會關懷以及人生歷練之外，也不乏男歡女愛。就其歌詞內容來看，或許在修辭上有其較為細緻與獨到之處，但基本上並沒超乎原來愛國歌曲、藝術歌曲再加上各色流行歌曲的範圍，甚至音樂創作本身也非另闢蹊徑。然而，即使裡面容有一些模仿、抄襲與拼湊，但重點在於這些是自己譜曲、自己作詞、訴說自己的生命經驗、唱給自己聽的歌曲。在這點上，這些新歌曲可說是「道地的」(authentic) 創作實踐。

從現代民歌到當代流行歌的這一發展，知識圈一直有著各種思想與實踐層次上的論辯。但不管這些論辯內容為何？是來自鄉土 / 本土的抗議脈絡？還是校園歌曲 / 商業發行脈絡？基本都是這個新生代在追尋自己的音樂之路上的自我論辯，是一種內在於自身發展與實踐的論辯，不再像以前那樣還必須藉助外來的、上下左右之分的架構。就由於這是有著廣大基礎的社會實踐，互相之間不是對立斷裂而是互補相成的關係，後來會由商業機制承接，而幾乎全面改造了國台語流行歌的面貌，也就順理成章了。

流行歌之所以流行，本身就意味著易聽易唱，就像傳統民謠。數十年累積下來確實也有不少膾炙人口的曲子傳唱至今，已超出「流行」一詞的時間限制而成為經典名曲。因此靡靡之音的問題其實主要在於其歌詞的通俗性，這問題表面看似有關聽眾的文化水平，但也是當年沒有較多作詞者投入之故。雖然那時還是有些高手如慎芝、葉俊麟等人為流行歌作詞，而黃俊雄為他自己的電視布袋戲配樂所填的詞更是一絕，卻只因時代因素而在知識青年心中有著尷尬的位置。在這種情況下，當時知識青年唱起國台語流行歌，不免多有偷吃禁果的叛逆感，像是在做一件與其身分不合的事，尤其歌詞又多充滿著較不遮掩的男歡女愛與江湖氣概。其實後來興起的「現代民歌」也一樣要歌唱男女愛情與現代鄉愁，只是歌詞較能與知青的身分搭配，會有以余光中、鄭愁予的詩入譜的情況。就是說不分身分高低，談情說愛本就是年輕人最熱切關心的主題，只是流行歌詞太通俗明白，而讓知識青年感到尷尬。

六十年代的台灣流行歌並不乏雋永的旋律，有來自本土作曲家的，但不少卻是來自日本與西洋流行曲的。這個本土作曲人才的缺乏或許與經濟發展階段有關，但也是由於在台灣受過正式音樂教育的人才，不像日本那樣，不太願為流行歌作曲之故。這又牽涉到一九五〇、六〇年代那時，流行歌被正統音樂體系輕視的上下斷裂的情境。總的來說，流行歌的作曲者與作詞者終究還是要從音樂知識圈產生，當靡靡之音的汙名不除，創作人才是不會願意投入的。一九六〇、七〇年代那時的國台語流行歌正因缺乏作曲與作詞者新血的投入，已漸陷入自我再生產的困境。而當「校園歌曲」被商業機制流行化，原來的創作人才跟著也成了流行音樂界的人才，兩者的區別就此消失。這也意味著知識青年與一般大眾在音樂上的斷裂的消失，而有了上下的整合。如今即使還存在著大眾型流行歌手 / 作曲者 / 作詞者 (如張惠妹、周杰倫、方文山等) 與小眾型另類音樂 (交工樂團、黑手那卡西、台客搖滾等) 的區分，但基本上都是一九七〇年代之後，社會動力自身產生的不同音樂類型了。

這個原本看似幼稚、局限、缺乏前景的校園知青運動，如今從這個世代自我實現的角度來看，竟還有著如此的時代意義，印證了戰後新生代如陳映真在六十年代所戮力進行的當下與在地事業的實踐精神。具體而言，現代民歌運動開創者中的幾個如李雙澤、楊祖珺、胡德夫等人，在那個年代確實與陳映真的社會意識及實踐精神十分接近。於是雲門在《陳映真．風景》之後，接著又在 2006 年由布拉瑞揚編了一齣舞作《美麗島》，做為當年春季公演的舞目，獻給現代民歌運動的代表人物胡德夫，並紀念英年早逝的「唱自己的歌」先行者李雙澤。

李雙澤創作於三十年前而被遺忘多年的〈美麗島〉一曲，當年就是由胡德夫與楊祖珺兩人首唱。雲門的這齣舞作當然就由雖已滿頭華髮但寶刀未老且更臻成熟的胡德夫親自上台彈奏鋼琴，並演唱李雙澤的、他自己的，以及排灣族與卑南族的歌謠，做為舞蹈的配樂。年輕編舞者布拉瑞揚與胡德夫同樣出身台東太麻里，他的舞蹈與胡德夫的音樂揉合在一起，不僅召回了三十年前那個年代的火熱，竟還那麼貼近當代青年的心境。就像馬世芳在為這齣舞作所寫的〈民歌燎原的一九七〇年代〉一文裡說的：

> 這些年，日子再怎麼難過，胡德夫始終沒有忘記音樂。生命中殘酷的磨難，卻讓他的歌聲與琴藝「熟成」了。近年來，他的現場演出在年輕世代之中找到許多知音，這些年輕人多半在李雙澤逝世的時候都還沒有出生，卻在 Kimbo〔胡德夫〕的歌聲裡找回了熊熊燃燒的青春之火。[14]

換言之，雲門與胡德夫的結合是那麼扣緊當下與在地的情境，即使那是一齣現代舞，而胡德夫的音樂又洋溢著爵士與搖滾之風。

2007 年 10 月 1 日，淡江大學為逝世三十週年的李雙澤豎立了一塊紀念碑，接著在 4 日晚上舉辦一場「三十年後再見李雙澤」的紀念演唱會，就在當年發生「淡江事件」的學生活動中心。這場演唱會邀來了胡德夫、雷光夏、張懸等老中青三代音樂人，演唱李雙澤的老歌以及各自的創作曲。原以為聽眾將會是來懷舊的、華髮已生的戰後新生代，竟然當晚擠滿了年輕人，還有很多學生站在後面。而大會邀來的主持人竟是陶曉清和馬世芳母子，當晚陶曉清對於她能重回歷史現場來紀念李雙澤，說出「真是

---

14 馬世芳〈民歌燎原的 1970 年代〉，刊於雲門舞集 2006 年春季公演《白×3｜美麗島》節目手冊。

百感交集」這句話，也道出了「唱自己的歌」運動三十多年來的巨大成果，已經超越了左右之爭的恩怨。而她的重回歷史現場，也給了戰後新生代的自我實現一個絕佳的印證。

若我們往前回溯，這個唱自己的歌的運動又有個六十年代的先驅，即是許常惠與史惟亮等人上山下鄉在全島進行的「民歌採集」活動。他們採集的範圍從寺廟音樂、地方戲曲、閩南與客家民謠，到原住民音樂，甚至包括大陸來台的各種民間戲曲與説唱，幾乎無所不包。這項採集活動一直延續到一九七〇年代末，其中民間樂人陳達即是在許常惠 1967 年的採集中發現的，而後又在一九七〇、八〇年代之交的現代民歌運動中現身並大放異彩。

許常惠曾在 1961 年開始發起「製樂小集」與「新樂初奏」等屬於西方古典音樂在二十世紀進一步發展的現代音樂團體，鼓勵台灣的西方古典音樂作曲者進行創作，為的是〈我們需要有自己的音樂〉[15]，也「為了現代中國誠懇的意識思想提供音樂上的作證」。這批人雖然主要並不是在為社會大眾創作「自己的歌」，卻也代表著台灣的音樂菁英在為自己的歌尋找資源的努力。他學生中的少年丘延亮既參與了民歌採集活動，也曾與其他愛樂知青組成

15 許常惠對史惟亮〈我們需不需要有自己的音樂？〉一文的回應，兩文分別登於聯合報 1962 年 6 月 20 至 21 日、23 至 24 日，與 7 月 10 至 12 日。轉引自趙琴《許常惠》(台北：時報文化，2002 年 12 月)。

「江浪樂集」創作新曲，而後又在 1968 年與陳映真抱著同樣的心志而一起被捕入獄。許常惠的另一個學生李泰祥多次參加「製樂小集」作品發表會，後來還成為現代民歌運動中的重要作曲家，留下無數經典名曲。就是說從六十年代的民歌採集到一九七〇年代末的「現代民歌」，不管是參與的青年還是從事的活動，都是承先啟後為自己當下的時代與在地的存在所進行的一場社會實踐，一場世代的自我實現。而跨界於古典與流行的李泰祥，更象徵著菁英與大眾間的斷裂已經開始了彌合的過程。

以上是以「唱自己的歌」運動來說明這個發生於一九七〇年代的在地實踐是有著陳映真淵源的，他們成長於六十年代，吸吮了當時各種思想資源，而在長成後進行了一場世代自我實現。

以及現代舞與新電影的實踐場域

在保釣運動與現代民歌接連風起雲湧的同一年代，林懷民的雲門舞集以及其他現代身體表演者如林麗珍的無垢舞蹈劇場、王墨林的行動劇場、劉靜敏的優劇場、鍾喬的差事劇團等也都在同一情境下先後誕生，是同一時代的延續產物。這裡要問的是這麼一些受到西方現代與前衛藝術形式的啟發而產生的小眾藝術團體，如何與那時的社會實踐扣連在一起？如何體現六十年代知識青年的世代自我實現？

其實林懷民的現代舞團一開始就標榜要「為中國人編舞，跳給中國人看」。而其作品從早期的《薪傳》、《白蛇傳》，一路到後來的《九歌》、《水月》、《行草》，不僅內容本身很多來自本土題材，在舞蹈動作上也漸次加入傳統的武藝元素。就其明白說出的部分而言，確實是很清楚的要有別於只是西方的舞蹈移植。然而從其整個呈現形式而言，那真是一群走在時代前端的秀異分子的作為，就像西方古典音樂裡的現代樂派那樣，不僅較難引起中下階層的共鳴，連一般知識階層也未必能完全接受。這麼一個看似小眾菁英的舞團卻被國際舞蹈界熱切認可的這麼一個奇怪現象，若我們回到六十年代林懷民個人的成長經歷，還是可發現與陳映真的密切關連。

季季在〈林懷民的陳映真〉[16]一文談到她如何介紹陳映真的小說給林懷民：

> 1964年6月，我在武昌街明星咖啡館樓下向周夢蝶買了一本新出的《現代文學》，第一次讀到陳映真的小說：〈悽慘的無言的嘴〉，立刻被那憂傷而深沉的氣息所吸引。後來又買了一本舊的《現代文學》，讀到了〈將軍族〉。

那年夏天林懷民考完大專聯考後，來到台北為鼻竇炎

16 收於季季《寫給你的故事》(台北：印刻，2005)。

開刀住院，季季為他帶去那兩本《現代文學》。林懷民躺在病床上，「臉頰腫脹如肉包，嘴上蓋著一層厚紗布，說話含混不清」，但在季季走後就讀起那兩篇小說。林懷民如此回憶那時的情景：

> 那是我第一次讀到陳映真〈將軍族〉和〈淒慘的無言的嘴〉。我一個臉腫得兩個大，用腫成一小縫的眼睛一字一字的讀，感動得唏哩嘩啦。讀完，再讀，再哭。那次手術不算成功，鼻竇炎很快恢復「常態」，不知道跟養病期間激動的情緒有沒有關係。(同前引：頁 51-52)

林懷民在四十年後用舞蹈來緬懷那個終生抹滅不了的感動，同樣的感動一樣充塞在六十年代的多少文藝青少年的心胸，包括 1971 年在台大校園發動保釣運動的那批學生。雖然林懷民後來的社會實踐是那麼一種特殊的形式，他的動力卻是與戰後新生代在各方面的自我實現扣連在一起的。林懷民也自承在留美期間曾受到保釣運動的震撼，就像當年很多留美學生那樣。[17]

同樣有著國際認可的台灣藝術創作，還有一九八〇年代的「台灣新電影」。侯孝賢、朱天文、楊德昌、吳念真等電影工作者，也是與林懷民一樣成長於那麼一個「文藝

---

17 參見〈想逃的林懷民：注定當舞蹈赤腳醫生〉，《聯合報》，2009 年 9 月 13 日 A8 版。

復興」的六十年代 (後起的李安也是)。侯孝賢曾提起他年輕時讀到陳映真小說的感動，而有將它拍成電影的衝動。[18] 這一群在六十年代喜歡上電影的文藝青少年，來到一九七〇、八〇年代就開始在簡陋的條件下拍起電影來。

這批人與民歌運動者的心志極為接近，都有個不滿足於既有電影，而想拍出屬於「自己的電影」的單純心思。什麼是屬於自己的電影？就是與他們生命成長有關的「自己的故事」，看似懷舊，其實卻是與現實扣得很緊的當下而在地的題材。因此他們這樣的動力就與鄉土文學創作者、民歌運動者、前衛身體表演者等同一世代人一樣，直接扣連上陳映真在六十年代的創作衝動與社會實踐所蘊含的實踐心志。就是說，曾經在六十年代被那麼多義大利的寫實電影、法國的新潮電影、日本的黑澤明、瑞典的柏格曼 (Bergman) 等大師的名作餵飽了的電影青年，當他們進入當時台灣電影事業的現實環境時，終日所思的是如何從高遠的想望落實為在地的實踐。

林懷民、侯孝賢等人只是這整個世代較為出名的例子，其他還有很多文化藝術圈裡的同輩，都在進行著同一心志的事業。而所有這些創造性的文化現象，不論是文學、音樂、電影還是舞蹈，都有一個共同特徵，就是開創者的行動初衷並不只是為了抽象理念或主義，也不是為了

---

18 〈侯孝賢演講＋對談龍應台〉，載於 2009 年 4 月《印刻文學生活誌》第 68 期，頁 78。

被後代冠以「運動」或「大師」的尊號，而更是一群嗜好、心志與背景相似的積極分子單純的實踐行動。此外他們也並非全都抱著與既有體制或陳規完全決裂的心態，並不必然自認為是在幹一場革命事業。如此也就因為不是被抽象理念所主導，呈現出來的作品內容與形式就有著頗大的歧異，對那個「想要表現出來的自己」是什麼，就有著頗為不同的看法，經由後設的詮釋甚至可以產生極為對立的意識形態。但這些都無礙於他們的作品都呈現出這一代知識青年的共同追尋，是十分當下而在地的實踐。

楊德昌在回憶這群熱愛電影的青年在一九八〇年代初湊在一起的情況時說：

> 我們很容易就形成一個團體……大家就是喜歡做同樣的事，對彼此很了解，一見面就有很多事情可以聊。我們是很自然地在一起的。[19]

他又提到，會與侯孝賢成為好朋友是因為兩個人到同一個剪接師廖慶松那裡，趕著剪接各自的首部重要電影——楊德昌 (1983)《海灘的一天》與侯孝賢 (1983)《風櫃來的人》。吳念真還認為這些人會湊在一起是一個意外：

---

19 楊德昌訪談，〈幸運地不幸〉，收於白睿文編著的《光影語言》(台北：麥田出版，2007)，頁 243。

我只能說，那時候剛好有一群人，這群人對電影有自己的看法。他們去做了一些事。在一個時期，剛好有一堆人拍出一些電影。我不認為那時候有改變什麼，沒那麼偉大……是一個意外。[20]

然而歷史的偶然往往有個時代背景的必要條件，因此我們可以如此理解他們這種低姿態的回顧：當時的從事者在資源有限的條件下，只是一心一意去實踐，而沒有太多理念的包袱，卻自然呈現時代的精神面貌。

侯孝賢在很多場合也屢屢澄清，他出名的長鏡頭與遠鏡頭的運用，最初是出於資源短缺的無奈。他在最初的那些電影裡，出於資金的考量使用了很多非專業演員，而他們是較經不起近鏡頭特寫的考驗，因此只好使用大量的遠鏡頭，卻由此練就了他的風格。剛開始很多長鏡頭的考慮也源於此，而後竟發展出其特有的美學。就是說這批電影工作者是在沒有太多電影基礎建設，包括電影理論訓練的條件下，用身邊僅有的工具就起手開創一番事業。一九八〇年代的新電影在台灣戰後世代自我實現的過程中算是發生較晚的，這或許是因為相較於其他文化事業，電影牽涉到更複雜的人事，並且需要動用到較大的資源。

陳映真在六十年代曾經是《劇場》雜誌的熱心成員，

20 吳念真訪談，〈在文化殖民的陰影下書寫台灣〉，收於白睿文編著的《光影語言》(同前引)，頁 265。

並參與過現代戲劇〈等待果陀〉的演出。二、三十年後的一九八〇、九〇年代，他的追隨者在《人間》雜誌停刊後陸續發展出各種前衛小劇場來，如王墨林的行動劇場、鍾喬的差事劇團等，算是六十年代台灣知識青年的醞釀在一九八〇年代以後的收穫。這些電影與戲劇雖然發生較晚，卻也是承襲了陳映真在六十年代以其創作實踐所啟動的，整個戰後台灣新生代在文化上的自我實現，可說直到一九八〇、九〇年代盛況未曾稍歇。

小結：自由精神與戰後新生代的自我實現

如此，以世代自我實現的觀點來看，我們就會看到從六十年代開始，除了政治與社會行動外，還有一連串的思想論辯、文學創作、唱自己的歌、新電影、現代舞、行動劇場，以及其他多重表演藝術的成果。我們也可用這視角來觀照曾在 1969 年為台灣青年學子創立《科學月刊》，並在 1970 年底幫助動員海外保釣運動的那批北美洲台灣留學生。甚至在一九七〇、八〇年代崛起的台灣電子工業，在其發展背後也有一群戰後新生代「當下在地」的創業實踐。而一九八〇年代以後的各種社會運動亦可作如是觀。

當然這個當下在地性既非抽象觀念，也非有個特定的具體內容。當林懷民在一九七〇年代初說要為中國人編舞，跳給中國人看時，雖然他當時所掌握與理解的中國受限於當時的台灣，但一點也無礙於他在進行的是「中國」

的一種在地實踐。當時林懷民也並不是為了要成就一個國際級的舞團而編舞的，他只是為了要有自己的舞可以跳而編舞。這種當下在地的實踐心志，正是陳映真在六十年代用他的作品與行動鋪陳出來的，代表著戰後新生代自我追尋、自我實現的一個重要面向。

總的來說，台灣在歷經六十年代的這一場「文藝復興」的思想衝撞與文藝豐收之後，一方面在上層意識形態領域開始了一次思想的轉型，另一方面也同時開始了一場從思想解放到在地實踐的心志轉型。這個心志轉型是台灣戰後知識青年很重要的一次成長經驗，就發生在舊威權逐漸解體，而新的意識形態霸權尚未當道的一九六〇年代到一九八〇年代之間。在這個時期，黨國的威權與教條其實已經難以構成內在禁忌，只能是令人討厭鄙夷的外在束縛。在一九八〇年代之後開始發展進而當道的台獨意識形態，當時則還處在萌芽階段。而更重要的是，以美國式現代化為標準的全球化意識形態，雖然已經以文化形式大量進來，卻尚未全面籠罩台灣。

在這麼一種狀況下，對於一心追求理想而未曾直接感受到鎮壓之慘烈的戰後初生之犢而言，雖然威權依然籠罩而缺乏形式上的言論自由，但肅殺氣氛已消散大半，任何一種意識形態都構成不了太大的心理束縛。因此思想的解放、文藝的創作與理想的追尋，反倒沒有太多「政治正確」的陰影在內心起著自我禁制的作用。大家對台灣社會既心懷憂思也充滿期待，覺得可以有一番作為。這種自覺有能力改變周遭世界而且充滿想像力的樂觀狀態，不只發生在被保釣運動洗禮的青年學生身上，也是投入文學、音樂、舞蹈、電影、戲劇，以及電子與資訊產業的所有知識青年的共同感覺。可以說台灣的六十年代相較而言還是個精神上比較自由的時期，沒有太多的心靈禁忌，如此才得以開創出台灣的「文藝復興」時代來。

因此當年的年輕人心中遂有著一份素樸的自由精神，思想與行動也就大膽起來，這正是理想能夠培育而文藝能夠豐收的基本條件。在這種氣氛中，社會有著充沛的內在自由與創造精神，這些乃是讓戰後新生代自我實現成為可能的必要條件。也就在這種精神氛圍中，從陳映真等人開始，如何在當下進行在地實踐成了當時的知識青年最關切的問題。今天台灣可以拿得出來的文藝與思想成果，幾乎都要回溯到那個年代，或者作品創作於斯時，或者作者成長於斯時。

以上是我試圖探討的陳映真的另一種意義，超乎族群、階級、左右以及抽象理念或主義的，一個世代的自我實現的意義，及其發生背景。

後記：期待兩岸共同的文藝復興

在陳映真 1967 年的小說〈唐倩的喜劇〉裡，唐倩最後的歸宿只能是個美國軍火公司的科學家，什麼派別的思想最後都抵不過美國的跨國軍工綜合體大企業，及其背後的現代化理論。這是陳映真在當年精確預見的思想趨勢，兩岸如今先後籠罩在「美國現代性」意識形態的巨大陰影下。在這些當道的意識形態層次，很多問題遂以二元對立的形式呈現，顯得無解。然而生命不能老是騰空，總要回到地上來尋找出路。從個人到社會都不能只活在理念裡，真正的出路總是要在具體的社會實踐中才走得出來。這也就是當下與在地的社會實踐對整個世代的意義，是陳映真在六十年代不論是以小說創作還是其他形式所呈現的另一種意義。

然而一個能夠實踐/自我實現的「世代」，必然有其擺脫不了的時代背景與歷史因素。就台灣現代化的歷史而言，戰後新生代在六十年代所開啟的具有時代意義的實踐，正遙遙呼應早於他們四、五十年的另一批台灣青年先輩的事業。

在二十世紀初的一九二〇年代，正值日據時期的中期，台灣漢人的武裝抗爭基本結束，而一批新成長的青年知識分子，在接受日本殖民式現代化教育之外，還大量吸吮了發生在祖國大陸的辛亥革命、討袁之役、五四運動等的思想與精神養分。由此在思想上茁壯的這批台灣第一代現代知識分子，也開始了他們的在地實踐，開啟台灣人民的現代啟蒙與民族解放運動，形成了台灣近代史上的第一次「文藝復興」。例如，受到五四運動直接影響的留日台灣青年學生，於一九二〇年在東京創立「新民會」，並仿照北京的《新青年》發刊《台灣青年》雜誌，進行民族主義的思想啟蒙。台灣第一代西醫蔣渭水，以實現孫中山的思想自我期許，在 1921 年糾集同志成立「文化協會」，展開台灣人民的現代啟蒙運動，並在 1926 年成立台灣民眾黨，展開工人農民運動。他的同學、摯友與同志賴和，響應五四的白話文學運動，提倡台灣的白話文學書寫，被尊為台灣現代小說之父。還有以現代戲劇形式巡迴各地演出以喚醒民眾的「文化演劇團」。對這一批日據中期的啟蒙活動者，辛亥革命與五四運動都是他們熱血沸騰的精神資源。

這批台灣的啟蒙先行者所展開的波瀾壯闊的實踐事業，在一九三〇年代日本帝國以九一八事變進一步逞其侵略野心，以及隨著而來在台灣施行的皇民化運動之後，遂遭到殘酷鎮壓而耗盡動能。直到三、四十年之後，戰後重新接受中國教育的新世代台灣青年，繼承了這個大傳統，才又開始展開另一番文藝復興的實踐事業。相較而言，陳映真所領頭參與的這一次世代實踐，如本文所描述的，在一九八〇年代之後的蘇東集團瓦解、美國獨霸、鄧小平改弦更張而台獨勢力興起的情況下，也耗盡了動能。

然而來到二十一世紀，尤其是這幾年來，美國的霸權顯然已走過最高峰，而兩岸的和解則有了初步的突破，不少人開始反思百年來的中國歷史，這是否又將是另一個新世代實踐的契機？台灣的前二次都在兩岸分斷的情況下出現，其「文藝復興」也都各自受限於不同時期的分斷體制，而下一次或許在兩岸各自與互相的心理禁制解除的狀況下，會是一個共同的文藝復興的來臨？我想這是映真先生畢生企盼的，且讓我們拭目以待。

本文發表於 2009 年 11 月 21 ～ 22 日在交通大學舉辦的「陳映真：思想與文學會議」，修訂稿刊登於《台灣社會研究季刊》第 78 期，2010 年 6 月，並收入《陳映真思想與文學》(台社，2011 年 11 月) 一書。

台灣的認同問題與世代差異

關於台灣的國族認同問題，很容易陷入意識形態之爭，或者慣用後殖民主義等時髦話語進行包裝。鄭鴻生先生卻用細膩的心靈體察，為我們描繪了三代台灣人跨越乙未割台、二戰光復、國共內戰與兩岸對立的百年歷史。不同時代台灣的政治社會變遷，最終都在不同代際身上留下深深烙印。這不只是台灣海島的悲情歷史，也是百年中華民族文化命運跌宕的縮影。這也不只是台灣人如何尋找歸鄉與和解之路，也是中華民族如何在洪流中保持文明的體面和尊嚴。(《文化縱橫》刊載本文時的導言)

一、簡介三本書

今天是我的三本書在大陸出版的發表會，而我要談的卻是「台灣的認同問題與世代差異」。這個題目與三本書的書名看不出什麼關連，所以得先解釋一下。我先簡介這三本書的內容：

《青春之歌》是 2001 年年底在台灣出版的，距今已有十多年了。它的副標題是「追憶一九七〇年代台灣左翼青年的一段如火年華」，是以 1971 年發生在台灣大學的保衛釣魚台運動為主軸的一群知識青年的故事，涵蓋 1968

年到 1973 年我從高中到大學畢業的這段時間。談的是上個世紀六十年代台灣知識青年的理想與實踐，也可說是戰後新生代成長的故事。

《尋找大範男孩》則是在十年後的 2012 年出版的。談的卻是祖父、父親、兒子三代人間的故事，涵蓋了乙未割台後台灣百年來的社會變化。在台灣版封面上的宣傳文字這樣寫著：「祖父是清朝遺老，父親是日本皇民，兒子又成民國青年，三代之間的傳承與斷裂，鋪陳百年來台灣男人講不出口的心聲」。可以說是以我個人的家族史，來呈現台灣的近代史，三代台灣人跨越了乙未割台、二戰、光復，到國共內戰與兩岸對立的這百年時光。

《母親的六十年洋裁歲月》比上一本書早兩年 (2010 年) 出版。我為了寫作《尋找大範男孩》一書必須收集家族的歷史材料，其中一個很重要來源就是那時已接近九十歲的我高齡母親，她記得很多事情。在材料收集完成後，我母親，一位洋裁老師，她一生的故事也就順理成章了。一九三〇年代初，我母親在還穿著唐裝的十五、六歲之齡，幫著看顧家裡開的小雜貨店的時候，發現了洋裁的天地，就此投入「洋裝的裁縫」這行業，從洋裝店的裁縫女工做起，後來成為一個洋裁老師。直到一九九〇年代她在七十七歲之齡才把經營了四十年的縫紉補習班結束。她在前後一甲子的洋裁歲月中，歷經了台灣女性從老唐裝到穿起洋裝，從量身訂作到購買成衣，以及從日據到光復的各種時代變化。這本書除了描寫母親的洋裁專業生涯，及其背後社會變遷的脈絡外，並以不同於《尋找大範男孩》的視角，來呈現這位女手工藝者如何度過台灣的這百年離亂。

這三本書除了各自以不同的社會角色，呈現台灣不同時代的政治社會變遷外，還有一個共同的軸線——不同時代的身分與認同問題，牽涉到三、四代人之間的感情差異，例如，相對於讓我這代人如此熱血沸騰的釣魚台問題，現在的年輕人就毫不關心了。這也就帶出本文的主題「台灣的認同問題與世代差異」，就是說這三本書都緊扣著這個不明說的共同軸線。接著我就來把這條軸線講清楚。

我談的這個身分認同很清楚指的是台灣人的「中國身分認同」。先講一個故事，1975 年我到美國留學，那時北美洲還沒有來自中國大陸的留學生，而來自台灣的學生多互稱「老中」。當你聽到台灣留學生說一個老美和一個老中如何如何，你知道他是在說一個美國白人和一個台灣或香港來的中國人的事。然而也就在那幾年，有一個場合我和一個老美攀談起來，偶然談起我的來歷，我答以 Chinese，心裡意思是中國人。而他在進一步詢問得知我是來自台灣後，竟說我不是 Chinese，只是 Taiwanese。對我而言中國人的身分和台灣人的身分是不衝突的，然而對那個老美來說，台灣人不僅不應該是中國人，也不是華人。這裡要注意的是，中國人與華人這兩種身分在英文裡面是不分的，都叫作 Chinese。這老美不僅不准我作中國人，也不准我作華人。對於初到美國，對這種身分的分歧尚不敏感的我，乍聽之下覺得這老美真是莫名其妙，竟然還干涉到我的身分認同。我當時想，只要中國人，不管來自台灣、港澳還是大陸，接受我是中國人，不就得了，還需要你這老外說三道四嗎？當然慢慢我就發覺，這問題比我想像的還要複雜的多。而事情就在那個年代開始起變化。

舉一個近年來的民調數字。2009 年 12 月台灣的《天下雜誌》刊出的一份身分認同的民調，有 62% 受訪者回答是「台灣人」，22% 回答「既是台灣人也是中國人」，而回答「中國人」的則為 8%。其中在十八到二十九歲的年輕人中認為自己只是「台灣人」的高達 75%，只有 15% 認為自己「既是台灣人也是中國人」。就是說越年輕就越認為自己只是台灣人，而不是中國人。我自己接觸年輕人的經驗也是如此。其實從一九七〇年代台獨運動興起之後，就有不少原本接受國府民族精神教育的我這一代人，在這潮流下變成了激進台獨派，包括我的一些老朋友。這個趨勢有著多重而複雜的因素。幾年前我曾寫過一篇文章，談「台灣人如何再作中國人」，試圖分析拆解這個趨勢，並提出和解的可能。但一般的反應很冷淡，大部分人不理你，少數有反應的則多表示反對或者嫌惡，尤其是在知識菁英層。

回溯這個變化的歷程，我第一次感覺到身分認同的複雜是在更早的 1963 年，那年年底我剛上初中，發生了一個周鴻慶事件。周鴻慶是當時一個大陸到日本的訪問團團員，據台灣的報紙說他企圖投奔國府大使館不成，反而被日本政府交還給大陸，遂引發台灣的強烈抗議。這事件成了當時報紙的頭條，喧騰一時，一致指責日本政府背信棄義。當時我剛上初中，年少氣盛，初受民族意識啟蒙，在餐桌上也跟著抨擊日本政府。父親忍不住說了幾句日本政府也有其為難之處的話，卻在我「理直氣壯」的言詞挑戰下，接著無話可說，默默吃他的飯了。父親的「親日」以及無言讓我印象深刻，感覺到世代的差異。

我在這裡談世代差異，指的不只是同一社會群體自發的時代變化。台灣還有著特殊的歷史事件所帶來的世代差異，就是 1895 年的乙未割台、1945 年的回歸祖國，還有 1949 年的兩岸分裂等等。這些特殊歷史事件所帶來的不只是一般的世代變化，而且還是世代斷裂。

1895 年的乙未割台，不只是蒙古大軍南下，不只是滿清入關，而是中國「數千年未有之變局」的一部分。日本不只是一個軍事強權，還是一個「現代文明」國家，他不只在武力上打敗你，還在「文化」上、物質文明上壓倒你。這麼一個西方「現代文明」的東方代表，在台灣所造成的歷史與文化的斷裂是前所未有的，而且在 1945 年台灣光復之後繼續發生作用，至今猶未稍歇。

乙未割台後，大陸連接發生重大歷史事件：八國聯軍、戊戌變法、辛亥革命、五四運動、北伐統一、國共鬥爭、八年抗戰等等。在這五十年的過程中大陸的知識菁英艱苦奮鬥，尋求一條自主的現代化道路，而台灣卻有著極為不同的遭遇，走上一條基本上是由上而下的殖民現代化之路。由於海峽兩岸的斷裂與不同步發展，1945 年台灣光復後不到兩年就發生了二二八事變這個悲劇。

當然，台灣在這日本殖民統治期間的社會發展，並非與大陸的現代化事業毫無關係，例如抗日組織文化協會的創始人蔣渭水，就是個虔誠的孫中山信徒，他曾計畫過刺殺妄想稱帝的袁世凱。但是很多激進的抗日分子在日本殖民政府的強大壓迫下卻有個另類出路，他們還可以到中國大陸去參與大陸的革命運動，有參加長征的，更多的是參加國民黨。

因此，台灣的認同問題有著很大的基於歷史斷裂而來的因素，而這斷裂所帶來的世代差異也就更為強大。這三本書所跨越的這百年，正是這個世代斷裂與身分認同，錯綜糾葛的世紀，也是本文所要鋪陳的這三本書的歷史背景。

就如同這三本書的寫作視角，本文也要從我個人的經驗談起。

二、國民黨的民族精神教育

讓我們回到 1963 年飯桌上的周鴻慶事件。這是父親第一次面對一個接受國民黨民族精神教育的兒子的反應，就是有了這個民族精神教育，才讓我當時顯得理直氣壯。底下我來講這個民族精神教育對我們戰後新生代的影響。

1949 年國民黨撤退到台灣後開始全面在中小學校實施民族精神教育。然而我要到 1963 年秋天升上初中之後才真正開始上中國歷史與地理課。原因是台灣那時從小學升上初中要通過聯考，後來為了減輕學童負擔，只考國語與算術兩科。於是我就讀的小學就將課程裡的其他科目包括史地的時間，幾乎全部挪用來加強國語與算術。尤其是五、六年級全力準備聯考時，我們整天都在上這兩科，下課後的補習與回家的作業也全都是。

因此在那年代升上初中才真正開始上中國歷史與地理課，對台灣戰後嬰兒潮世代而言，這是完整的中華民族教育的真正開始。中國歷史從黃帝開始，接著堯舜禹湯文武周公一路講下來。中國地理則從有著三十五省，還包括外蒙古，的一張地圖講起。這張中國地圖以其形似而被暱稱為一葉秋海棠，而不是一隻老母雞，東北有九個省而非三個。然而這張地圖上面的鐵路線縱橫不過數條，稀稀疏疏。可以說，這張地圖是被凝固在 1949 年，甚至更早的年代，然而卻是我們學生用以認識中國地理的基礎。

我還記得，少年時候看著中國地圖上稀疏的鐵路線，比較著歐美日等國密集的鐵路網，曾經就在這張秋海棠式的大地圖上，想像著從這城市到那城市連起一條條的新路線來。那時鐵路是現代國家最重要的交通建設，詹天佑是耳熟能詳的民族英雄。這是初受民族教育的台灣少年的共同記憶。

其實這類民族教育在年幼的時候就已陸續出現在小學的國語課本上，即使零零碎碎，效果還是蠻大的。我記得還是七、八歲時，一個下著大雨的日子，水溝不通，尚未鋪上柏油的巷子滿是泥濘，我和鄰居幾個頑皮小孩在雨中玩起大禹治水的遊戲。「大禹治水」是我們從學校的不知什麼課上剛學到的故事。

國民政府的民族精神教育對台灣戰後嬰兒潮世代的影響是如此重大，我讀高中的六十年代末期，還有同學組織了地下社團取名「丹心會」，宗旨是「志在恢復漢唐雄風」。丹心會之名就是取自文天祥〈過零丁洋〉裡的「人生自古誰無死，留取丹心照汗青」，顯示出民族教育的刻骨銘心。當然這樣的教育方式也有其反作用，當年受過這種教育影響的我們這代人，後來有不少卻走上了台灣分離主義之路。然而不管如何，對活在當年庸俗、自利、謹小慎微的庶民社會中的台灣青少年而言，民族精神教育的確是生命成長的第一個啟蒙力量，是超越小我，追求大我的一個很給力的教育。這個力量是後來 1971 年保釣運動的主要動力。

然而這樣的民族教育有個明顯的缺漏，那時兩岸是劍拔弩張，互相對立，我們學到的中國歷史與地理是在海峽對岸那個觸摸不到的「神州大陸」。這個觸摸不到的感覺，這種對立，也是很早就知道的。例如，就在那玩大禹治水的日子，大約是念小一的 1958 年春天，學校有次舉行防空演習——當敵機來襲時，學生要如何疏散躲避。我那時擔任小排長，除了負責在班上收取坐同一排課桌同學的考卷外，就是在放學時將這排同學整隊帶出校門解散。演習是在上午舉行的，我只聽到老師突然說敵機來襲了，我們要疏散躲避。事出突然，我以為敵人真的來襲，就糊裡糊塗地把這排同學整隊帶出學校解散回家了，大家都不知道真正發生什麼事。其中有幾個同學住得遠，還有大半天的時間可以玩耍，我就把他們帶回家玩彈珠，看小人書，以為這就是敵人來襲時我們小學生該做的事。就在看小人書、玩彈珠的時候，我們竟也爭論起敵人是否真的攻來了，因為我們也注意到街頭巷尾的大人們一無動靜。記得幾個小鬼頭還在為金門、馬祖防禦堅強，敵人是否過得了那一關而爭辯。接著就是老師發現防空演習的結果是弄丟了一整排同學，趕忙派人四出到各家一一帶回學校，繼續上課。兩岸的隔絕與對立在那幼年時刻就以如此方式銘刻於心了。

三、戰後美國思潮對台灣的影響

上個世紀對於台灣戰後新生代提供啟蒙作用的除了國府反共的民族精神教育外，還有另一個重大思潮：在經歷五十年代的嚴厲氣氛之後，台灣從六十年代開始有個出版的榮景。不僅冒出許多新的出版社，大量出版新書與叢刊，也有不少大陸遷台的老出版社將他們在三十年代前後大陸時期的老書大批翻印，涵蓋了大陸時期那二、三十年間的各種思潮與論戰。這種景況有如一場思想的盛宴，是我們父母輩所未曾經歷過的，帶給當時台灣的青少年另一類重要啟蒙。

柏楊批判傳統是醬缸文化，李敖追求個性解放，要求老年人交出棒子。這是當時眾聲喧嘩中聲音最大的，主要訴求是反傳統、反權威、追求個性。這些帶著叛逆因子的主張正好投合戰後新生代進入青少年反叛期的生命成長需求。

六十年代也是五四運動的文化與思想方面在台灣重新演練的時代。做為中國現代革命重要一環的五四新文化運動，不僅經由翻印的出版物在台灣重新出現，還藉著《文星》雜誌的「中西文化論戰」，讓當年的中國現代化路線之爭在台灣重演一遍，有若一場為戰後新生代所辦的中國近代史的補課。李敖等人當時以全盤西化派的姿態及潑辣的文筆挑戰對手，他們的觀點與視野雖沒超過大陸時期，而且其中也充滿各自隱諱的政治意圖，卻無損於這是一次中國現代化議題的實質論辯，無損於這是一次台灣遲來的五四的複習。

我不無誇張的在一篇文章裡將這段時期稱之為「台灣的文藝復興年代」，但是這些補課與複習卻都有個重大的限制，就是當時的親美反共思想框架。我們當時讀不到左翼陣營參加這些論辯的圖書文字，學到的只是五四豐富意義中的有限面向。不僅如此，我們對日據時期台灣左翼前輩的活動也毫無所知，甚至連林獻堂等人較為溫和的抗日活動也不見諸當時的出版文字。

六十年代又是冷戰時期美國文化開始全面影響台灣的年代，歐美青年那時對既有體制的造反行動如反越戰、民權、嬉皮、搖滾樂及新潮電影等，大量傳入。總部設在香港的美國政府的宣傳機構「今日世界出版社」，除了發行《今日世界》月刊外，還出版了大量印刷精美、內容豐富的中文圖書，影響一整代知識青年。台灣的文藝青年在經過「文藝復興」洗禮的同時，也如饑似渴的接受全球青年造反風潮的感染。加上台灣是美國圍堵社會主義國家的冷戰前哨，駐台美軍與來台休假的越戰美軍也帶來一番美式風光。除了美國新聞處圖書室成了學生朝聖之地外，全部英語廣播的美軍電台更是大家聆聽上國之音的重要頻道，而其中有不少是帶著叛逆因子的西洋流行音樂節目。因此歐美青年運動除了帶來政治方面如反越戰與民權運動的衝擊之外，還有著文化方面的深遠影響，經由音樂、書刊、影像的傳布，美國青年的「反文化」運動，從花童、嬉皮、搖滾樂到嗑藥等等思潮，也感染了那個年代的台灣知識圈。這是來自盟邦上國而能穿透管制的一些文化左翼因素。然而與此同時美國式的「現代化」在年輕人心目中也戴上了神聖光環，以美國為標竿的全球化思想基石「現代化理論」，透過今日世界社的出版品，在台灣的知識圈大量傳布。美國因素對台灣的知識青年如此起了潛移默化的作用。

可以說，六十年代台灣的「文藝復興」基本上是在這反共親美框架裡進行的。我們一方面經由國府反共的民族精神教育得到大我的啟蒙，另一方面又受到冷戰時期美式現代化思潮的影響，開始了個人自由的追尋。這雙重思潮看似衝突，卻又互補。我們這個戰後新生代在接受美式現代化思想的啟蒙之後，開始造國民黨的反。在各種內外在因素的配合下，終於在西元2000年把國民黨拉下台了。然而，國民黨在台灣促成的這個「親美反共」意識形態至今仍然當道，而退潮的卻是那個在反共民族精神教育下塑造的中國人意識。

這個中國人身分的變化可以回溯到1971年的國府退出聯合國，從此台灣不再代表中國。直到今天，馬英九在公開場合都不敢說「我們中國人」。這個四十年來的身分變化顯示著國民黨的中華民族精神教育似乎不堪一擊，而親美反共意識形態卻深入人心，無所不在。

以上說的是台灣在光復之後，中華民族意識對我們這代人的影響與今天的處境。

四、接受日本殖民現代化教育的那一代人

讓我們再回到1963年的周鴻慶事件。1963年底發生在家裡飯桌上的父子爭論，父親所面對的不只是個站在民族立場高位的，還是個學會用國語來論述辯駁的兒子。在同一時期，這個兒子也用這套現代白話中文開始閱讀各種課外讀物。此後隨著兒子論辯能力的發展，父親更是無言以對了。

這件事呈現出另一個重大的世代差異：我那時已經學會了用現代白話中文來閱讀、思考、論辯，而父親那代人卻是從小接受日本殖民現代化教育長大的。他們不僅是台

灣接受現代教育的第一代，還是以日文來接受現代化啟蒙的，基本上只能以日文來進行較抽象的、理論的思考與論辯。因此，在 1963 年底的飯桌上，他若真要反駁，就只能以夾雜日語與閩南語的方式說出，然而這對不懂日語的我卻是無效的。當然父親的失語並非只是論述語言這一因素，還有失勢鎩羽的父權這個時代結構。他不只在兒子面前失語，在社會上也是失語的。父親那一代台灣男人的這種處境，我在《尋找大範男孩》一書詳細談到。

現代化啟蒙有若信仰基督上帝般的宗教感召，父親這一代人基本上是經由日本殖民統治從上而下帶來的現代化而啟蒙的，而我這一代人則是經由國民黨民族精神教育與反共親美現代化理念而啟蒙的。這兩代人有著不同的啟蒙語言，但都不是他們的母語。

這兩套東西既競爭又互補，都是對現代文明的崇拜。雖然我父親這一代所接受的日本殖民現代化在光復之後遭到壓抑，尤其是在語言上，但在民間卻暗暗流傳著各種故事，以台灣的「文明先進」來打擊當時國民黨所代表的中國的「落後」。

國民黨在台灣努力了幾十年的現代化經營，最後還是得背負著一個「落後」的沉重罪名。這除了因其特務統治而造成的離心離德之外，其實還有一個無可逃避的歷史性因素，那是打從 1945 年台灣光復，國軍部隊一上岸就如影隨形跟上來的。幾十年來台灣流傳著各種對當年國府軍隊十分貶抑的說法，說當年來台的國軍軍紀如何不良、軍容如何破落、現代知識又如何貧乏。傳言中，上岸的國軍衣衫不整、背著做飯的大鍋，還拿著雨傘，令台民大失所望。

這些說法的貶抑性，最終凝結成一則水龍頭的故事，數十年來在台灣廣泛而不斷的轉述：「當 1945 年日本戰敗，中國兵來到台灣時，他們看到牆壁上的水龍頭這東西竟然會冒出水來，覺得很神奇，也去搞來一個往牆上一塞，卻奇怪為什麼沒有水流出來」。這是我年少起就聽過的笑話，二三十年來每次大小選舉，這故事就被民進黨一再用來羞辱對手。多年前有個試圖調和「省籍矛盾」的電視喜劇，也曾用過這樣的題材，顯然已經成了全民共識。

這些故事原來是以耳語傳遞，解嚴之後就名正言順在各種選戰與意識形態爭戰中公然引述傳布了。這樣的故事不管是否屬實、是否有普遍性，幾十年來在台民心目中已經成了一種精煉出來的對國府軍隊的「記憶」。而且這種記憶是帶著價值判斷的，拿來作參照標準的卻不是台灣人自己的軍隊，而是日本軍隊。在這標準下，國軍是一點不如曾「威懾台灣、軍容壯盛」的日本軍隊，而國民政府也一點不如曾賜予台民「水龍頭」的日本政府了。這個水龍頭的故事代表著光復後失語失勢的我父親那一代人，對國民黨的反撲。對他們而言，日本據台五十年留下來的就不只是「軍容壯盛」與「水龍頭」的表徵，日本殖民政權還是台灣「現代化」的奠基者，是西方文明的引進者。

我在〈台灣的大陸想像〉一文裡以這個水龍頭的故事

作為開場白，而在另一篇〈水龍頭的普世象徵〉裡，更詳細地探討了這麼一個深具現代化象徵的故事所代表的意義，以及為何國民黨因此失去現代光環，甚至失掉政權。

這些文章是 1963 年在家裡飯桌上發生周鴻慶風波的四十年之後，我才得以進行反思的成果。

五、前清遺老的故國之思

在四十年後的反思之中，這種因為思辯論述語言的無用武之地而來的失語現象，也讓我想起七八十年前我祖父那一輩人，面對剛學得現代日語的我父親那一代人時，也是失語的。我這種戰後新生代對待失語的父親這一輩的態度，當也有如當年我父親這代人以日文學得現代知識之後，對待他們前清遺老的父兄們一樣的態度。

我父親那一輩人在台灣光復之後，以水龍頭的故事來嘲笑從農村拉伕來的落後的國民黨軍隊。同樣的笑話也可被用來嘲笑還未被現代化的前清遺老的自己的長輩與先祖。這是「普世性」的現代文明嘲笑落後社會的態度。像我祖父那樣只上過漢文學堂，不懂日文與國語的人，從日據到光復終其一生大半沉默寡言。

然而在日據時期之初有幸還接受過傳統漢文教育的一些人，卻曾在歷史上起過一些關鍵作用。台灣漢人以傳統武力抗日的最後一役是 1915 年的西來庵事件，之後開始採取現代政治社會運動的形式進行反抗的，就是由這批人開始的。這批在時局變化之際曾經受過傳統漢文教育，而後又接受日本殖民現代化教育的新式知識分子，在青少年時代都還留著辮子，懷有故國之思，密切關注祖國的變化。

以二十世紀初畢業於醫學校的蔣渭水、翁俊明、杜聰明等人為例。他們生長於世局變換之際，在進到日本殖民政府設立的小學教育體制之前，都讀過傳統漢文學堂，並且後來都進到台灣醫學校成為現代知識分子。1893 年生的杜聰明在回憶錄提到，他是直到醫學校本科第二學年(1911 年)「始斷髮」，又說：「民國初年前後，筆者是在醫學校的學生時代，我們台灣青年雖受日本統治，但我們漢民族的意識很旺盛，每朝起床就閱讀報紙看中國革命如何進展，歡喜革命成功。」這些心懷祖國的醫學校前後屆的台灣菁英子弟遂在蔣渭水、翁俊明號召下組成秘密團體，希望能夠支援祖國的革命事業。

杜聰明接著說：「我們歡喜革命已經成功，但不料袁世凱傳說要做皇帝，我們非常憤慨他的野心。」於是在 1913 年這群台灣青年志士構想了一個暗殺袁世凱的計畫，並推舉翁俊明與杜聰明兩人前往北京執行。這時他們就讀醫學校只剩最後一學年。他們兩人間接從日本轉赴大連，再前往北京，沿路受到台灣同鄉的照應。然而他們發現北洋政府警衛嚴密，這個業餘志士的粗糙計畫毫無實現機會，又感覺到已經被盯上，只好無功而返，南下上海搭船回到台灣。

可以說這個傳統漢文學堂教育對他們有著深刻影響，

他們在世紀之交接受現代醫學教育的同時，也密切注意祖國的變化，辛亥革命使他們極為振奮，而袁世凱企圖奪取革命果實，又讓他們極為憤怒。他們當時的心境與大陸的知識分子是同步的。於是就在這些歷史因素交錯影響下，醫學校學生除了有故國之思外，也弔詭的成為台灣乙未新生代挑戰日本殖民統治的搖籃。醫學校的這批早期畢業生蔣渭水、翁俊明、杜聰明、賴和等人，都成了台民放棄傳統武裝鬥爭，改採現代政治與社會運動形式的第一批先行者，在一九二〇年代創建了文化協會與民眾黨，展開了台民的現代啟蒙與抗日運動。

上面提到的這四個人，除了杜聰明外都英年早逝，看不到台灣光復。而活到一九八〇年代，在醫學研究上很有成就的杜聰明在晚年還每日勤寫書法，也創作傳統漢詩。這是他幼年的傳統漢文教育帶給他一生難以拋棄的傳承。

另外一位只受過傳統漢文教育，沒上過現代學校，卻成為台灣抗日運動的重要領導者的是林獻堂。他生於1881年台灣中部霧峰的一個大家族，這個家族子弟多有在傳統仕途上獲取功名的。乙未割台時他已是青少年，繼續接受家族的傳統教育，拒絕轉到日本殖民政府設立的新式教育體制。同時他也密切關注大陸的政治發展，新世紀初梁啟超亡命日本時辦的《新民叢報》成了他在這方面的精神食糧。他後來以較溫和的方式投入抗日運動是有這個梁啟超的因緣。

1907年林獻堂初次旅遊日本，探知梁啟超常住神戶，就從東京一路尋找過去。經過幾番周折，途中竟然在奈良的一家旅館巧遇。當時林獻堂和他的秘書甘得中住在奈良的這家旅館，甘得中無意間翻閱住客名冊，發現有三個中國人名字，其中一位曾出現在《新民叢報》上。於是他上了三樓找到一位女傭詢問，但因那位女傭回應不善以致兩人爭吵起來，引起旁邊一位客人拉開紙門探問。這時甘氏遂將原委向他說明，那人起先有點困惑，後來笑容可掬的說「我就是梁啟超」。真是踏破鐵鞋無覓處，得來全不費功夫。於是這三個人就在梁的客房展開了一次歷史性的會面。

林獻堂當面向梁啟超求教台灣前途問題，梁回答他「中國在今後三十年斷無能力幫助台人爭取自由，故台灣同胞切勿輕舉妄動，而有無謂之犧牲。最好仿效愛爾蘭人對付英國之手段，厚結日本中央政要，以牽制台灣總督府之政治，使其不敢過分壓迫台人……」。這場讓時年二十六歲的青年林獻堂大受感動而幾至涕零的會面，以及梁啟超的建言，開啟了他日後溫和抗日的路線。[1]

對流亡中的梁啟超而言，他是自覺承擔了整個中國當時的艱困處境，來面對這一位來自割讓地的年輕棄民。四年後的 1911 年 4 月，他還接受林獻堂的邀請訪問台灣，作十數天之遊，會見各地士人。其間他諄諄告誡這批清朝

---

1 葉榮鐘〈林獻堂與梁啟超〉，《台灣人物群像》(台中：晨星出版，2000)，頁 82-84、199。

遺老遺少，「勿以文人終生，必須努力研究政治、經濟以及社會思想學問。同時開列日本書籍……計達一百七十餘種，都是東西方的名著」。他在台灣前後只待了十餘日，但影響深遠，尤其是對林獻堂的「政治思想與民族意識」的成形[2]。

然而林獻堂這類人在整個台灣抗日運動中卻是少數，這個運動主要還是由受過日本殖民現代化教育的新式知識分子主導，大半的前清遺老還是無言的。不過台灣的前清遺老還是留下了另一種遺產，尤其對我們這個戰後新生代而言。我指的是在這些現代知識分子的論述言說範圍之外的那個下層領域，例如我那不識字的祖母。相對於我祖父面對兒子時的失語，我祖母是沒這問題的。她終其一生都是傳統打扮，不太受現代化影響。她的安身立命來自傳統社會關係與地方民俗戲曲，由此來確定她的身分與認同。與她一樣不識字或識字不多的大半勞動人民，也都是以此來安身立命，傳統的說書、歌仔戲、布袋戲、民俗信仰等是他們豐富的精神泉源。

就是說中國傳統社會用以潛移默化的文化傳承，並沒有因日本殖民政府從上而下的現代化改造而全面斷絕，斷絕的是傳統士大夫的那套語言、論述與思想。大半不識字或識字不多的，包括婦女與勞動階層這一大批人口，他們還能從倖存的民俗戲曲與傳統信仰汲取精神養分。也就因

2　同前註，頁 201。

為還有著這麼一大片劫後餘生，光復之後竟然死灰復燃，讓我們這個戰後新生代以隔代遺傳的方式，去接上祖父母的前清遺產，直到一九六〇年代他們慢慢凋零。

而這些經驗竟然也能夠與當時的民族精神教育連結上。1958 年李翰祥在香港拍攝第一部黃梅調國語古裝片《貂蟬》，這是我父母第一次看國語片，也帶著我去。我對電影裡的人物並不陌生，是跟著祖母到處看的歌仔戲、布袋戲一樣的故事。李翰祥的黃梅調古裝戲風靡全台，1963 年的《梁山伯與祝英台》更是造成轟動，聽不懂國語的祖母被痴迷此戲的我堂姐帶去看了，回來後也是滿口「山伯英台」，因為那也是她熟悉的歌仔戲目。

這是一個跨世代的奇妙連結，前清遺產在這些不識字或識字不多的勞動階層與婦女，也就是沒太受到日本殖民現代化洗禮的這些人中，倖存下來。

六、世代之間不同的論述語言與感情結構

我來綜合一下上面所談的世代之間不同的論述語言與感情結構。

讓我們回到林獻堂與梁啟超在日本奈良會面的那一次歷史際遇。梁啟超的母語應該是廣府話，但他要到北京去干預朝政，參與國家大事，應該也學會了官話。在台灣長大的林獻堂的母語是閩南語，在斷了傳統功名之路後，就沒必要學說官話；而陪他去日本旅遊的秘書甘得中的藍

青官話只能應付一二。那他們見面時用什麼話交談呢？據甘得中的回憶，在嚴肅的問題上他們確實找不到共同口語，不能暢所欲言，最後只好用筆談。而且還不是用現代白話中文，而是幾千年來中國文人的共同書寫語言「文言文」。梁啟超當時就寫下「本是同根，今成異國，滄桑之感，諒有同情……」[3]，以此開場。

我們今天當慶幸林獻堂還有讀寫文言文的能力，可以用來溝通。然而我們也該看到，他們那一代人是用各自方言，例如林獻堂用閩南語，來學習整套中國傳統經典的，除非要去爭取功名，不然是不需要學說官話的。作為一個傳統士人，他的方言在地方上綽綽有餘。這種情況在中國的任何一個地方都是一樣，直到現代化大潮來臨。

可以說這些前清遺老，屬於知識分子階層的是以漢語方言與傳統經典作為安身立命的基礎，而不識字或識字不多的大部分勞動階層與婦女則是透過傳統地方戲曲與民間信仰。這些人對中國大陸懷抱著「原鄉唐山」的感情，而其中的知識菁英則以閩南語及文言文來進行他們的高層次知識與世界觀論述與言說。

我父親這一輩人學得日語來接受殖民現代化教育，以滲入許多西方詞彙的現代日語，作為他們一生的思考與論述語言，卻失掉了以閩南語來閱讀傳統經典並據以論述言說的能力。我舉個李登輝的例子，他在剛擔任總統時，照

3　同前註，頁200。

例每年元旦都會有文告宣示。以國民黨的傳統，這些文告都會寫得文謅謅的，他用國語讀出沒有太大問題，但當他也想用閩南語來讀就發現讀不了。這是因為他已經失去以閩南語誦讀中文的能力，遑論據以論述言說了。最後他只好找來一位老先生代為誦讀。這是他們這一代人的語言處境，在以當時的日語氛圍建立的世界觀框架下，「落後支那」的大陸形象就在所難免了。

而我們這個戰後新生代則又重新學起另一套論述語言，即是現代白話中文的國語，而且是國民黨式民族精神教育的一套語言。我們用這套不能和父親溝通的語言，重新聯繫了祖父那代人「原鄉唐山」的感情，卻在兩岸對立下只能有著觸摸不著的「神州大陸」想像。

然而在那幾十年反共親美教育的型塑下，「妖魔中國」的情緒也開始萌芽。接著在李登輝與陳水扁接續執政的二十年間，他們以「去中國化」的教育政策改造中學生的歷史與地理教科書，更在九〇後的青年學生心裡加深了這種情緒。

我在 2004 年寫的〈台灣的大陸想像〉一文概略描述了上面所說的台灣百年來不同世代對大陸的不同感情結構。

關於父親那代人的閩南語能力，這裡有一個漢語本身的問題必須稍作解釋。我父親那一代人學了日語之後並非就不會說閩南語了，在日常生活上他們還是以閩南語溝通無礙的，他們失去的是用閩南語來閱讀中國傳統經典的能力，失去運用中國傳統經典詞彙來述說與書寫的能力。就是說他們還保留著一般的、日常生活所需的閩南語的能力，但失去了高層次 (有人說是典雅閩南語) 的能力。這裡我必須解釋一下漢語方言的這種上下層次問題。

所有的漢語方言，包括各種官話系統，都有文白異讀的現象，就是有些字有讀音 / 語音之分，差別在字數多少。根據漢語語音學者的調查，閩南語的文白異讀比例是最高的，有接近一半的字，而北方官話如北京話則是最低的。這除了牽涉漢語文言文的形成過程外，可能因為閩南語形成歷史早，歷經的變化多，而北方官話的歷史較短有關。在一般生活用的上的口語中，閩南語是文白夾雜使用的，這個詞彙得用讀書音，那個詞彙得用白話音，都已經形成通則；而讀書人在閱讀傳統經典與詩詞時，則需全部使用讀書音。由於大半傳統經典詩詞的詞彙成語在日常生活是用不上的，是不能在日常生活之中學到的，所以學童必須在學堂裡，從《三字經》的「人之初，性本善」開始學習這套讀書音。這就造成了語言使用上的上下兩層性，不識字或識字不多的婦女與勞動階層，可以流利地使用文白夾雜的閩南口語，而讀書人則還可以使用文言文與讀書音這個上層典雅閩南語來書寫與論辯。這是很多漢語方言，尤其是閩南語，在歷史變遷中形成的現象。

我父親那一代人當然在日常生活上使用閩南語毫無問題，但他們沒有上過漢文學堂，反而進了以日語來述說的現代化學校，以致就失去使用典雅閩南語來閱讀中國傳統經典的能力，失去運用中國傳統經典詞彙來述說與書寫的能力。他們這一代知識分子的論述語言就主要是日語。同樣的情況，我們戰後新生代學到的論述語言則是現代白話中文的國語；即使我們在日常生活中還是用閩南語溝通，一但要進行思想論辯就必須轉換成國語了。就是說我們父子兩代人都有著這種話語言說的雙重性。這種現象我問過上海的知識分子朋友，他們也提到同樣的情況，平常說上海話，一旦要進行思考與論辯就得轉成普通話。(題外話：這或許因為這兩種方言的書面語都沒有像北方官話那樣，有過一個上百年的現代白話文運動。) 在這種情況下，這套與傳統中國綁在一起的典雅閩南語，似乎就此一去不返了。

七、結語：回到三本書的時代背景與問題意識

以上鋪陳的就是我這三本書所涉及的整個時代背景與變化，上溯到百年多前的乙未割台，歷經光復、對立，再到今天重新尋找和解之路。《青春之歌》一書呈現的是戰後在現代中國民族精神與反共親美教育下的成長的保釣青年。《尋找大範男孩》則在探討台灣百年來連續兩三代人，尤其是男性，因時代變遷而帶來的失語問題及其後遺症。而在這寫作過程中的副產品《母親的六十年洋裁歲月》卻是以一個職業女性的一生，來呈現與男性頗為不同的心路歷程與時代角色。希望本文能夠有助於讀者深入理解作為中國被割讓出去的一塊土地，如何走過一段不同的

殖民現代化的扭曲之路，而到今天仍然未能解決這個問題。用當代的流行語來説，台灣還未能「去殖民」。

上個世紀初的 1907 年，梁啟超在奈良的旅館面對林獻堂時提供的看法是，三十年內祖國沒有能力解決台灣問題。三十年後的 1937 年，問題仍然待解。不過那一年的蘆溝橋事件開啟了八年抗戰，再過八年的 1945 年台灣終於光復。但是接著四年的國共內戰卻又造成了 1949 年開始的兩岸的斷裂。現在看來，梁啟超當年實在太樂觀了，百年之後的今天，我們還在面對這個問題。

最後我想談談一個個人的感受。作為一個在台灣的中國人，基於對家鄉的特殊關懷，我常感到台灣的這些問題只是台灣的特殊問題，是個地方問題，包括上面多處提到的閩南方言問題。然而幾年來發生在香港的諸多政治事件，例如「占領中環」等，卻讓我有了新的看法。香港回歸十多年來，越來越進入了摩擦與陣痛期。尤其近來有人開始高舉港英殖民政府的舊旗，港獨的聲音越來越大。

面對香港的這種情勢，作為一個中國人當然會覺得失意沮喪，但是我卻又有著一種欣慰的感覺。我欣慰什麼呢？欣慰於原來台灣的認同問題其實不是台灣的特殊問題，不是孤立的，而是中國內在問題的一部分。香港與台灣一樣是長期被割讓殖民的中國土地，雖然有著土地人口大小、現代殖民帝國英國與日本等等的差別，但畢竟都是華南方言區被長期殖民之地，一定有著屬於中國的、共同的文化與心理情境。我在想如果江浙一帶也曾被如此長期殖民，又會帶來什麼問題？這樣想讓我負擔減輕一點，這是我作為台灣人的，比較自私的欣慰之情。然而果若如此，這個問題可是所有的中國人都要認真面對的。

本文原發表於2013年9月2日北京三聯書店「鄭鴻生作品」新書發表會，修訂稿刊登於北京《文化縱橫》雙月刊2013年10月號。

第三部

台灣話與國語的糾結

台灣話·省籍與霸權

多年來流行的國民黨遂行「族群壓迫」的典型罪證之一，是說在二、三十年前的中小學校裡，本省籍學生被迫講國語，不然就會受到懲罰。這項罪狀不僅是國民黨百口莫辯的罪行，也成了不少外省人的一種「原罪」。

於是，講國語的外省人(或中國人)壓迫講「台灣話」的「台灣人」這麼一種說法，就成了今天政治人物擅長使用的攻擊武器，將語言的問題詮釋成族群壓迫。多年前的一次選戰中，有一位候選人就曾如此攻擊他的政敵：「他們以前甚至不准我們看歌仔戲；但現在為了選票，他們的候選人也在學唱歌仔戲。他們現在才在學台語。我們小時候說台語要罰交五毛錢，並在身上掛『要說國語』牌子。」這裡的「他們」指的當然是講國語的外省人/中國人。

筆者與這類候選人經歷過大致一樣的成長與教育環境，但在語言方面卻不曾遭遇過這些人所說的那種壓迫的情形，也從沒有過那種受迫害的感受，並且可以說從小就是講閩南語、聽歌仔戲和看日本片長大的。

也是「正港台灣人」的經驗

筆者是台南人，從小家住台南市中心，距離所謂「獨立建國路」的民權路 (不少台灣獨立運動的領導人出身這條街) 很近，屬於同一個小學永福國校的學區，一個都市本省人的典型社區。在這所小學裡，不僅學生，老師也幾乎全是本省人，校長當然更不例外。筆者初中讀台南市中，高中是台南一中，初中和高中的外省老師與同學多了起來，但還是以本省籍占絕大多數，因此除了課本的東西之外，本省籍學生日常的語言就是閩南語。筆者這樣一個地方與學校的出生，有人戲言是帶著台獨的貴族血統。

那時不少老師上課國語講不好，乾脆就用起閩南語甚至日語詞彙來，對當時很多年紀較大的老師而言，就像受過日本教育的父母伯叔那一輩，夾雜日本詞彙的閩南語其實最能讓他們暢所欲言。上小學時，級任老師經常發下測驗考卷就可以讓同學忙上一陣了，這時他則好整以暇和隔壁班老師 (也一樣發下考卷給學生作答) 在走廊上開講；我們在教室裡一邊緊張兮兮回答考卷，一邊聽到走廊上傳來陣陣閩南語夾雜日語的談笑。如果說「母語」是父母輩所使用的語言，那我們這一輩的母語應該就是夾雜日語詞彙的閩南語了。

在這中小學的十二年中 (1957-1969)，只有一次學校規定要「講國語」。大概是在小學五年級 (1962) 時，有一天級任老師突然做了這麼一個宣布：學校裡只准講國語。對於這個現在看似嚴苛的規定，大家卻精神為之一振，因為比起整天關在教室裡寫測驗題的處境，這顯然好玩多了。一時之間大家努力用結結巴巴的國語互相笑罵，鬧成一團，也互相抓住對方不小心沒說國語的小辮子，恐嚇要告到老師那兒。而老師對犯規的學生怎麼辦呢？筆者的級任老師當時卻沒有施以任何處罰，既沒罰錢，也不掛牌子，更不用說體罰了。筆者也不記得其他班級有過處罰的事。

不處罰犯規的學生並不表示老師的仁慈，那時的處罰是拿藤條打手心與臀部，很嚴厲的事情，但是處罰的對象首先是答錯試題，錯一題打一下，而且由於天天考試，也就天天打。胡鬧的學生也會挨打，以便維持準備聯考的有效環境。至於「只說國語」這種事，是從校長以降，連老師自己也做不到的，只能不了了之，搞了幾天之後就無疾而終了。這是那時台南市永福國校的情況，也可能是台南府城裡的一般情況。一九六、七〇年代的教育單位確實斷斷續續有過這些規定，在個別地方也發生過執行並處罰的事，但卻不是一般經驗，更不用說引起過一般的受迫害感了。

其實那時的教育環境已完全是聯考導向，在一切為聯考，只重升學率的氣氛下，講不講國語對學校當局實在是個小事。而且顯然台南市政府並無意強力執行，否則不會如此鬧劇一場，極可能只是上面的某個官僚搞出來的餿主意。這場「國語運動」在我們那個「台語學校」只能以鬧劇收場，讓大家在聯考的陰影下稍有喘息機會，並留下一樁好玩的回憶，而絲毫沒有「受迫害」的感覺。其實那時感受到的最大壓迫乃是聯考所帶來的學習環境，天天考試、天天補習到晚上九點以後才回到家。反諷的是，聯考卻成了這些自覺「受迫害」的政治人物如今能出頭天的制度性因素。

因此那時台南市的中小學環境，做為一個本省籍學生，除了課業以外是不會感覺到國語壓力的，而課業壓力也不是來自語言本身，主要是為聯考而讀書的那種填鴨式教育。台南市的中小學環境雖沒有講國語的壓力，卻反而有講「台語」的壓力，比如初中時筆者有一次心血來潮想練習講國語，結果反而引來同學訕笑。這是那時南部學校的一般情況，這種情況一直維持到高中畢業。

非關族群的文化霸權

一直要到台北上大學的時候，才真正感覺到國語的壓力。然而這個壓力並非來自學校的規定，而是來自同學，來自校園的整個文化氣氛。一個來自南部，沒機會把國語練好的學生，到了台北的大學府，聽到台北大學生不管是外省人還是本省人，都能將國語講得朗朗上口，不免會為來自南部的土氣與台灣國語的腔調而感到挫折。

這個壓力與挫折其實並非來自語言本身，而是來自能流利運用這套語言的人所代表的文化與社會地位。當年這些台北人的大學生，衣著時髦，舉止高雅，言談上道，思想前衛，在在都讓南部來的學生自慚形穢。而這些講國語的台北大學生卻是不分省籍的，因此這種壓迫感顯然是與台北作為台灣的政治經濟統治中心所形成的文化霸權較有關係，讓南部學子感到壓力的標準國語只是這個文化霸權在語言方面的展現。

因此台灣的語言壓迫毋寧來自文化霸權所隱含的城鄉差別，而非只省籍因素。舉例來說，筆者小學四年級以前的同學中有幾個外省人，他們大半是住在台南市的商人子弟，講的閩南語跟大家一樣流暢，互相間毫無身分差異的問題存在。但是由於初中聯考競爭越形激烈，五六年級時突然有不少外省學生從那些升學率不佳的師範附小與空軍小學，轉到升學率最高的永福國校。這些新來的外省學生真正帶來了語言的差異，他們很多是空軍子弟，操著流利的國語和蹩腳的台灣話，然而卻來到這個台灣人學校，和我們一樣處在聯考的陰影下。

在這種情況下，班上的外省與本省同學之間並未構成語言壓迫，反而卻有著城鄉差異與壓迫。不是外省學生壓迫本省學生，而是反過來本省學生壓迫外省學生。不完全是因為語言或省籍，而是因為社會地位，城市中心的中上階層(醫生、商家等)的本省子弟瞧不起城市邊緣中下層的軍人子弟(都是校級軍官以下)。大家都不太瞧得起這些理著小平頭，又不太會唸書的新來的外省同學(結果他們也大半沒考上好初中)，一點也不感覺到他們的語言優勢。文化霸權與階級優勢在台南市是屬於本省人的，更精確的說，屬於台南的中上階層。

台南市的中上階層會對外省軍人家庭有著文化與階級上的優越感，同樣也會對同屬本省籍的鄉下學生具有這種優越感，這種現象從初中開始顯現出來。由於聯考的關係，從初中開始就有不少台南縣與高雄縣來的通學生，對台南市這個府城出生的學生而言，這些通通都是「草地人」。城市學生顯示出城市對鄉村在階級與文化上的優勢，覺得他們舉止土氣，言語「草地腔」。

我們可以從另外一個例子看出這種語言上的城鄉壓迫是超乎省籍因素的，那時台南市相對於台北而言是「下港」——台北人的鄉下。逢年過節從台北來的堂表兄弟姊妹，都會講一口流利的國語，而流利的國語代表的是台北對台南在城鄉差距上的優越地位，甚至在同屬一個家族的我們中發生。

一個台南的外省軍人子弟講出來的國語，與一個台北的本省大學生講出來的國語一樣流利，但在不同環境下卻代表不同的權力與社會位置。同樣的，一個南部農家子弟講的「台灣國語」與李登輝、林洋港、陳水扁講的一樣「正港」，但若非李林陳的地位，「台灣國語」是不會上得了電視成為流行腔調的。

祛除語言的政治符咒

從「台灣國語」腔調的流行可以看出閩南語今天在台灣的政治地位，於是在不少人口中，它就獨占了「台灣話/台語」的名稱。

其實閩南語在不同地方與不同時代有著不同的名字，

在台灣被稱為台灣話，在南洋如新加坡、馬來西亞則被稱為福建話，此外還有福佬話、鶴佬話或河洛話等名稱。不少台灣人去到南洋，聽到當地華人講閩南語，會驚訝於他們也會講「台灣話」。台灣話這名稱已經去除了它的來源含意，使用者也不知道它的流布範圍 (台灣人與華人世界脫勾的這個封閉性顯然要在日本殖民統治五十年中去尋找其根源)。

根據語言學者的調查，閩南語的範圍除了閩南、粵東 (潮州)、台灣與南洋外，還包括海南島、雷州半島及浙江南部一些地方，甚至及於江西和廣西[1]。然而同一種語言最好是用同一名稱，例如世界各地講英語的，雖然腔調不同，但都叫作 English。台灣的閩南裔說的話稱之為福建話或台灣話都有以偏蓋全之弊，因為福建還有福州話、莆田話，而台灣也有客家話與原住民各族語言。福佬話這一名稱又缺乏普遍性，較好的名稱可能還是「閩南語」，像英文一樣以其發展成形之地為名。若要特別強調在台灣地區的人所講的，或可稱為台灣閩南語，就像美國人自稱講的是 American English 一樣。

在閩南語占絕對優勢的台南地區，「台灣人 / 客家人 / 外省人 / 原住民」是四個不同的身分，台南人稱自己講的是「台灣話」，客家人講的是「客家話」。在閩南語與

1 周長楫《閩南語的形成發展及在台灣的傳播》(台笠，1996)；王育德《台灣話講座》(自立晚報，1993)。

客家話雜處的地方比如南投埔里，就會以福佬話與客家話來互相區別，閩南語在那裡並不獨占台灣話之名。因此「台灣人 / 台灣話」這一對獨占式名稱，是閩南語占絕對優勢的地方比如台南才會使用。

如今「台灣話」這一名稱不僅帶有複雜的政治意涵，還成了在政治上占優勢地位的本省政治人物的操作符碼，作為攻擊政敵的符咒。「你來台灣幾十年了，還不會講台灣話？」這是近年來不少本省政治人物用來攻擊不會講閩南語的外省人時擺出來的道德姿態，很多外省人也因此自覺心虛，幾無招架之力。這詰問句的道德式威力的基礎在於使用了台南人對「台灣話」的獨占用法，認為只有閩南語才是台灣話，台灣的客家人與原住民所用的語言不算台灣話。若將這問話改成「你來台灣幾十年了，還不會講閩南語？」則威力盡失，因為閩南語不是台灣人獨一無二的語言。

相對於過去國語的文化符碼，「台灣話」成了今天的政治與道德符咒。要使這個名稱祛除政治符咒的意涵，筆者以為「台灣話」最好重新定義為在台灣的人所用的各種語言，如此台灣話就不只是閩南語，還有客家話與原住民各族語言，以及很重要的國語。台灣就像美國一樣有著多種語言，然而韋氏字典裡你找不到用 American 來指涉「美語」的這個字，只有 American English 的名稱。

與現代化脫勾的台灣閩南語

台灣閩南語沒能得到健康的發展，國民黨當然脫離不了關係，但是能完全歸罪國民黨嗎？從筆者自己的求學經驗應可看出實情並非如此簡單，國民黨所起的作用是消極的不去提倡與保護，而非積極的迫害與摧殘。實在說，台灣閩南語的厄運其實始於日據時代，而國民黨的主要過錯是在於沒去解救已經垂危的這套語言。

上面提到筆者的「母語」是夾雜著日語詞彙的閩南語，這是今天台灣閩南語處境的一個重要線索。台灣光復時，受過日本教育的筆者的父母那一輩人，就已經無能使用流利的閩南語來溝通了。筆者的父母是在日本殖民政權下成長與接受教育的典型的上一輩台灣人，從來沒有受過國民政府的教育，也講不出幾句國語。在日常生活上他們使用閩南語毫無問題，但是在進一步談到現代化社會所牽涉到的政治、經濟、社會、人文、科學、工藝等方面，他們就非得藉助日語詞彙不得溝通。當然所使用日語詞彙並非完全沒有相對應的閩南語，他們也可能只是像今天我們講話會夾帶英文一樣，是一種跟得上時代的習慣與社會地位。但真實的原因是，筆者父母這一代的台灣人當時所能運用的台灣閩南語裡缺乏相關的現代詞彙與語法，他們只好借用日語。而且即使有相關閩南語詞彙，他們在成長與教育過程中也不曾學到，更不是他們能熟練使用的。

本來與現代社會相關的這麼一套菁英語言的詞彙與語

法，是伴隨著現代化而發展出來的，不幸的是台灣當時的現代化方案卻是日本殖民政權的統治手段，是用日語來配合完成的，缺乏台灣人的自主性，因而也就沒有閩南語隨同發展的機會。就是說，在日本殖民政權主導的現代化過程的這個社會變革關鍵時刻，台灣的閩南語停止了應變與發展，而不像國語參與了中國的現代化過程，而跟著現代化了，例如嚴復的翻譯工作為白話中文加入了很多現代詞彙。這恐怕是台灣閩南語厄運的一個關鍵因素。

在現代化之前的漢人傳統社會，不管上層下層，不管讀書論理還是潑婦罵街，閩南語是台灣人的一套完整語言。台灣在日本主導的現代化之後，用來析理論辯的典雅閩南語不再存在，因此只能聽到街頭打拳賣膏藥者的一口流利生動的市井閩南語(也是當今本省籍政治人物在演講台上較熟練的一套)，而難得聽到引經據典高談闊論的廟堂閩南語。相較而言，香港人在大英帝國超過150年的殖民統治下現代化了，而直到今天不管是國家大事或貓狗小事，居然都還能流利地用廣東話來談論，這或可看出兩個帝國不同的殖民統治術。

與白話中文的脫勾

政治人物把「台灣話」政治符碼化的同時，也需把國語政治符碼化，以「北京話」來正國語之名。然而我們可以這麼簡單的以「北京話」來稱呼國語嗎？去過北京的台灣人都會體會到問題不是如此簡單，因為他們經常聽不懂北京當地人在說些什麼。

最近在紀念「五四」八十週年的回顧中，有關白話文的討論開始對這問題起了澄清的作用。作為國語基礎的白話文本系統早從唐代就開始成形，不僅唐代佛教經典的「變文俗講」開始以當時的白話來書寫，北宋也有以白話書寫的對金人的文書，這些都與後來的話本、戲曲與小說所用的語言無太大差異。發展到高峰的明清白話小說雖含地方詞彙，但基本上都是官話系統下的白話文，例如蘇州出生、以吳語為母語的馮夢龍，他的三言都是以官話白話文來書寫的，因為官話已經成為當時的共通語言。[2]

國語源自官話，官話是中國過去做官的人所使用的共同語，就是英文所稱的 Mandarin，以便能互相溝通，上朝奏疏，皇帝能聽得懂。中國人做官必須經過科舉，因此參加科舉的人都必須學習官話，也就成了文人士子都必須學習的共同語。商人也要學習官話，如此才能行走大江南北，接洽生意。

中國歷代各朝的官話歷經變遷，其形成與當朝首都所在地有著很大的關係。漢唐時期的中古漢語隨著南遷移民進入吳閩粵諸地，宋代之後的北方方言則受到塞北民族濃厚的影響，而北京作為金元明清的帝都，歷經八、九百年，北京話自然成了後來官話的標準。官話系統還因此失

2　韓南 (P. Hanan)《中國白話小說史》(浙江古籍，1989)。

去了漢唐中古音的入聲與全濁音，而這些都還保留在閩語、粵語裡[3]。因此用閩南語或其他南方方言來唸唐詩，會比國語漂亮多了，以致不少明清士大夫對於要用北方官話來讀古文古詩詞，抱著不屑的態度。然而不管其缺失，民國之後這套官話也就順理成章成了國語。至於粵語與吳語沒能成為國語的各種傳說故事，我們也只能當成笑話來看了。

一千年來，傳統讀書人不管出身何地，想進入仕途就得學這一套發展千年的官話，包括文言與白話的發音與語法。不僅仕途如此，從宋到清的話本與小說，不論作者出身何地，也都以這套官話白話文來書寫。甚至在地方戲曲上，官話也有它特殊的地位，例如台灣傳統的北管亂彈戲裡就有講官話的角色，而南管裡也有官話的唱段[4]。就是說，國語並非中華民國成立後，突然強迫加在所有國民身上的奇怪東西，也並非是與日本統治前的台灣漢人社會完全無關的一種語言。

從這個背景看，民初的白話文運動並非在創造另一種說話語文，而只是把原來的官話白話文學提升到廟堂的地位，並且引進創新現代語彙，成了可以處理現代觀念的語

3　王力《中國語言學史》(山西人民，1981)；周長楫《詩詞閩南話讀音與押韻》(敦理，1996)。

4　蔡小月唱，台南南聲社，《南管散曲》，Radio France，1988/1993。

言，直到今天不論書寫論理還是說話，都是這一套白話文。然而在方言地區就比較特殊了，在以前方言地區的人書寫用文言文體，閱讀文言文與詩詞則用官話或方言中的文讀音。問題就出現在明清發展出來的戲曲小說與現代化後的白話報紙，這些基本上都是以官話白話文書寫的。我們知道廣東人用廣東話來閱讀白話報紙並沒問題，每個字都有其對應的發音，但是各個方言卻都有著不少在官話白話文裡沒有對應詞彙的土語。

由此引伸出中國的完整書寫系統只有文言文與官話白話中文，方言一般並無完整書寫文字。各地方言沒有發展出書寫文字的原因，有學者認為是中國長遠歷史的「書同文」傳統[5]。方言的漢字書寫是較為特殊的，例如香港的廣東話詞彙。又如十九世紀的吳語小說《海上花列傳》，以白話中文敘述故事，而以吳語寫對白，將之翻譯成白話文的張愛玲就說它是「方言文學的第一部傑作」[6]，就是絕無僅有的意思。在閩南語方面，明朝嘉靖年間刻本的潮州戲《荔鏡記》戲文裡的口白就是以閩南方言寫的[7]。與《海上花》一樣，《荔鏡記》作者顯然為戲文中每個用到的方言都找到了中文字，而其中有些字居然還流行在今天

5 呂正惠〈從方言和普通話的辯證關係看台灣文學的語言問題〉，《台灣社會研究季刊》第十二期，1995。

6 張愛玲〈譯者識〉，《國語海上花列傳》(皇冠，1997)。

7 《明本潮州戲文五種》(廣東人民，1985)。

的「台語文學」裡。

為閩南語找字的問題，一個發展方向是拉丁化。西方基督教會為了傳教，早在十九世紀就在閩南語地區採用羅馬拼音來做為閩南語的書寫語言，並獲得某種程度的成功。這個方向在日據時期的台灣文化界曾引發了白話文與羅馬字之爭，然而羅馬拼音最後畢竟沒能成為閩南語族的共同書寫語文，就像中國大陸的普通話羅馬拼音化運動也沒能成功取代漢字一樣。大陸的漢字羅馬拼音化運動結果卻留下一套原本只作為轉型期替代物的次級品——簡體字方案。

多年來有不少人以漢字為底來書寫閩南語，在沒有相對應的漢字時才用羅馬拼音，這些羅馬拼音又有好幾套。而在全用漢字來書寫閩南語的嘗試中，提倡「台語文學」的宋澤萊是個顯著的例子，他宣稱從康熙字典及其他辭書裡找出了三百多個漢字來對應無字閩南語，並用這一套自創的「台灣語文」來撰寫長篇意識流小說《抗暴的打貓市》[8]。

從這個方言書寫的觀點來看，設若台灣有如廣東話在香港的情況，在日據時代持續有著白話文本的供應與使用，則台灣閩南語或許不至於陷入斷裂的困境。換句話說，日據時代的台灣人被剝奪了中文書寫的傳統文本，既

8 宋澤萊〈戰後第二波鄉土文學介紹〉，《台灣新文藝》，1998 春夏季號。

不讀文言經典，也不讀戲曲小說與後來的白話報紙，以致除了一般日常生活的口語外，就不知如何用閩南語去讀書、讀報與談論抽象概念了。

由此回到五、六十年代的本省籍學生與國語之間的關係，戰後這一輩吃虧的或許就在於不熟悉白話中文，因為他們的父母輩接受的是日本教育，無能提供一個白話中文起碼的書寫與閱讀環境。然而更慘的是，他們的父母輩也無能提供一個閩南語的完整環境，因為日本殖民政府已先剝奪了他們的這個能力。由於有著這一斷裂，再加上國民黨對此問題的缺乏認識，到了子孫輩就更疏遠了閩南語。

活過來了的國語

稱呼中文的共同語言為國語，如同國畫、國樂、國劇等名稱一樣，是國民政府使用的國族主義式名稱。對岸所用的「普通話」這名稱在 1949 年以前就有人使用了，這至少是個較好的選擇，表示是普遍通行的共同語言。然而不管是國語還是普通話的通稱，它還是指涉到某種具體語言，台灣拒絕接受國語之名的人大多就會以北京話來稱之。然而問題在於，台灣的國語雖以北方官話的標準聲腔北京音為基礎，但並不等於北京話，因為作為常民生活語言的北京話，比國語要豐富得多，而且腔調用語也有不小差異。從台灣去到北京，經常聽不明白當地人講話，就是這個原因。

官話作為仕途文人溝通的工具語言，是比較偏重論理功能的，原本就缺乏較口語化的生活詞彙，因此官話白話小說的對白都必得加入各地方言詞彙，如水滸傳與金瓶梅的山東方言，紅樓夢的一些吳語詞彙。國語來到台灣就是這麼一種缺乏生活詞彙的狀況。然而我們卻不能說北京話也如國語一樣缺乏生活詞彙，因為北京話對於北京人而言，其豐富的生活語彙是遠超乎國語的。也就是說國語其實是脫離北京話而獨立發展的一種特殊語言，尤其來到台灣之後，兩者更不能混為一談。有人曾指出，由於將這套國語帶到台灣來的國民政府當年定都南京，並以江南為其基地，因此受到吳儂軟語的深刻影響，音調圓柔，不似普通話剛硬。有一例子可為佐證，台灣講的國語經常「因/英」(yin/ying) 不分，都說成「ㄧㄣ」了。這絕非閩南語的影響，因為閩南語的這兩音分別的很清楚，而在吳語裡確實是不分的[9]。

台灣的國語雖然源自缺乏豐富生活語彙的官話，但因為在台灣的發展超過半個世紀，已經突破了官話的窠臼，成了越來越多台灣人的生活語言。尤其是近年來大眾文化的發展，它顯然已經活化，而不再只是官話，不再只是貧乏的國語。而且方言本是活水源頭，台灣的國語在吸收不少方言語彙，並進入創新過程之後，其實已經成了一種

---

9 趙元任〈吳語對比的若干方面〉，《中國現代語言學的開拓和發展》(清華大學，1992)。

「生猛」的「台灣話」了。只要看看已經成為政治人物口頭禪的「走透透」、新世代如今當紅的「ㄈㄧㄨ」(fu) 以及最近媒體上大量出現的「A 錢」。而且有些詞彙還「反攻大陸」了，例如「作秀」、「大咖」、「菜鳥」、「嗆聲」、「打拼」等。

從這個傳承與演化來看，稱國語為北京話顯然不恰當，國語這名稱又帶著太複雜的政治意涵，如何能重新定名呢？傅大為曾為它取了新名字叫「官北話」，大約是台北官話之意，就像杭州官話、四川官話一樣。這名字的台北意涵是頗貼切的，因為台北是這套語言的文化中心。然而它的官話意涵在五、六十年代雖尚稱貼切，但在世紀之交的今天恐怕已不能表示出其豐富的生命力了，何況哪一天它還可能會取代閩南語而成為最優勢的一種台灣話呢？

當然閩南語從今天的情勢來看是不可能消失的，它承載著豐富的文化資產，歷史比歐洲幾種主要語言還悠久，而且本就不限制在台灣島，從華南到南洋，跨越海洋與國界，使用閩南語的人口估計有四、五千萬人之多，超過世界上很多語言族群。台灣閩南語的復興或許還有賴於提倡者能突破台灣的歷史與地理的局限了。

本文原刊於《當代》雜誌第 150 期，2000 年 2 月 1 日。

「台灣話」與「中文/華語」的對立迷思

現在經常聽到有人將國語稱作「華語」，以便來與其實是閩南語的「台灣話」二分對立，如此閩南語就不再是華語了。這就像以前黨國的民族教育，將國語等同於全部的中文，而閩南語卻不在中文的範圍裡。

有一個例子可以來說明這情況。我多年前參加過的「典雅台語班」的老師傅萬壽先生，曾應邀到一個官方舉辦的母語師資訓練班，去指導如何使用正確的閩南語來朗誦詩詞。這裡最好的教材當然是唐詩宋詞，因為具有中古漢語淵源的閩南語，較能彰顯這些詩詞的平仄押韻之美。不料主事者卻向他提醒，希望不要用唐詩宋詞來做教材，因為唐詩宋詞是「中國人」的東西，應該用「台灣人」自己寫的詩詞。傅先生在我們班上所教的詩詞吟唱，從詩經、楚辭、漢代樂府，到最豐富的唐詩宋詞，兼及元曲，最後還教到清代台灣詩人林占梅的七言律詩〈三角湧山莊晚眺〉。從詩經的〈關雎〉到林占梅歌詠台北縣三峽鶯歌地區的律詩，這本是一個沒有間斷的傳承，我們很難把林占梅從這個傳承中拿掉，說他只能歸屬「台灣」，而不是「中國」。然而若從兩岸二分對立的立場出發，就會碰上這個令人啼笑皆非的尷尬處境，既要恢復「台灣母語」，又要切斷這個母語的傳承，竟可只要林占梅而不要他所承襲的唐詩宋詞。

我們再來看國語和閩南語對立的情況。就語言分類而言，國語和閩南語都是漢語的分支。從漢語的歷史來看，以北方官話為基礎的國語是產生在元代之後的後起之秀、最年輕的一支新生代漢語，而閩南語則是淵源自遠為古老、接近漢唐語音的中古漢語。這兩種同屬漢語的語言，在現代國族政治的框架下，一個成了國語，另一個屈居方言。這本來也不是大問題，但在當年黨國粗糙的國族教育，以及後來有心人二分對立的操作下，這個台灣閩南語就成了帶著國族意涵的「台灣話」，好像是台灣島固有的，而現代白話中文的國語則成了與其對立的「華語」，好像中國人從古早起就這樣在說中國話。

有一種比較溫和的說法是，台灣閩南語因為百年來(從乙未割台算起)與大陸閩南語原鄉的分離，已經成了獨立的、不同的語言了。這種獨立的台灣話的說法認為台灣的閩南語不僅在口音上與福建原鄉的閩南語不同，還加入了很多新的現代詞彙，包括日語詞彙，因此是新的語言。這些理由經不起檢驗，問題首先出在「台灣話」作為一種基本自足的、完全的、有內部統一性的語言這說法上。

如今大家都認識到每種國族語言都是政治打造出來的，例如現代法語原來只是以巴黎為中心的地區語言，而後在路易十四打造法國民族時才提升為法國的國語地位。就這點而言，台灣閩南語從來沒經過這個過程，從來沒內部統一過。也就是說所謂的「台灣話」其實是有著很大的內部分歧的，語言學家會在台灣島上畫出不同區塊，這塊講的是泉州腔，那塊講的是漳州腔，也有將漳州泉州腔混在一起講的。單是在台北市，艋舺人偏向泉州腔，而士林人則講漳州腔。翻開較完整的台灣閩南語辭典，比如董忠司主編的《台灣閩南語辭典》(2001，五南圖書，台北)，還會發現有些發音歸為海口腔，有些則歸入內山腔。一個操「漳泉混」台南口音的人，初次聽到一個有著特殊漳州淵源的宜蘭人說話，可能會疑惑是否在講同一種話。

一九六〇年代我上初中的時候，班上有大批的外縣市通學生，他們講的閩南語都被府城學生說是草地腔。我上大學第一次聽到一位鹿港同學的泉州腔，曾大吃一驚。所以說台灣內部並沒有一種統一的標準閩南語，這也是多年來「台灣話」學者會為這標準爭論不休的原因。而由此也就談不上台灣的閩南語在口音上有個整合性的發展了。

或許有人會說，台灣話本身雖然口音分歧，但還是脫離了福建閩南語而獨立發展，這種說法也有問題。多年前我得到一本廈門大學在 1982 年編撰的《普通話閩南方言辭典》(1982，香港三聯書店)，大開本，超過一千三百頁的厚度，小字印得密密麻麻，是當時廈門大學漢語研究學者的文化大工程。我翻著翻著，竟然發現它的標音絕大部分和我的台灣話口音相同。我講的閩南語是台南口音，語言學者歸之為「漳泉混」，就是說有些音發漳州腔，有些音則發泉州腔。這種現象的形成來自於台南長期曾是台灣府所在的這地位，這裡有原是商賈工匠的泉州移民來此尋找機會，有世代務農的漳州家族來此開墾落戶[1]。雖然台南城裡居民以泉州移民占優勢，卻又因是有清一代台灣政治經濟中心所在，自然形成了漳泉混的口音。

廈門幾乎與台南港埠同時開發，是在清廷攻取台灣取消海禁之後，於康熙二十二年 (1683) 開埠通商的。它以其深水港的優勢，從一個小漁港取代了曾經先後走過繁榮歲月的泉州刺桐港與漳州月港，並在十九世紀中國門戶開放、海運大通之後，變成了閩南地區新興的政治商業中心。廈門雖原屬泉州同安縣，但就因位處泉州和漳州之界，開港後遂成為整個閩南地區共同的對外港埠，很多漳州人也來此營生定居，例如漳州人林語堂就曾在此置產。因此廈門口音也隨著它作為閩南政治商業中心的發展，而形成漳泉混來。

台南的漳泉混口音和廈門的漳泉混口音，既是基於各自的歷史地理條件而發展，照理說不會混得一模一樣。然而我卻在廈門大學這本以廈門音為標準音的閩南語辭典裡，發現兩者諸多相同之處。這一點其實不難理解，廈門自 1683 年開港而興旺之後，也成了兩岸之間的互通口岸，而當時尚未有台南之名的台灣府正是與其交流最密切的台灣港口。兩地士人商賈往來密切，一個台灣府城人到

---

1 參閱施添福《清代在台漢人的祖籍分布和原鄉生活方式》(台灣師範大學地理系，1987)。

廈門去遠比到淡水或宜蘭容易，自然在口音上產生更多交流而互相影響。

不管如何，這裡的重點是，台南口音與廈門口音的相同性大於與台灣其他地方如宜蘭、鹿港、士林口音的相同性。反過來說就是台南口音與台灣其他地方的差異性，大於與廈門口音的差異性。進一步說，就是在口音上並沒有「台灣閩南語」這麼一種統一的語言。如今廈門口音被彼岸認定為福建閩南語的標準音，有朝一日若台南口音也被我們認定為台灣閩南語的標準音，那兩岸之間的閩南語標準音其實就會差異不大，甚至合流了。

這麼一個閩南語口音在兩岸之間的交流，有人會說在乙未割台之後就斷掉了，此後台灣就因為日本統治而開始形成台灣民族意識，「台灣話」也與福建原鄉的脫離而走向自我一致化。但歷史並沒有完全照著這個邏輯發生，日據時期海峽兩岸之間人員還是繼續來來往往，台南逐漸淤塞的港口還繼續與廈門港有船舶往來。我們家族還繼續有人從對岸來台尋找機會，也有不少台灣人在廈門活動，板橋林家在 1913 年還曾在廈門蓋了一個菽莊花園。真正的斷裂其實發生在 1949 年的國共分治，台灣漢人與其閩粵原鄉完全而徹底的斷絕關係，包括語言上的交流。若有台灣閩南語自我獨力發展而形成不同於福建閩南語的「台灣話」的機會，就應該在這兩岸斷裂以來的半個多世紀裡發生。這正是在國共鬥爭所形成的兩岸分斷體制下，台灣閩南語被完全切斷與福建原鄉的交流，而「台灣話」會被提出來和「中文 / 華語」二分對立的具體情境。

另外一個問題是，乙未割台以後新的詞彙是否就讓「台灣話」獨立了呢？也未必。我們上面談到在日據時期兩岸之間的閩南語還是有交流的，而這不只是在口音方面，詞彙上也是如此。因此閩南語詞彙也形成與口音一樣的情況，就是台灣各地閩南語詞彙之間的相同性，不見得大於與福建各地閩南語的相同性，而其之間的差異性則可能大於與福建各地的。舉個例子，在那本廈門大學的閩南語辭典上，腳踏車就叫「腳踏車」，這是我從小在台南說的，可是我在台灣其他地方卻聽過叫「孔明車」或「動輪車」的。

其實閩南語是個頗保守的語言，它的白話音在三、四世紀漢末六朝時期形成，讀書音大約在八、九世紀唐代確立之後，千年來基本上維持不變，保留了中古漢語的很多痕跡。相反地，國語前身的北方官話在十四世紀元代出現後一直還在演化之中，這支近代漢語在演化過程中趨向簡化。例如相較於吳閩粵各方言中至少有七、八個，甚至超過十個的聲調，國語的聲調簡化成四個，而古漢語裡的濁音、閉口呼與入聲則全部消失，但卻又多出了捲舌音與兒化韻。就是說，當古時候的閩南人用閩南語唱出一闋漢代樂府、吟頌一首唐詩或講出一句古典成語時，北方官話或國語都還沒發過聲呢！因此閩南語就成了現代語言學者研究中古漢語音的豐富材料與活化石。

閩南語這麼一種保守的語言，即使在某個時期加入一些新詞彙，也難以讓它的基本詞彙與語音有太大的動搖。日據時期台灣閩南語確實加入了不少日語詞彙，但也是因地不同，像蕃茄叫 tomato 的日文譯音，但台南人卻一直使用「柑仔蜜」這老名稱。台灣現在重新流行並登上媒體與國語混用的一些閩南詞彙，像仗勢欺人的「鴨霸」、兩者匹配的「速配」、調整安排的「喬」，以及說人土氣的 song5(媒體大半寫成「聳」)[2] 等等流行詞，都可以在廈門大學那本《普通話閩南方言辭典》裡找到。在那本辭典裡，鴨霸的漢字是「壓霸」，速配的漢字是「四配」，song5 的漢字是「庸」，而喬的漢字則用提手旁的樵。可見至今還能成為台灣媒體流行語的這些詞彙，大半是很傳統的閩南語。所以說，台灣閩南語雖然加入了一些日語詞彙和現代流行語，但它的基本詞庫還是很古老，而與其福建原鄉差異不大。

當然，由於兩岸在 1949 年後的二分對立，以及一九八〇年代之後台灣政治與社會運動的發展，很多政治人物將土俗粗獷的下層語言大量帶上了選舉宣傳台，「台灣話」在語言運用方面遂有其在這歷史情境下的特殊發展，但是在其語法和語意方面卻仍保留著閩南語的上千年傳統。

總之，台灣閩南語之所以成為與「華語 / 中文」二分

2　閩南語注音以教育部在 2006 年 10 月公布的〈台灣閩南語羅馬字拼音方案〉為依據。

對立的「台灣話」，並沒有太多現實基礎，只能說是肇因於 1949 年以後國共鬥爭分斷體制下的意識形態假象。進一步說，面對台獨人士所哀怨的台灣閩南語發展困境的問題，就不能局限在台灣內部的視野，而必須站在整個漢語歷史的高度與廣度來反思，才能看得清楚。

本文是以原發表於 2008 年 9 月 28 日「超克當前知識困境——台社 20 週年會議」的〈台灣人如何再作中國人——超克分斷體制下的身分難題〉之第六節「台灣話與中文 / 華語的對立迷思」修訂而成。

台灣人的國語經驗
——尋回失去的論述能力

無言以對的父親

1963 年底我剛上初中，發生了周鴻慶事件。周鴻慶是當時一個中國大陸到日本的訪問團成員，據台灣的報紙說他企圖投奔國府大使館不成，反而被日本政府交還給大陸，遂引發台灣的強烈抗議。這事件成了當時報紙的頭條，喧騰一時，一致指責日本政府背信棄義。

當時我初受民族意識啟蒙，年少氣盛，在晚餐桌上也跟著抨擊日本政府。父親回應了幾句日本政府可能有其為難之處的話，卻在我「理直氣壯」的言詞挑戰下，接著無話可說，默默吃他的飯了；而我的義憤也頓時失去了著力點。這是父親第一次面對一個學會論述辯駁的兒子的反應，此後隨著兒子論辯能力的提升，他更是經常無言了。

父親的無言有多重原因，除了當時反日與反共情緒位居媒體的主流，以致讓我能夠理直氣壯外，他沒能像我一樣運用一套論述辯駁的語言，也是重要因素。他那一輩人是接受日本殖民現代化教育的第一代人，在年少時就被斷絕了母語論述功能的傳承，被迫學習日語來取代，因此大部分人並不能以傳統閩南語來論辯。然而光復之後，他們年輕時學到的日語論述能力卻幾乎完全派不上用場，而且年紀已大，來不及重新學習。但是他們的兒子卻能運用新學到的國語這套論述語言，在他們面前振振有詞了。

做為一個社會的權力承擔者，雖然可以不多言，但講述家國社會與人生大道理的能力卻是必要的，而這些大道理的解說與傳遞又與語言的論述功能綁在一起。因此一個父權社會的父親角色，若失去了語言論述的能力，也就失去了父親的大半權威。這一點我的父執輩於是吃了大虧，以致對周鴻慶事件，我得以在餐桌上占到上風。

這種情境是個歷史重演，重演父親年輕時用新學得的日語這現代論述語言，來挑戰說不上幾句日語的祖父輩。當然那時我祖父那一輩人還能用傳統閩南語進行思考與論述的，只是那種閩南語缺乏現代觀念與詞彙，也就缺乏「現代正當性」。因此運用這套語言的祖父輩，自然就在學會了日語的晚輩面前矮了一截。

光復之後，父親那一代的男性在國語這個新的論述語言上，確實還有不少人能掌握到基本讀寫與會話能力，能夠閱讀一般的報章雜誌。在我往後上大學與出國的日子，父親也都能以尚稱通順的現代白話中文給我寫信。但是他們卻最缺乏國語的論述能力，尤其是在口頭論述，這個語言最難掌握的環節上面。這是那一代台灣男性面對戰後新生代時的典型尷尬處境，缺乏論述能力的父權形象因而是殘缺的，也因此難以構成青少年在叛逆期的真正對手。這些是在複製他們父兄輩當年的情境，卻都是我母親以及祖母那兩代女性所無須面對的。

其實從我小時的一九五〇年代以來，就在台南聽過包括我祖母與母親在內的一些人，已十分優雅流暢的閩南語交談。他們的語言雖然沒有原來傳統讀書人引經據典、高談闊論的典雅漢文功能，卻在各自的專業與家庭領域所形成的小天地裡優游自在。這是以日語取代母語論述功能的我父母這一代人，在光復後沒能來得及學會白話中文能力的情況下，形成的一種勉力拼湊而自得其樂的情況。母親幾十年來在她的縫紉專業上，也就如此自在的運用著這套話語。

然而這樣一套生活話語對男性而言卻是有所不足的，父權確實需要靠一套論述能力來輔助支撐。

標準國語的言說魅力

1963 那一年我對父親的大聲辯駁是閩南語夾雜著國語。為了讓家人聽得懂，我當然要用閩南語，然而我的閩南語卻是不足的，因為我們戰後這代人，並沒能從父親那一輩人學到閩南語的論述能力。我論述所需用到的語法與詞彙，已經超乎我的生活閩南語範圍了。我剛學會的國語這套論述語言，卻可大派用場。在經過一九五〇年代的失語，一九六〇年代正是本省男性在語言論述能力上的復原期，而依靠的即是新學習到的國語這個論述語言。對這套語言的學習，隨著男女平等觀念的推廣，到了這時其實也不分男女了，不少女生學得還比男生好。

在我上小學的一九五〇、六〇年代之交，雖然還有些年紀大的老師講不好國語，但年輕一輩多已能說一口標準正音。這些年輕老師都是光復後的師範教育所培育的，其中有些還會將國語講得標準到「ㄧㄣ、ㄧㄥ」兩音分得特別清楚。我記得二年級的級任老師李碧雲特別強調這個分別，將「青年、英雄」的「青」與「英」，講得有如閩南語的發音。而這時一些外省老師卻仍帶著鄉音，甚至「因、英」不分。然而發音標準與否不是重點，而是你開始學習一套可以公開言說的語言。

在這段期間，國語不僅是由這些年輕老師，在課堂上以標準的發音傳遞出來，還從逐漸增加的外省同學口中說出，尤其是到了高年級的時候。平常這些外省同學說的，不過是些生活口語，並不引人注意。直到五年級時的一個難得的機會，一位住在郊區眷村的外省同學李海生上台講故事，竟然口沫橫飛，比手劃腳，講得大家捧腹大笑。這是我第一次發現同學中有人可以用國語，在台上說出這麼精彩的故事來。這在我們周遭講閩南語的同學之中，即使用閩南語也是不曾聽過的，當時對我確實是一個很大的驚奇。

與此同時，學校裡還發生了一次如今紛擾不休，一再成為政治議題的事情，就是學生講方言要受處罰這件事。大約是我小學五年級 (1961/1962 年) 的時候，有一天級任老師做了這麼一個宣布：從現在開始在學校裡大家只准講國語。這個如今看似嚴苛，而且令不少人悲情萬狀的規定，很奇怪當時卻讓大家精神一振。這是因為比起整天在教室裡埋頭回答測驗題的處境，這顯然是好玩太多的遊戲。一時大家努力用結巴的國語互相笑罵，也互相抓住對方不小心沒說國語的小辮子，恐嚇要告到老師那裡，鬧成一團。

對犯了這個規定的學生怎麼辦呢？顯然學校並無統一規定，我們級任老師大概只是罵了兩聲，沒施以任何處罰，既沒罰錢，也沒掛牌子，更不用說體罰了。甚至他自己都沒辦法整天依照這規定去做，大概覺得頗為無奈。我也不記得其他班級有過處罰的情事。那時的處罰，主要是用來維持一個準備初中聯考的有效環境。至於只能說國語這種事，是從校長以降連老師自己也辦不到的事，只能不了了之。於是鬧了幾天之後就無疾而終，同學們又恢復到講閩南語的日子了。

這是位於台南市中心永福國校在那時的情況，應該也是台南城裡學校的一般情況，是我從小學到高中(1957-1969)，碰到說方言要處罰的僅有的一次，卻是以喜鬧劇來收場。高我幾屆早畢業了的，就不曾有過這種機會了。這在全台灣應該是特例，可能是由於台南市向來就具有較高的自主性，上有政策，下有對策。這場鬧劇就只能讓大家在聯考的壓力下稍有喘息機會，並留下一樁好玩的回憶。而不像後來在其他縣市屢屢成為國民黨的罪證，我們當時並沒有受迫害的感覺，更不用說因此而學會說好國語了。於是直到高中畢業，我們城裡的同學之間仍然繼續說閩南語，而講不好國語。

上了初中，情況開始變化。雖然我就讀的台南市中還是以講閩南語的學生為主，班上最喧嘩的聲音仍是台南聲腔，但已不像城裡小學那般清一色閩南語氛圍了。首先，年輕老師幾乎全是台灣師範大學畢業的。他們不分省籍與性別，不僅講得標準國語，也更能說出一套文學與思想。剛上初一，才從師大畢業的國文老師李洪倫就以標準國語，教起我們唐宋詩詞與八大家散文。他總是滔滔不絕，意猶未盡，補充了不少課本上沒有的篇章。講起王勃的〈滕王閣序〉，說到這段名句「秋水共長天一色，落霞與孤鶩齊飛」，簡直興高采烈手舞足蹈。他也會隨時背誦白居易〈長恨歌〉的精彩片段，尤其吟詠到最後的「在天願做比翼鳥、在地願為連理枝；天長地久有時盡，此恨綿綿無絕期」時，更把我們這些小毛頭帶到一個出塵脫俗的境界，讓我們佩服得五體投地，連班上一些比較頑皮的也聽得入迷。這些講標準國語的年輕老師，為我們開啟了一扇心靈之窗。

此外台南市中也不像永福國校那樣主要以城裡子弟構成，而是廣招台南縣市與高雄縣的學生，同時外省同學也多了起來。有一次，乙班來自高雄岡山的外省同學江楓，被安排在週會時上台報告國際時事。通常這種場合都是由老師上台講的，若由學生擔任也會像演講比賽那樣，會規規矩矩講一通有如勵志上進的作文。然而江楓上台講時事，卻像是講故事一樣。一個初中生能夠用流利的國語，上台侃侃而談，分析國際大勢，對我又是一個震撼。

那時對青年學子而言，初中可說是學習論述與思辯的啟蒙期，而國語論述功能的魅力就不只由這些老師發出，也由這些外省同學的便給口才來傳遞。我向來都混在台南城裡的同學間，平常閩南語講得習慣，國語自然不是第一語言，於是像江楓這樣的同學就成了典範。同時我也開始自覺到論述的國語是求知與表達的工具，必須能夠掌握國語，才能將開始在心裡頭累積的一推亂七八糟的念頭整理清楚。而若能用國語講出一套道理來，那更是可以引以為傲的事了。直到這時，在我成長的環境裡，在父執輩中是不曾出現過閩南語的這類典範的。如今這類典範卻是以中學老師與外省同學的流利國語來呈現，國語成了唯一的選擇。

於是我就努力學著說國語，尤其是要學到外省同學的腔調。從一個南方閩語音系轉成北方官話音系並不容易，尤其是那些捲舌音。我不只努力對外省同學講國語，也對台南在地同學講國語。然而很快就遭來白眼，有一位同學揶揄說「夠！鄭某某這嘛攏咧講國語呢」(鄭某某現在都在講國語呢)，一聽此話立即讓我不敢在本省同學面前講起國語了。

上了高中，由於有更多的同學來自外縣市，台南府城的色彩就更降低了。而外縣市來的本省籍同學的閩南語雖然帶著台南人所謂的「草地腔」，國語居然講的比府城子弟流利。如此府城口音只能退踞一方，而國語則比較有了學生間的「通語」地位，標準國語也就比較可以大聲說出來了。於是周遭大剌剌的國語聲不絕於耳，台南人說國語不再感到引人側目的壓力，又一次讓我有了學習的動機。並且我也與像江楓那樣的外省同學結為好友，國語很自然地成了我們之間的共同語言。

在高中這麼一個國語成為主要通語的環境下，我又一次動心想學好國語。憑著與這些外省同學的交往，我開始注意國語與閩南語之間的細微差異，並找出以閩南語為母語的人在說國語時容易發錯音的地方。閩南語沒有國語特有的捲舌音，當然是首要克服的目標，但這還是較輕鬆的工作。問題在於什麼時候該捲舌，而什麼時候又不該捲舌，經常會搞得「自、志」混用。還有由於閩南語承繼並保守著古漢語沒有輕唇音的這個傳統，沒有「ㄈ」音，而經常將它發成「ㄏㄨ」音，「方法」唸成「ㄏㄨㄤ ㄏㄨㄚˇ」。

在母音方面，國語有幾個複母音卻是一般台南腔閩南語所沒有的，就是「ㄧㄝ、ㄟ、ㄨㄛ、ㄡ」這幾個音。發「ㄧㄝ」時，前面的「ㄧ」音會被省略，而發「ㄟ」(ㄝㄧ)時，尾巴的「ㄧ」音也被省略。發「ㄨㄛ」時，前面的「ㄨ」音會被省略掉，而發「ㄡ」(ㄛㄨ)時，尾巴的「ㄨ」音也會被省略掉。於是「狗果」同音，都是「ㄍㄛˇ」，「滅妹」不分，同樣是「ㄇㄝˋ」。

再來是國語裡也是很特別的「ㄗ、ㄘ、ㄙ」單獨構成的無母音字，閩南語族就必得附上母音「ㄨ」，將「斯」說成「蘇」才行。而「ㄩ」這個音也是閩南語所沒有的，只好發成「ㄧ」音。如此「我會說國語」就發成「ㄛˇ ㄏㄨㄝˋ ㄙㄛ ㄍㄛˊ ㄧˇ」，而「吃飯」則說成「粗換」。這些就是林洋港式標準正港「台灣國語」的基本發音法。

在找出了這些細微差異後，我努力學講那幾個閩南語台南腔裡所無的捲舌音、輕唇音、複母音與無母音，並模仿當時外省同學說話時慣用的一些詞彙與聲腔，比如一些詞尾的兒化韻。如此有一陣子，我竟然能說出一口頗溜的外省國語，甚至騙過了一些外省同學。

國語做為文藝青年的語言

然而發音標準與否不是重點，而是我們在中學時代學會了國語這麼一套完整的語言，可以用來抒情、敘述、論辯，甚至內心的感懷與思考也都用上了。當內心的理性思辯都無礙的用上這套語言時，內含在這套語言裡的整個思想世界就都為你打開了。我們戰後新生代如此學會了用這套語言來思想，就像李登輝終其一生主要依賴日文來思想那樣。而這套語言是從文學的語言開始被吸收學習的。

一九六〇年代的台灣，青年學子需要經過初中、高中、大專三次聯考的煎熬，文學閱讀是在這種煎熬下的一種暫時逃逸。國語做為文學的語言，首先被學子所掌握的，除了課本上的東西外，第一個打進大家心裡而且數十年難忘的就是像葉逢甲、劉興欽、陳定國等人創作的漫畫了。做為廣義的文學作品，這些漫畫裡的四郎、真平、阿三哥、大嬸婆、魔鬼黨、妖蛇黨、哭鐵面、笑鐵面、呂四娘等人物，在小讀者的心裡都是用國語念出來的。漫畫中的那些震天殺聲與刀光劍影，也都是呈現在國語的語境裡。

接著漫畫之後，就是出現在報紙副刊、皇冠雜誌等的言情小說以及武俠小說。一九六〇年代開始愛好文藝的青少年，沒有不曾讀過瓊瑤的。對於情竇初開的青少年，除了被這些文藝作品的愛情內容所吸引外，還開始從其中學到了做為文學語言的國語。誰也不能否認，這些言情小說之中，除了繼承白話文學運動的成果之外，還包含了多少傳統詩詞文學經典，而成了那個年代台灣青少年的文藝啟蒙。與國語無緣的母親雖然基本無知於這一方面的知識，但也知道學生除了課本之外，也要接觸經典文學名著。母親從小的親密堂妹，嫁到賴家的阿姨教養了幾個優秀子女，包括前成功大學校長賴明詔。賴家的表哥表姊們從小就品學兼優，一直是母親用來鼓勵我們兄弟的楷模。她還去到賴家借來他們子女所讀的課外書，來做為我們讀書的典範。我還記得這些書包括王藍的《藍與黑》、《文壇》雜誌以及像《基度山恩仇記》之類的外國文學名著。國語做為文學的語言，不論是創作還是翻譯，就成了我們這代人在青少年時文學啟蒙的重要語言工具。

在這整個過程中，國語的確是更早的做為「文學的語言」被台灣人學習與使用。在光復之初，對於受過日本教育的一代人，國語若是只用來進行文學創作，確實比較容易入手，這在日據時期就已有人嘗試，例如賴和的白話小說。那一輩人如楊逵、鍾肇政等，在光復之後也都能順利轉換成以現代白話中文來進行文學創作。文學不需要口頭陳述，不需要標準發音，也不需要雄辯滔滔，文學是一種內在世界的想像與傾吐。只要有足夠的範本做為學習的參照，也就能很快上手。尤其現代中國文學又是在白話文運動的影響下，比較不重視經典隱喻，而重內在感情與外在實境的描摹。這對於不曾受過傳統漢學教育的這一代台灣作家而言，確實是個有利之處。

我家四叔光復時正當中學生，日文教育到白話中文教育的轉換是在學校裡發生的。這對他而言顯然不是大問題，也因此而讓他有了掌握中日兩種現代語言的機會。在吸收與適應能力最強的中學生時代，喜愛文學的四叔很快學會現代白話中文。在 1948 年中學畢業前，他就自己編了一本文藝小冊子，題為《奔流》，並以「歲月似飛瀑的傾瀉，江水的奔流一樣，在不知不覺間，我已度了十九載的生活」，這麼一段話來為此破題。從日文教育轉而接受中文教育才兩年多，他已能寫出蠻通順的白話中文了。

四叔的這本小書，除了起頭的一篇時事分析與搭配的政治漫畫外，都是文藝作品。有中文創作小說、幾首現代詩、詩人拜倫小傳的翻譯、電影《居禮夫人》的影評、一篇托爾斯泰小說的翻譯、一封翻成了中文的日本老同學來信。還有一首英國詩人丁尼生的詩，四叔說「很難翻譯中文，請讀者自己翻查字典吧」！這麼一本集評論、小說、散文與詩等文學作品的小冊子，全部用工整俊秀的鋼筆字寫成，還配上也是鋼筆畫出的各種精緻圖案。很清楚這是一個還是中學生的文藝青年，運用新學會的現代白話中文，進行他自得其樂的文學創作。就語言水平而言，這本小書裡的文學部分比唯一的一篇時事分析要強很多。國語做為一種文學語言，比做為論述語言更容易學習掌握。

如此在光復之後，我們看到一批受過日本教育的老一輩作家在一九五〇年代開始就有文學作品出來。到了一九六〇年代，新一代的台灣文學創作者更如雨後春筍，紛紛冒芽茁壯，甚至長成大樹。新一代的台灣文學創作者或許在發音上還是講不好標準國語，但寫出精彩的中文作品則毫無問題，這個時代產生了陳映真、黃春明、季季、施叔青、王禎和、七等生、李昂等本省作家，甚至開創了「鄉土文學」的流派，引發風潮。當年初讀這些作家的作品，發現他們就正寫著當下在地的事物，而那個用來傳達當下在地情境的語言，除了一些地方口語外，竟就是從小學習的國語。國語如此已成為我們的文學表述語言了。

同時鄉土文學不僅是戰後台灣新生代學習國語的第一次文學高峰，也反過來對現代白話中文做出貢獻。現代白話中文在其幾百年的成長過程中，必須不斷吸收各地的方言精華，才能成為全中國的現代語言。台灣的鄉土文學作家在其文學創作中大量引入方言母語的詞彙，呈現出豐富的生命情境，正是在繼續豐富著國語做為文學的與生活的語言功能。

在這些作家以國語為其文學表述語言，而長出纍纍果實的一九六〇年代，也正是我們的中學時代。在那時會在聯考之外追尋另類思想世界的中學生，幾乎都先後加入《某某中青年》的編輯陣容，成了文藝青年。這些人在往後的人生，大半不在文藝領域，但文學的國語卻都是大家掌握這套語言的入門之路，並由此進而學習掌握如何思辯與論述。

國語做為五四傳承的語言

國語在一九六〇年代成為台灣人的文學與論述的語言過程中，有個很重要的背景與條件。台灣在度過嚴厲肅殺的一九五〇年代後，一九六〇年代出現了出版的榮景。當時不僅冒出很多新的出版社，像文星、水牛、志文等，大量出版新書，包括在地的創作與外文的編譯；更有很多大陸遷台的老出版社，如商務、世界、中華等，也將大陸時期的舊書大批翻印出版。其中例如商務的「人人文庫」，涵蓋了大陸時期二、三十年間的各種思潮與論戰。這些都是以成熟了的現代白話中文，即是台灣所用的國語，在論述辯駁的，而都構成了台灣戰後新生代這整代人的思想資源。

大陸民國時期的文學創作，除了左翼如魯迅、茅盾的作品被禁止外，都在一九六〇年代的台灣翻版流通。而那時期的外國文學翻譯，不論舊俄還是西歐的小說也都大為風行。如屠格涅夫、朵斯妥也夫斯基、托爾斯泰、雨果、大小仲馬等人作品在三十年代的中譯本，隨著那時的出版榮景也紛紛在台翻印出版。基本上除了左翼之外，大陸民國時期的整個外國文學翻譯，多在台灣再版了。很多小說都是一些名不見經傳的小出版社以頗為素樸的印刷包裝出版，價格不貴。這些對於在一九六〇年代成長的台灣知識青年，真是個豐富的文學與思想的寶庫。

這些大陸民國時期的文學與思想出版物，在一九六〇年代台灣的再次流通，不僅讓台灣知識青年大開眼界，還是一個非常重要的對中國近現代史的補充教材。那段中國歷史的一個重大面向，如今我們可以用「五四」一詞來概括。雖然五四運動做為政治事件只不過發生在 1919 年的幾個月的時間內，但其所引發出來的文化與思想的運動，卻可說是餘緒至今仍然不絕如縷。而台灣知青從一九六〇年代開始，一方面學習國語這套論述與文學語言，另一方面也是對中國「五四」進行補課，這是我們父親那一輩人所不曾經歷過的。可以說，我們不僅掌握了國語這套論述與文學的語言，我們掌握到的還是一套「五四的語言」。

對五四時期的補課，不只限於閱讀新舊書籍，甚至還以思想論戰的方式實際發生了一次，即李敖以《文星》雜誌為基地在 1961 年點燃的「中西文化論戰」。論戰雙方的觀點與視野雖沒超過大陸時期，而且其中也充滿各自隱含的政治意圖，卻無損於是一次中國現代化議題的實際論辯，無損於是一次在台灣遲來的五四的重演，即使這些補課與排演都必須限制在當時的親美反共的思想管制之內，只能涵蓋到「五四」豐富意義中的有限面向。但其中很重要的另一個意義則是，本省知識青年首次以國語為論述工具，參與了這場論戰。

不再獨白的國語

於是 1968 年我讀高二時，在府城大街上的書店與騎樓書攤上，自己一個人悠遊在這豐盛的思想與文學海洋中，成了一個青澀的文藝青少年。那時在台南府城學校的語言環境裡，閩南語還是主要的語言。除了學校功課與團體活動上的需要外，學生在生活上都還各自使用母語。這樣的情況是符合一般的需求的，因為在那個年齡，大半學生也都還沒能論述什麼思想或者創作什麼文學，國語只能做為求學與考試之用，平常同學間當然就是母語的天下。一個接觸到那個文學與思想新天地的文藝青少年，面對這種情況是頗感寂寞的，這個新的語言天地就只能是「寂寞十七歲」的一個自得其樂的世界，直到那年年初有一天碰上了一群知音。

那一年愛好文藝的一批南一中學生組織了一個小讀書會，裡頭主要是謝史朗、邱義仁等高我一屆的學長，我因表哥林展義的關係也加入了。我們這些高中生，雖然視野遠超乎當時一般中學生，認識上卻又不能免於青澀稚嫩，但都在享受著整個一九六〇年代台灣文藝復興的豐盛果實。這個讀書會有興趣的書正都是那一、二十年來台灣的創作或大陸的翻版，可說是民國從大陸到台灣一脈相承的作品。而這個傳承所使用的語言，當然就是這場文藝復興的語言，是五四文學革命以來，又再經過四、五十年錘鍊的現代白話中文，來到台灣稱之為國語。

在這個讀書會裡，除了後來就讀師大美術系的區超蕃是外省人外，其他都是本省籍的南部子弟，而區超蕃的閩南語卻不輸給其他任何一位，可以說閩南語是我們的生活語言。但當我們在進行討論時，就都用國語來表達了。

他們是我第一次有了可以用國語來陳述與討論的「知音」。在這之前，我的思緒中雖充滿著國語詞彙，我的思考邏輯也是用白話中文在起承轉合，但這基本上純是內心的活動，沒能有論述傾談的對象。在那以母語為主的學生互動中，早先我還曾試圖講國語而被揶揄過，而如今在這個高中的小讀書會裡，我竟然不只有了一個以國語來論述的對象，還是一群人。這對我而言，真是個既新鮮又如魚得水的經驗。我心裡所思所想不再是個人的獨白，而是可以跟人交換的。國語這時真正成了我的論述與思想的語言了。

接著我又結識了南一中的另一批人，就是另一個文藝青年的地下社團「丹心會」。那是同屆林瑞明組織的，成員也大半是本省籍，而會名自然來自文天祥的「人生自古誰無死，留取丹心照汗青」。林瑞明是浪漫詩人，以「詩伯」自稱，當年就寫了不少新詩。他對國家民族也是抱著十分浪漫的情懷，勉勵大家要「志在恢復漢唐雄風」。他並以同盟會的成就自我期許，要大家「激進圖強，勇往直前」。這個「同盟會」並非要推翻政府，詩人林瑞明這時十分忠黨愛國，面對充滿懷疑的其他成員對現狀的質疑時，屢為黨國辯護。這些對政治立場與世界觀點的爭論辯駁，不管書寫還是口頭，當然也都是使用國語在進行。這時國語已是大家共同的論述與思想的語言了。

國語做為台灣子弟的啟蒙語言

當年這兩個地下社團都與學生刊物《南一中青年》有關，正好是前後兩屆的成員。文學在那時代是枯燥課業壓力下的慰藉與解脫，同輩的這些文藝青少年不僅聚集在各個學校的「某某中青年」社裡相濡以沫，還藉由青年救國團與《幼獅文藝》的文藝活動互相串連在一起。我們那個讀書會成員有不少也參加過救國團的活動，與台灣的文藝圈開始有了接觸。

在我們讀中學那個年代，參加到學校刊物編輯的文藝青少年，就像南一中青年社那樣，多是本省籍的。在那個年代，外省子弟似乎多半讀理工科去了，這或許是因為對文藝的興趣不如本省同學，也或許是本省子弟更熱中於掌握國語這套語言的最上層境界——文學與論述的領域。

如果說光復時還是高中生的我家四叔，在兩年內就能基本掌握國語的文學功能，到了二十年後的一九六〇年代末，我們這些與他當年一樣乳臭未乾的晚輩，能進一步掌握國語的論述功能，也就不足為奇了。就像同一年代的「中西文化論戰」，已有不少我們的學長級台灣知識青年參與論述那樣，那時候掌握了文學語言的中學生，也自然要進一步去掌握論述語言。當時我們那個小讀書會的帶頭者謝史朗，於是也從文藝創作本身進入文藝評論與哲學思辯領域。當時還是高中生的他寫過一篇現代詩的評論，登上了《純文學》雜誌，成了我們這小圈子裡的大事。對我們而言，國語不再只是外省同學字正腔圓、大聲說出的通用語言，或只是自得其樂、抒情寫意的文學語言，更是我們吸收新知、論辯觀念的思想與論述的語言。

我們這些同學後來各有不同的世界觀與政治立場，但當時國語確實是大家共同的論述語言。我們平常用閩南語招呼寒暄、談天說地，但我們會很正經的用國語來討論嚴肅話題。當時大家就是在這麼一個氛圍中鍛鍊並掌握了這套語言的，而至今也還沒能講出另外一套來。我們如此學到了雷震的民主憲政、殷海光的自由主義、李敖的個性解放、柏楊的憤世嫉俗、張愛玲的哀矜勿喜，還有陳映真等人的社會意識，以及他們背後的蔡元培、張君勱、胡適、魯迅等整個五四世代的豐富思想資源。而統合這一切的則是現代化下的中國民族主義，它以國語這麼一套五四文學革命之後錘鍊出來的現代白話文來說出。因此我們這一代人學習國語，就是在如此一個民族主義與民族復興的議題與論述環境中完成的。當時林瑞明志在「恢復漢唐雄風」，邱義仁與大家一起捧讀張愛玲和陳映真，議論殷海光和李敖，以及謝史朗後來將子女取名為漢威與唐美，就都是再自然不過的事了。

如此做為一個新興國族語言的國語成了我們成長過程的啟蒙語言，在那時不管是忠黨愛國還是心懷不軌，大家同是中國現代化運動來到台灣的一支傳承。戰後出生的我們這整個世代，基本上都是在學會國語的過程中，吸吮這個中國現代化奶水長大的。而這些奶水提供的養分，如今還是我們這代人的豐富思想資源。我們又是二次戰後出身，學會了成熟國語的第一代台灣人，是台灣整個一九六〇年代文藝復興成果的第一批受益者，這包括我們整個世代之中，後來走到與中國民族主義對立的諸多台灣獨立運動者。大家都在那一九六〇年代的成長過程中，用這套處處散放中國現代化與國族復興氣息的國語，以無庸置疑的中國人身分，一起思維論辯和錘鍊思想，即使這些思想在理念層次經常是左右矛盾。如此，這一代的台獨運動者也一樣繼承了同一國族語言的框架，飽受現代中國國族主義的啟蒙，看來似乎是無可避免的宿命。

國語成為我們的論述語言

在能夠運用國語來互相究詰辯難的一九六〇年代，不管後來的政治立場，當年我們都認定使用的就是自己的語言。這是我們與上一輩很大的不同之處，他們在日據時代學會日語而開展了他們的現代化思維，並用來成為論辯之語。但就像我們今天用英語的感覺一樣，他們心中很明白不是在用自己的語言。戰後新生代使用國語則是與中國人身分一致的，這與我父執輩當年學日語時很清楚知道是在學習一套外來統治者的高級語言，有著很不一樣的心理狀態。

並非完全是母語的國語被認定是自己的語言，這心理是有其現實基礎的。閩南語做為漢語的一支方言，與另一支以北方官話方言為基礎的國語，同屬漢語而立於同一位階。只是因為北方官話因緣際會，在幾百年來發展成為全國通語的地位，而台灣的閩南語卻因種種歷史因素，包括日本據台，而中斷了發展。但這兩種語言的共同漢語基礎，卻是與不同語系的日語有著基本的差異。何況台灣人被日本殖民政權視為清國奴，而國民政府不管犯了多少錯誤，還是認定大家同是中國人的。這是我們這兩代人在掌握語言上的一個基本差異。

在這個現實的基礎上，國語就在一九六〇年代成了「也是我們的語言」。如此在高中的這段期間，語言就自然形成了雙重性。課堂之外，平常與本省同學脫口而出的還是閩南語，而這也是在本省籍學生占大多數的南一中最常聽到的聲音。然而在這些心靈開始開竅、思想開始尋找出路的文藝青年中，國語則成為能用來不斷探索、亟於表白、互相較勁而又相濡以沫的重要思想工具。我們這代人找回了論述的能力。

回溯光復後的歷史，即可清楚看到這個恢復的足跡。一九五〇年代還是個蟄伏過渡的時期，雖然《自由中國》緊扣著台灣的政經情勢，但基本上還是來自大陸的知識分子在主導。到了一九六〇年代就開始有不少本省籍知識青年，能夠純熟運用國語來書寫與論辯了。當文星雜誌引燃「中西文化論戰」時，諸多參與論戰的殷海光弟子都是本省籍，如何秀煌、許登源、洪成完等人。他們雖非主角，但都能洋洋灑灑、下筆成章，運用中文的邏輯思辯能力，比起多是大陸渡台知名學者的對手如胡秋原、徐復觀等，毫不遜色。在這裡，論辯的是非與結果只是其中一面，而本省籍知識青年能無礙地以國語來論述、挑戰大陸渡台學者，卻又是十分有象徵意義的。

如果說一九六〇年代在「中西文化論戰」中表現突出的本省知識青年，只是鳳毛麟角，到了一九七〇年代我們在論述上就普遍的了無障礙了。一九七〇年代初，在台大校園的學生報刊上發生了「民族主義論戰」。引起這場論戰的當時台大哲學系老師王曉波曾說，這是光復後台灣第一場「統獨論戰」。當然論辯所涵蓋的其實不只是「統獨」，還有「社會主義 vs. 資本主義」、「民族主義 vs. 美式民主」、「現代 vs. 鄉土」等左右觀點的問題。而參加到論戰裡的學生，不管從哪一方面立論，絕大多數是本省籍的，像黃道琳、謝史朗、范良光、孫慶餘等。而且被歸為「統的、社會主義的、民族主義的、鄉土的」這一邊學生，又大半出身於南台灣，包括當年參加過南一中青年社與丹心會的那些人，反而是其對手多有外省籍與台北出身的。

台大校園在這場論戰之前，就已因保釣運動而鬧過將近兩年的校園民主抗爭與關懷弱勢的「到民間去」運動。一九七〇年代初那幾年介入這些活動的學生社團積極分子，就已經大半是本省籍了。這些人兼具活動與論述能力，包括洪三雄、陳玲玉、林嘉誠、楊鴻江、江炯聰、林聖芬、蘇元良、楊庸一、王溢嘉等人。當時這些社團構成了校園裡的學生反對派，而黨國在台大校園裡可以抗衡之筆，竟只有趙少康與馮滬祥。

這些情況顯示了，到了一九七〇年代，台灣重要的思想議題已經是戰後本省青年積極參與論辯的領域，而承載這些問題的這套國語，也已是不分台灣南北出身的本省知識青年，都能完全駕馭的論述語言了。光復之後，這個新的「現代中國文化共同體」在有著舊唐山養分的土壤上，以二十多年的時間就重建起來。在思想上大家都是一九六〇年代台灣文藝復興的直接受惠者，而在語言上，國語則從此成為我們這一代台灣人的思想語言。

1975 年《台灣政論》出刊，接著出來《夏潮》、《美麗島》等異議性刊物，來到一九七〇年代末期又發生了「鄉土文學論戰」。台灣社會的這整個一九七〇年代在思想與政治論辯上的發展，遂將所有本省知識菁英網羅進來，與國語這套論述語言綁在一起。在這些影響台灣以後的政治與社會發展的思想論述中，統獨、左右、性別、現代本土等議題的思辯架構，都以這套國語來承載、發展並限制。到了我們這代人開始當起父母的一九八〇年代以後，對年輕的世代而言國語就基本不再是外來語言，而成了不管出身與省籍的所有台灣人的自己的一種語言，甚至是最主要的語言了。於是當我們在餐桌上面對晚輩以新的「周鴻慶事件」來挑戰時，就不會再有失語的情況，而能流利使用同一種論述語言——國語。

小結

總的說，在母語的論述功能在日據時代被摧殘，光復後也沒能恢復傳承的情況下，父執輩無從傳遞給我們一套文學與論述語言。因此二次戰後出生的我們這代本省人，別無選擇必須儘快學好國語，以便能順利進行文學創作，與人論辯，並拓展出一片思想的世界。

若依字義將母語定義為「母親的語言」，也就是傳統社會裡「祖母與母親的那套無須論述的生活語言」，那我們其實並未失去母語能力，而是從小就不斷從祖母、母親以及三姑六婆等女性長輩娓娓而出的口中，學習到這麼一種活生生的母語的。我們只是由於父親在論述上的緘默無言，在成長過程中較無機會學習，以致在求學時期的作文、演講與論辯等的論述能力上較為吃虧。但是經過一九六〇、七〇年代在文學、論述與思辯上的鍛鍊，我們卻是以國語來恢復了父親失去的論述能力，不再像他們那樣失語，也真正掌握了完整的語言能力。

不僅如此，我們這代人還因而有了一次對中國近代史，密集而精鍊的歷史性補課。以致中國近代史上的兩大議題——國族與現代化，如今仍是陰魂不散，在海峽兩邊持續發酵，繼續用這同一套語言來論辯詰難。

本文原刊登於《思想》第 7 期，2007 年 11 月

第四部

重新認識中國

葉榮鐘為我們留下的香火傳承

葉榮鐘先生的《日據下台灣政治社會運動史》一書，在 1972 年出版時是劃時代的經典，後來在葉先生身後的 2000 年，因較無戒嚴禁忌而出版的完整版中也加了前輩戴國煇教授的序文。這次葉芸芸女士為其尊翁所編的選集中選入這部經典的重點章節，而我做為晚輩與追隨者，實不敢承擔為這部分寫序的任務，然而葉女士盛情叮囑，我只能戮力以赴了。

葉榮鐘先生以其一生心血澆灌的這本書，其意義已在前述戴教授的序文裡充分呈現，如今我主要想補充兩點：

首先，這本書在一九七〇年代出版時，對於那個年代台灣知識青年的意義何在？尤其那正是台灣抗日民族運動——保衛釣魚台運動——再次發生之時。

再則，如今四十多年之後，這本書以選集的形式出版，對於當代的青年知識分子有何新的時代意義？

一

對於台灣的戰後新生代，一九六〇年代充滿著文藝復興的氣氛。那是個開始鬆綁而充滿矛盾的年代，尤其是對心智早熟而正處於成長叛逆期的文藝青少年，一方面五花八門的出版物突然大量湧現，包括各種世界名著的譯本與中國五四運動以來的大量著作，令人眼花撩亂；另一方面聯考的壓力以及學校的刻板管教又讓人苦悶失落。在這樣的氛圍下，我們不僅認識到諸多西方大哲，也接觸到流落台灣的中國自由主義者雷震、胡適、殷海光等人及其後起之秀如李敖們，關於個人與國家、自由與集權的整套西方啟蒙思想。

對大多數戰後台灣子弟而言，一九六〇年代確實是個大啟蒙時代，從那些蜂擁而出的圖書刊物接觸到的新知，是不大可能從家族長輩傳遞下來的，而且你學到的無數的新知也不容易與他們分享與溝通。從知識與歷史的傳承上來說，這裡有個斷層，有條裂縫。我雖然一朝醒來眼界大開，而看到了外面世界的繁華繽紛，但對我自身之所從出，家族的來歷，周圍環境的形成與變遷，不僅所知甚少，也不大能從父執輩中得知。如今回想，恐怕他們對自身的知識也不甚了了，而不只是因為世代特質的沉默寡言。這是牽涉到上百年來兩、三個世代之間的斷裂，在他們的知識系統裡欠缺了自我認識這個關鍵環節，而這個殘缺與斷裂從日據時代之初，日本殖民政府開始對我父母親這一輩人從上而下施行現代化教育之時就造成了。

我父親是屬於從小接受日本殖民教育的「乙未新生代」，不像林獻堂、蔣渭水、葉榮鐘等較早出生的兄長輩還上過傳統漢文書房。他們是全面接受現代化教育的第一代台灣人，這讓他們自覺優越於我祖父那代前清遺老。然而這卻是他們精神失落的主因，因為他們就此開始以日語作為媒介去掌握排山倒海而來的現代化事物，而失去了母語的書寫與論述能力。失去母語的這個能力其實就是失去了台灣閩南語這個發展了將近二千年的漢語傳承，於是我父親這輩人也就跟著失去由這個母語所承載的幾千年的歷史。不僅如此，他們也跟著失去了記錄書寫自身事物的能力，失去了運用母語來自我認識的能力。他們新學得的日語基本上不是用來記錄自身與認識自我的，而是用來在現代化的階梯上向上攀登，用來向外、向上追求的，而這個「上」即是當時豎起現代標竿並統治他們的日本，以及後來的美國。

無怪乎在那日本統治台灣的五十年中，留下來對於本土自身記錄的大半是日語文本，而基本上也是由日本人來書寫，除了連橫的《台灣通史》與林獻堂留下來的日記，以及少數報刊上有限的漢文版等例外。這些留下來的日語文本，至今仍被我們奉為對那個時代自我理解的知識圭臬，如伊能嘉矩的台灣民情踏查、鹿野忠雄的台灣博物學紀錄、矢內原忠雄對帝國主義下台灣經濟的考察等等。甚至對台灣當年的抗日、文化、與社會運動，也得大量依賴遺留下來的日文官方紀錄，如《台灣總督府警察沿革誌》。

光復之後，日語地位不再，而閩南母語又講不好，父親這代人遂成了「失語的一代」。這群失語世代無能書寫論述，甚至難以將自身的經歷口耳相傳，遑論對自身環境的認識了。而學校教育因為背負著灌輸反共信念的政治任務，也無能於彌補這種缺乏自我認識的知識體系上的缺失。我遂在這麼一種環境下成長，在課堂內外我認識到多少個西方大哲，捧讀過多少本西方文史哲名著，重溫過多少五四風華，覺得外頭的、上面的世界是多麼的精彩浩瀚，但心中還是有著那麼一個自我認識上的缺憾。

我於是帶著這樣的一個欠缺，在一九六〇年代末來到台北讀大學。而台北比起台南更是一個向上看、往外看，憧憬著「美麗新世界」的城市。我開始結交台北志同道合的新朋友，卻牽扯進保釣運動去關注一個從未聽聞的宜蘭縣小島，還跟著校園裡爭取民主自由的學生頭頭搖旗吶喊，又為了民族主義的是非糾眾與人在學生報刊上吵了一架。最後觸動到國家機器的敏感神經，引發台大哲學系事件，周遭幾位師長同學被當局拘押審訊，哲學系也遭到當局的嚴厲整肅。如此在一九七〇年代初期鬧鬧嚷嚷了兩三年，好似為了一九六〇年代所憧憬的那個「美麗新世界」進行了一場義無反顧的一搏。

這整個過程確實是一群青年學生在思想上受到一九六〇年代所澆灌出的種種美麗憧憬所吸引之後，轉而進行的一次行動的實驗，然而卻也充滿著向下的、內省的、關照自身的契機與線索。保釣運動雖是一場愛鄉愛國的運動，但是做為保衛宜蘭縣屬島釣魚台的一場運動，卻又把大家拉回台灣漁民的現實層面；對於西方標竿的民主自由的追求，也落實到具體的學生自治與審稿問題。在這個理論與實踐、理想與現實的上下拉扯中，在保釣運動前後那段從鬱悶到亢奮，再回到沉寂的時光中，我遂與屬於自身來歷的知識有了幾次邂逅。

大約是在保釣運動醞釀之時，運動發動者之一的學長錢永祥與我談起台灣過去種種，他提到蔣渭水，卻看我一臉困惑，就調侃說「你這個台灣人竟然不知道蔣渭水」！從他那裡我第一次聽到台灣人在日據時期抗日啟蒙運動的事蹟，雖然他在這方面的所知有限，但對我已足以當頭棒喝了。原來台灣自身也有如此悲壯的抗日英雄，這是我在成長過程的各種環境，不論是學校、鄰里還是家庭裡，所不曾聽聞的。

1971 年的保釣運動引發了台灣戰後新生代想去認識在地歷史以及父祖輩的生命軌跡。就在這個上下求索中，我藉著在東海大學讀書的好友林載爵，認識了當時在大肚山上開墾一塊花園，還不為外人所知的日據時期抗日作家楊逵，並且讀到他的成名作〈送報伕〉——胡風翻譯的中文版，才知道日據時期台灣抗日運動中左翼的存在。

然後在保釣運動與退出聯合國的衝擊下，台灣的政治也有了鬆綁的跡象。國府在 1972 年底舉行第一次「增額中央民意代表選舉」。這一次黨外出來競選台北市立法委員的，便是萬華出身、在台北市議會接替黃信介、初露頭角的年輕市議員康寧祥。競選期間的一個晚上，康寧祥將他的宣傳車開到台大校門口來發表競選演說，吸引無數民眾。雖然台下的群眾裡頭台大學生並不多，他還是以針對台大學生的口吻開口就說：「我今天真歡喜可以站在台灣大學的校門口跟大家講話，這是我們國家的最高學府，各位是我們國家最優秀的人才。」接著伸手一揮指向台大校園，繼續說：「但是各位要知道，這個大學原來叫做台北帝國大學，它原本是日本帝國主義為了要剝削台灣人民，為了要侵略東南亞，而設立的大學。它原本是一個為統治者與侵略者服務的大學。」

從這個校門走進去，就是當年台北帝大設立時就闢建的「椰林大道」，其所栽植的高聳的大王椰原產於中美洲，正是為了要裝飾出一個南洋的熱帶風貌，象徵著台北帝大一開始就是為日本帝國的南進服務。也因此台北帝大的主要招生對象是全日本的學生，而非台灣子弟。康寧祥的這個扣人心弦的開場白，將台灣大學的位置拉回日本殖民統治時期的台北帝國大學來檢視，這樣的視野在一九七〇年代之初的台灣可說相當令人震撼。我們在台下聽了他的這種宣示與召喚更是為之動容，但卻納悶於這種深具民族立場與左翼視野的話，為何會出自一個草根民主鬥士之口。

最後就在保釣運動消沉與台大哲學系事件發生之後的1973年春天，牽涉到這整個過程的哲學系學長王曉波，也因那國家機器橫刀阻斷我們追求美麗新世界之路，而陷入悲切寂寥。我多次造訪他新店居所，兩人落寞的以老米酒斟滿一碗公對飲，灌到愁腸滿肚就天南地北聊了起來。有一次他就指著新店山區說：那個時候那山上還有人在升紅旗打游擊呢！他指的即是深坑新店山區的鹿窟事件。接著就向我提起在日據到國府遷台這段時期台灣左翼分子反帝抗日的一些事蹟。

以上提到的這些都是保釣運動前後，我們在五四傳承之外，能夠聽到的一些在地的抗日與左翼歷史與人物。然而不管來自王曉波還是楊逵，我們所得知的只是一些片段，因為畢竟王曉波在那時還所知有限，而楊逵則不欲多言。這裡如此不辭其細的描述當年保釣分子與台灣抗日歷史邂逅的故事，所要指出的就是當年這些所謂的進步青年對台灣抗日與左翼歷史的無知，也顯示整個社會對自身歷史知識的欠缺。

我們對日據時期抗日運動的無知狀況，直到一本書的出現才得以彌補，就是葉榮鐘先生的《台灣民族運動史》，這本關於台灣在日本殖民統治時期的漢民族非武裝抗日歷史。

葉榮鐘先生這本書的適時出現也真是不可思議，它原來竟是在 1971 年 4 月保釣運動爆發的同時，先在《自立晚報》以《日據下台灣政治社會運動史》為名開始連載的，直到隔年元月刊完。然後在 1972 年 11 月，正是台大「民族主義論戰」醞釀之時，這個連載集結成書，並更名為《台灣民族運動史》出版，可真是送給保釣運動的一份禮物。

然而當 1971 年春天這本書開始連載時，並未引起保釣學生的注意，我是要到兩年後的台大哲學系事件發生，周遭多位師長同學被當局拘押審訊，原來追求的美麗新世界一時被無情摧毀的驚慌落寞時刻，才讀到這本書。當時雖將此書匆匆讀過，但對日據時期前輩的奮鬥就有了基本的理解，稍解我那時對自身歷史知識上的飢渴。

葉榮鐘先生宣稱這本書只涵蓋「由小資產階級與知識階級領導」的漢民族抗日運動，而不包含左翼的抗日階級運動。這主要因為作者參與的是非左翼的那一支，而且在那個戒嚴年代，左翼運動還是書寫上的禁忌。雖然如此，這本書卻也提供了不少台灣當年左翼活動的信息。因為在當時抗日民族運動的大旗下，左右兩翼在很多方面是糾結在一起的，何況很多左翼還是從原來這條民族運動的道路上分歧而出的，所以當你知道了民族運動的主要一面，也大概知道整個運動的全面。

這本書雖然在左翼活動的敘述上有所不足，但也讓我們原來片片斷斷、點點滴滴聽到的，像林獻堂、蔡惠如、蔣渭水、連溫卿、謝雪紅、簡吉等台灣抗日歷史人物躍然紙上。讓我們能將楊逵的〈送報伕〉連上抗日農民運動，將康寧祥那次競選演說的視野接上了連溫卿——黃信介的舅舅。

這本書不僅讓我們有了日據時期的歷史整體觀，更重要的，也讓保釣運動到哲學系事件的這一波反抗與鎮壓，能夠接合上這個藕斷絲連的本土抗日民族運動的傳承。可以說，這個連結讓我們不再感到那麼孤獨，而有了心安理得的歷史感。就此而言，這本書在當時真是為保釣運動所開啟的再一次的民族運動，提供了豐沛的精神支持。

二

「台灣近代民族運動與領導者林獻堂有密切關係」，這是葉榮鐘先生在此書話説從頭的第一句話。而全書第一章第一節講述的，即是林獻堂在乙未割台十二年之後的1907年，如何在日本追尋流亡中的梁啟超，受其啟發而矢志台灣的近代民族抗日志業。這段歷史選入了這選集部分的第一篇。

受到梁任公啟發與影響的林獻堂，在台灣漢族傳統武力抗爭尚在進行的二十世紀初期，啟動了以現代形式來進行抗日的民族運動。就在漢人最後一次傳統武裝鬥爭噍吧哖事件發生的1915年，林獻堂領頭爭取的第一所給台灣子弟就讀的中學——台中中學校——成立了。幾年後，爭取設立能與台灣總督府抗衡的台灣議會的「台灣議會請願運動」，於1920年底在東京的台籍留學生聚會上，經由他的參與並大力支持之下啟動了。接著1921年為台灣人進行現代啟蒙的台灣文化協會、1923年作為台灣人喉舌的《台灣民報》、1927年第一個台灣人合法公開的政治結社「台灣民眾黨」，以及1930年的「台灣地方自治同盟」等一系列抗爭行動，都在以他為實質或精神領袖以及提供重要財務支援的條件下一一演進發展。日據時期發生在台灣的這一脈重要的現代抗日運動的整個過程，就在葉榮鐘先生以他親身參與的經歷，加上廣泛收集的材料，娓娓道來，鉅細靡遺，不少場景經他描述而歷歷在目。

這一系列前後相扣的抗日民族運動即是作者在書的〈凡例〉宣稱的：這本書只涵蓋「由小資產階級與知識階級領導」的漢民族抗日運動，而不包含左翼的抗日階級運動。雖然如此，我們讀者隨著作者精細描述的運動的曲折進展，也讀到各個階段左翼的歧出。例如，1927 年連溫卿聯合左翼青年奪取了文化協會的領導權，因而促成林獻堂與蔣渭水等人另外組織了民眾黨；又如從 1929 年開始，蔣渭水等人在民眾黨裡採取國民黨左翼的反帝勞工抗爭路線，於是林獻堂與蔡培火等人又退出另組台灣地方自治同盟。

這個抗爭路線的左右之分是全世界落後地區反抗現代殖民主義的共同現象，而台灣的這些左右分歧更是反映了中國大陸當時現代化路線的分歧，從早期梁啟超與孫中山的分歧，再到北伐後國民黨與共產黨的分歧。林獻堂與梁啟超的一個共同點就是，他們都是從中國傳統教育出身，對於中國本然的精神有個終生不離的執著。乙未割台之後的第一批抗日志士也都具有林獻堂所受過傳統漢文教育的文化教養，也大半都跟著他走。其中有此文化教養的蔣渭水，則又有了現代西方醫學的訓練，而他的抗爭之路竟然與孫中山的幾乎是亦步亦趨的相像，他確實以孫中山思想的信徒自許。雖然台灣共產黨在 1928 年才正式組成，但在這之前，馬克思主義與無政府思想已經在接受日本現代教育的乙未新生代身上產生不小影響。幫助連溫卿取得文協領導權的主要來自這批新生代，而後這批左翼新生代就幾乎全部歸入台共 / 中共的領導了。

如此我們可以看到，日據時期的台灣抗日運動主要有著三條路線：首先是受到梁啟超啟發、有著傳統文化修養、較為溫柔敦厚的林獻堂路線；再來是受到孫中山影響、帶著強烈國民黨廣州革命政府時期氣質的、傳統與現代教養混合而中間偏左的蔣渭水路線；最後就是後起之秀、信仰馬列主義、以新起的蘇聯為師、以階級鬥爭為主要抗爭手段的台共路線。

日據時期台灣抗日運動雖說有這三條路線的分歧，各有其政治信念與思想理據，但是就因為都是屬於被殖民的落後地區的反對運動，就必須面對一個共同的基本問題，就是抵抗現代帝國主義侵凌的民族解放問題，這是不管採取哪種路線，全世界落後地區在現代化道路上共同的基本問題。所以說這三條路線並非絕然分歧與對立，反而因為立足於這個共同的出發點，在現實的歷史處境中就有很多人事、行動與理念的揉雜。

就台灣而言，林獻堂和蔣渭水無論有何分歧，都很清楚地站在民族立場參與這些抗爭活動。即使採取階級路線的運動如農民組合，其鬥爭目標主要還是日人控制或有關的大資本，如製糖會社。換言之，因為那時台灣連民族資產階級都極為薄弱，反帝鬥爭中的階級性也是帶有民族性的。這個左翼運動所講的民族解放，與林獻堂等人所提的民族運動是同一個主軸，即是葉榮鐘先生在本書〈凡例〉所言「台灣民族運動的目的在於脫離日本的羈絆，以復歸祖國懷抱為共同的願望，殆無議論餘地」。

日據時代抗日運動的這三條路線前仆後繼、左右爭輝，林獻堂的梁啟超路線看似成就不多，然而蔣渭水的孫中山路線和台共/中共的階級鬥爭路線也迭遭挫折，在一九三〇年代日本帝國走上軍國主義，發動最後的侵略戰爭時被全盤鎮壓。抗日志士或者犧牲、或者入獄、或者噤聲、或者逃亡大陸，以致光復之後各個路線幾乎都得重新出發。從這樣的成效來看，林獻堂的路線不見的比其他路線失敗，而且若從光復後的亂象與後果來看，恐怕他的路線可能更有能力應付二二八事變的亂局。二二八雖然不是當今台灣/兩岸問題的原點，但由於處理不當，如今卻成為台灣/兩岸問題的重大心理糾結。

乙未割台之後，中國大陸走過了梁啟超的道路，走過了孫中山的道路，最後由馬列主義的路線勝出，從這個結果看，是達到了中國民族解放的目標。但是由於台灣的問題，卻使得這個成果殘缺不全，嚴格說尚未完成這個目標，台灣/兩岸問題是中國現代化過程中尚未解決的民族解放問題。

從較長遠的歷史來看，百年來的各種路線似乎各有其適應與不適應時代環境之處，可謂各擅勝場。而自從上個世紀七十年代世界局勢大變以來，以百年前的蘇聯為師的馬列路線如今不再。而當孫中山的與馬列的路線都沒能完全解決兩岸問題，而時代又再次進入巨變之交，或許曾經被棄置一旁的梁啟超路線及其追隨者的思想、人格與精神底蘊，可以為我們尋找另一種解法提供參考，來完成中國民族解放的最後一役。或許這是在乙未割台一百二十週年之際出版葉榮鐘先生的選集，對我們，尤其是對四顧茫然、自覺沒有出路的當下台灣青年，最重大的意義。

三

葉榮鐘先生在這本書的 1972 年原序裡寫到：

> 在這悠悠半世紀之間，台灣同胞做為祖國替罪的羔羊，受盡異族的欺凌壓迫，殘暴蹂躪。但是台灣同胞處在水深火熱的環境下，不但未曾一日忘懷祖國，且能以孤臣孽子之心情，苦心孤詣，維持固有文化於不墜。緣此一旦光復，台胞纔能夠衣冠不改，語言如故，以漢民族本來面目，投向祖國懷抱。

這是葉榮鐘先生在保釣運動與退出聯合國接續發生的一九七〇年代初，所精彩追述的林獻堂這條路線抗日志士的祖國情懷。然而國民黨卻一直不懂得珍惜這份台民抗日的民族遺產，相關人士包括葉榮鐘先生，甚至還一直遭到嚴密監視。如此當國府被迫退出聯合國，而分離運動趁勢崛起之時，國民黨就再也沒能找到安身立命的根基，而致潰敗至今，無能為當下的台灣青年提出一個真正的願景。葉榮鐘先生面對當年的處境，必定也還繼續懷抱著孤臣孽子之心與苦心孤詣之志，而在光復七十年之後的今天，這本筆鋒充滿感情的書，還是會讓讀者深深感受到他要為我們留下這份香火的情懷。這個傳統上稱為「民族氣節」的精神遺產，應該是今天台灣面對兩岸問題時最重要的立足點。

這次葉芸芸女士將這本書摘取重點以選集方式出版，將重要的歷史事件都涵蓋在內了。若讀者想要進一步去理解前輩的整個運動，感受那個時代氛圍，並珍惜這份香火傳承，去讀全書當然是不可或缺的。

本文是為《葉榮鐘選集．政經卷》一書第一輯「日據下台灣政治社會運動史」所寫的序 (人間出版社，2015 年 12 月)，原題〈《日據下台灣政治社會運動史》的時代意義〉。

重新認識中國的豐富與多樣

——從台灣人的認識局限談起

今天台灣人認識中國的格局，反映了從戰後台灣新生代開始的成長與生命經驗，從這個兼具外在的時勢變化與內在的個人心理成長歷程的視野，來反思這個議題應是別具意義。這裡我想先談一下非屬理知層次的中國認識，即是感覺的、生活的以及認同層次的，比如說語言、服飾、建築、飲食習慣與族群意識等。底下就先從這幾方面來說：

語言方面：國語、方言與聲腔

我在 1957 年上小學之後，才開始從注音符號「ㄅㄆㄇㄈ」學習國語。那時的小學老師，尤其是教初年級班的，雖然多是在地人，卻都是師範學校畢業不久的。他們在師範學校學到的是「國語推行委員會」制訂的一套標準發音，我們小孩子雖然說得不標準，但也是跟著用這套國語發音來讀國語課本。

在這樣的環境下，以為「國語」即是中國唯一的正統語言，以為中國人在幾千年前就這麼說國語的，不只王陽明、朱熹等大儒說國語，李白、杜甫、蘇東坡也是如此吟唱詩詞，甚至孔孟時代的四書五經就是這麼發音了；相對之下母語閩南語只是方言。上了中學後，課本上開始有了文言文，然而對文言與白話的差別也不會去深究，以為從古就是這樣。

這種成見長大後才逐漸破除，後來認識到漢語是歷經幾千年的演變的，而所謂國語也只是從其中一種方言系統——北方官話——標準化的語言。就語言分類而言，北方官話和閩南語都是漢語的分支。以北方官話為基礎的國語是產生在元代的後起之秀、最年輕的一支新生代漢語，而閩南語則是淵源自更為古老、接近漢唐語音的中古漢語。

我祖父母那一輩的前清遺民都是經由《三字經》等傳統啟蒙書來識字的，閩南語是他們掌握的唯一語言，他們用閩南語能夠讀全部的傳統經典，以接近唐音的閩南語讀書音來吟唱唐詩，句句押韻而自得於其韻律之美。其實閩南語是個頗為保守的語言，它的白話音在三、四世紀漢末到六朝時期形成，讀書音大約在八、九世紀的唐代確立，之後千年來基本上變化不大，保留了中古漢語的很多痕跡，是比較接近漢唐時代的語音，因此用來讀唐詩較合韻律。

很多唐詩宋詞用國語來吟詠就失其韻味了，因為作為國語基礎的北方官話還是比較晚才發展出來，在十四世紀元代形成後至今還在演化之中。可以說，當古時候的閩南人用閩南語唱出一闋漢代樂府、吟誦一首唐詩或講出一句古典成語時，北方官話或國語都還不存在。

此外這支近代漢語在演化過程中趨向簡化，比如聲調與韻母數目都減少了，相較於吳閩粵各方言中至少有七、八個，甚至超過十個的聲調，北方官話聲調簡化成四個。很多中古漢語的發音方式如入聲、濁音與閉口呼也消失了，卻又多了捲舌音與兒化音。

能夠吟詠出唐詩宋詞的音韻之美，並非閩南語所獨有的特質，漢語中的諸多保留古音的方言，如粵語、客語、吳語等也都各有千秋。甚至韓語、日語的漢字讀音都比北方官話保留更多漢語古音。因此閩南語等方言就成了語言學者研究中古漢語語音的豐富材料與活化石。

後來居上的北方官話為何會有那樣的改變？這問題在漢語學界一直未有完滿的答案。但大致上多認為應該與唐宋之後，北方塞外部族不斷南下建立政權所帶來的語音變化有關，例如從宋代起，北京地區大半時間都是塞外部族所建立朝代的京城，如遼、金、元、清等。又因為北京長期作為首都，官話影響的範圍也越來越大，民國之後以其為國語的標準就順理成章了。

如此考察漢語的歷史就讓我們認識到，中國這東西並不一定要用國語來說出來，而且單用國語也不能說出全部的中國。換言之中國這東西在語言上不應被凝固在國語上。雖然對漢語有此認識的少數人能夠看清楚問題，然而就因為國語在台灣以現代民族國家的形式被對待，大部分人還是會將國語與閩南語對立起來。這本來也不是大問題，但在有心人士二分對立的操作下，台灣閩南語就成了帶有國族意涵的「台灣話／台語」，好像是台灣島特有的，而現代白話中文的國語則成了與其對立的「中文／華語」，好像中國人自早就這樣說中國話。

服飾方面：傳統戲曲、古裝電影與漢俑唐俑

這種變化與凝固不只發生在語言上，中國的諸種形象在歷史長河中都經過類似的多次變遷，例如服飾。我們從小能夠看到的所謂中國傳統服飾，除了祖父母輩身上的唐裝和台灣衫之外，主要來自戲台與電影。

在台灣傳統社區長大的小孩，不論鄉村還是都市，都是從小就看廟會歌仔戲與布袋戲的。我家旁邊幾步路就是一座媽祖廟，節慶的野台戲是社區盛事，小孩子都是跟著看的。一九六〇年代中期開始有了電視，也會看到京劇。此外更多的是 1957 年開始，李翰祥等人在香港拍攝的黃梅調古裝戲。不論是歌仔戲、布袋戲、京劇，還是黃梅調古裝電影，戲裡演員的服飾基本相同，讓你以為中國古人從來就是這麼穿的。

這種刻板印象也是很後來才被打破。從一九八、九〇年代開始，很多古文物開始流出海外，古董市場充斥著眼花撩亂的唐俑，其中意象萬千的婦女俑才讓人驚覺他們的服飾不同於傳統戲曲裡的。多年前的一次西安旅遊，去參觀漢陽陵，又發現那些漢俑女性的髮型是整個往後披在背上用帶子打結，服飾既不同於戲曲裡的，也異於唐俑。這時我才能將台灣的南管劇團漢唐樂府，他們表演時的服飾，與我在漢陽陵看到的漢俑連結起來。

有了這些重新認識，才知道傳統戲曲的服飾基本上是明代人的服飾，包括髮型。然後又進一步理解到傳統戲曲的大發展正是明代，崑曲及其衍生出來的各種地方戲就是在明朝中葉開始的。顯然那時的戲曲演員就以當時的服飾來打扮，不管故事是發生在哪個年代，或許那時的明代人也是這麼認為中國人從來就像他們一樣穿著。這一套明代服飾如此延續到今，深深烙印在我們心中，凝固成專屬的傳統中國服飾，讓我們以為古代中國人都是這麼打扮的。

建築方面：閩南式、中原式、徽式與唐宋風格

台南無所不在的那種有著神采飛揚的燕尾屋脊的大小廟宇，以及住家附近那座沉潛寧靜、頗不張揚的孔子廟，這些閩式建築是我小時心目中的古建築。來到台北後看到故宮博物院與國父紀念館，八〇年代後又有中正紀念堂與兩廳院，這些被稱為「中原式」建築。這個建築風格上的對比類似國語和閩南方言的差異，也帶著正統與歧出的對比，讓人以為傳統建築從來就應該像故宮博物院那樣。

在一九九〇年代初的第一次大陸之行卻有了新的認識。我們先飛到北京，看到像故宮與頤和園那樣與台灣那幾座具有相同風格，卻數量更多而且更為精緻的「中原式」建築。那次可說親眼驗證了台北那幾座建築的道地及淵源，雖然在規模與細緻上相差頗遠。

然而接著山西大同之旅卻給了我很大的震撼，對我既

定的中國意象產生很大的衝擊。我們在大同參觀了有名的雲岡石窟，還去了華嚴寺與善化寺等古寺廟。善化寺的大雄寶殿正在翻修，覆蓋遮棚，看不清楚全貌，但它的一座閣樓——普賢閣 (與之對稱的文殊閣已經不存) 卻讓我驚訝萬分，因為太像日本寺廟的閣樓建築了，而與一路來看到的所謂中原風格的傳統建築有所差異；心想這裡是華北黃土高原，怎麼可能。

當然稍後我就理解到，這座寺廟始建於唐代 (618-907)，完成於遼代 (916-1125) 與金代 (1115-1234)，遼代風格正是直接承襲唐代的，因此整個寺廟建築呈現著唐風。這種唐代建築風格如今保存最好的正是日本的寺廟，以致當我在大陸初次在山西大同這個近乎邊城的地方看到了這個殘存的唐風時，馬上聯想到的是日本寺廟。善化寺千年以來雖歷經修繕，風格卻未有多大更動，保留至今讓後人得以追溯回味。

一九九〇年代梁思成與林徽因的著作和事蹟的再現，也讓我們窺見中國建築的一些片段，從而理解到所謂中原式建築其實只是明清兩代北京的標準建築模式。從他們的考察中得知中國的建築樣式一直在變化，從漢代變化到唐代，再繼續變化到宋元，最後定於明清；而且還有很多地方風格。清朝末年西方樣式取代了一切新建築之後，明清的北方建築樣式就如同明代服飾那樣，被凝固成所謂的中國風格了。

在後來歷次的大陸之旅，我們在江南一帶又看到頗為不同的、青瓦白牆的徽式建築，江南園林與皖南建築是其典型；在揚州則看到北方與江南風格的揉合。有了這些親身目睹與感覺，就會理解到原來那個「中原式」建築風格正統觀念的誤導了。

飲食習慣：共食 vs. 分食；茶葉 vs. 茶末

在飲食上，現代中國人最能引為特質的是同桌共食，一張大圓桌，大家共享放在大盤上的同一道菜。這個中國飲食方式的一個特徵，不僅使用刀叉的西方沒有，東亞使用筷子的韓國與日本也沒有。

然而後來在北宋張澤端的〈清明上河圖〉上的細節看到，當時汴京居民在酒家的飲食方式竟然是分食的，每個人面前一堆小杯盤，各吃各的，就像今天的韓國與日本。由此也認識到同桌共食是明代以後的習慣。

飲茶方式也是一樣。從小喝茶就是用熱水沖泡各種茶葉，後來喝到日本人將茶葉磨成細粉的抹茶覺得奇怪。再後來在台北的紫藤廬喝茶，才從主人周渝廣博的茶道知識中得知以前中國人也是將茶葉做成茶餅，泡茶時將茶餅撥塊磨成粉末再沖泡的；而宋代人的鬥茶就是以茶末泡茶所引起的茶杯裡的風波。多年前在西安法門寺，參觀地下出土的唐代茶具，也看到一組金色的磨茶器。中國人以散開的茶葉泡茶是明代以後的事，據說與明太祖認為茶餅引發炒作與浪費有關。現代日本人以茶末泡茶顯然有唐宋茶道的遺風。

從上面所舉的例子可以看出，很多現在我們在日常飲食上認為是中國的特點，其實是明代以後才形成的。

族群意識：中國人的多樣與混雜

我們從小接受的民族主義教育讓人以為中國人，或狹義的漢族，是一個單純血統的種族，例如黃皮膚黑眼睛這些特徵。在這種意識下，日本人與韓國人也都各有其互相無關的單純血統。當然長大之後知識漸長，這些錯誤觀念就一一破除。

其實無須太多現代理論，也可以從一般的歷史書上認識到中國人是個在東亞大陸上經過數千年大融合的混雜體，近年來的基因研究已相當程度顯示其多樣化的狀況。當然日本與韓國也都有類似的過程，只是程度與複雜性有別。

「漢人」這個較早帶著中國人意義的稱呼，是漢朝之後才有的，更早是華夏的稱呼。在那之前中國人即已歷經無數次的大混血，例如來自東夷的商王朝取代了盤據中原的夏王朝，源自西戎的周王朝又取代了商王朝，接著是有著更深西戎淵源的秦國來一統天下，最後是來自原屬南蠻與百越的吳楚一帶的項羽、劉邦等勢力，開展了帝國大業。

從夏商周經過春秋戰國的征戰，到秦漢的一統，這段在黃河與長江流域漫長的大混血歷史就是「漢朝之人」漢人的形成過程。「炎黃子孫」有很大成分是個現代民族國家的簡化說法，從近年來的考古發掘來看，東北遼河流域的紅山文化和江南的河姆渡、良渚文化的發現，也打破了華夏文明在黃河中游單元發展的舊知識[1]，而比較像費孝通所說的「多元一體」的發展。

漢代之後的漢人並沒有就此固定下來，因為接著而來的是南北朝的五胡入華時期。那時塞外部族紛紛南下中原，而中原士族則展開第一次大規模南遷。他們先來到東吳，就是今天的長江下游江南一帶，原屬三國時期東吳的核心地帶。在那裡曾產生了所謂吳姓與僑姓之別，吳姓指的是東吳的原居民，僑姓就是新移入者，有如 1949 年後台灣的本省人與外省人之分。

那時移民到東吳一帶的中原士族，後來有一部分繼續南下，經由浙江來到福建。雖然我們沒看到歷史上的記載，但相信也一樣在福建有過閩姓和僑姓之別。這種情況在歷史上多次發生，而且在江浙與福建等大陸東南地區反覆出現。因此南北朝時期又是夏商周之後的一次中國人大混血過程，不僅有北方各塞外部族大批南下中原形成北方的混血，還有中原漢人南下閩粵和當地百越各族形成南方的混血。南北朝的這次大混血構成了唐朝的基礎，並由此而留下唐人、唐山等名稱。隋唐兩朝皇室都是出自北朝的胡漢混血家族，並以北朝為華夏正統。

---

1 請參閱蘇秉琦《中國文明起源新探》(香港：商務印書館，1997)。

此後這樣的過程就在歷史上反覆進行，規模較大的一次發生在宋元時期。武力不振的北宋一直需要應付北方契丹人的遼國，後來女真人興起，一併滅了遼國與北宋，在中原地區建立了金朝，黃河流域頓時成了漢人、女真人和契丹人雜居之地。這個混雜在元朝統一中國之後產生了一個新的漢人組合，這是因為元朝將國人分成四類——蒙古、色目、漢人與南人。原先金朝統治下中原地帶的這些漢人、女真人與契丹人在這時全被歸類為漢人，而在南宋統治過的南方地區的人則被稱為南人，顯示北方中國人在金元時期的又一次大混血。

燕雲十六州在北宋時期歸屬遼國，其政治重心的幽州(今北京)原是遼的國都之一，接著成了金的中都和元的大都，然後明成祖在此營建了北京城。它就在歷經遼金元明清五個朝代千年之都的歷史中，成了這個混血中心。現在稱為國語或普通話的新生代漢語方言——北方官話，也就在這過程中漸次生成。

南方中國除了接受隨著宋朝南遷而來的又一批中原人士之外，東南沿海的對外貿易不只帶給南宋朝廷巨大的經濟利益，也開始吸引來不少印度洋圈的各國商人。這條海上絲路一直維持到明朝初期，以鄭和下西洋達到高潮。其間不少阿拉伯和波斯商人就在閩粵沿海港埠留了下來，這段歷史如今具現在當時的國際大商港泉州留下來的大清真寺及穆斯林墓園，以及帶有阿拉伯血統的一些泉州人身上。至今台灣的泉州人後代還有追尋這段身世的事情。

宋元時期的這段中國人大混血奠定了明朝的基礎，明太祖朱元璋和明成祖朱棣的功臣名將有不少穆斯林，如常遇春、鄭和等，他們是元代從中亞移入中國而散居各地的回民。來到二十世紀，這些穆斯林都曾積極參與了中國的各種現代化運動，如白崇禧、白先勇父子。就是說從明代起，漢人這名稱所代表的群體不僅十分混雜，也不能代表全部的中國人了。

很多如今稱為中國的事物，都是在明代這新的基礎上被打造的：如前述，我們熟悉的中國建築其實是明朝的中原樣式；我們的傳統家具又叫明式家具；京戲歌仔戲的戲裝是明代服飾。而我們稱為國語/普通話的這個現代中文，正是以明代成形的北方官話為基礎發展出來的現代漢語，在明清的白話小說裡多可看出其發展軌跡。明代建立的新的大一統產生的諸種事物，成了現代中國人心目中的傳統。

如此我們可以認識到，中國歷史上的秦漢、隋唐與明清三次大一統，每一次的形成，都先有來自東南西北各族群的大移民與大混血時期作為基礎：從傳說中的三皇五帝到秦始皇統一這一戎狄蠻夷時期、秦漢之後的五胡入華時期，以及唐宋之後的遼金元入主中國時期；當然中國各地又有它在地的特殊移民混血歷史。而加入到裡面的就不只是血統這東西，還有不少在文化、工藝與生活習性上進行融合。

由於有這麼一個長期的融合過程，我們才得以說中國人的血緣是多樣而雜交。而且這麼一個身分在以前也從來沒有一個明確的定義和界線，在華夏邊緣地帶充滿著身分變遷的歷史[2]。可以說血統上並沒有所謂純粹的漢人，當代的基因研究也沒能找出一個核心，可以讓人指出這就是漢人的源頭或標準。若有人要找出專屬漢人的基因或體質特徵，那可能會像剝洋蔥那樣，剝到最後空無一物。所以說漢人及以此延伸出的中國人這個稱謂與其說來自血緣，不如說來自文化或甚至是文明。

突破西方思想框架重新認識中國

從上述這種一般觀念與意象等感知層次可以看出，現代中國人對自己社會的知識累積的匱乏，這些較為正確的自我認識大半只存在於少數專業人士的知識庫裡，一般人無從知曉。在如此缺乏社會的自我知識累積的情況下，一般而言，追求進步的中國人就容易接受外在強勢思潮的影響，以此來「認識」自己的社會與歷史。

比如說我們總是拿西方社會科學的「封建社會」一詞來描述辛亥革命前的中國，於是屬於過去的「落後的」東西都可以被冠上「封建」一詞，用來歸咎於舊中國與老祖宗。然而西方的所謂封建社會 (feudal society) 的概念，並不能用來完整描述傳統中國，頂多與二三千年前周朝的封

2　請參閱王明珂《華夏邊緣》(台北：允晨文化，1997)。

建制度有可比之處。當初翻譯顯然就不精確，也是因為中國文明有許多西方既有語彙無法描繪之處。

再如西方學界從其封建社會推衍出來的「市民社會」(civil society) 這概念，不管適用與否，如今也被進步分子拿來做為衡量我們國家的標準。然後由這一組「封建 / 市民」概念所衍生的形形色色的概念，就影響到我們的學術研究、進步知識圈與主流媒體；班安德森民族建構理論的挪用就是其中一例。

這個知識體系層面上的影響比一般物質上或感知上的更為深遠，在此沒法多談。只能說西方的整套現代人文社會知識體系，是十七世紀歐洲啟蒙時代以後西方人考察自己的歷史，所歸納出來的一套解釋系統與價值取向，包括道德觀、美感與性感等，是西方人對自己的文明進行反思的巨大成果。雖然其中有太多東西值得我們引用參照，但中國這個文明與西方文明有頗大的不同，以西方歷史經驗歸納出的知識概念與價值 (比如民族國家或市民社會) 來看中國，就會與我們對傳統文明視野下所理解的中國，有諸多扞格不入之處，不能完全解釋我們自身的歷史，也難以提供一條有效的出路。

再以台灣戰後的思想發展為例來說明。台灣戰後出身的幾代人，除了受到現代化衝擊下劫後餘生的閩南和客家中國傳統文化與習俗的薰陶外，基本上歷經了三種外在思潮的影響來認識中國，在這裡只能做一些概括的描述：

首先是一九五〇年代起透過國民黨的反共民族精神教

育來認識中國。雖然國民黨的這一套民族主義，就像世界其他現代民族主義那樣不接地氣，尤其是在曾被日本殖民五十年之久的台灣，但是這套中華民族話語卻是台灣戰後新生代生命成長的第一個啟蒙力量，是第一次精神初戀，是超越小我，追求大我的第一個激勵。這個力量是 1963 年青年自決運動與 1971 年保釣運動的基礎動力，然而這種頗為僵化的現代民族思想經過改頭換面之後，卻弔詭的成為分離運動的意識形態。但即使是透過這麼一種中華民族主義的框架，相較於接受日本教育的上一代人，這可說是乙未之變後台灣人第一次重新認識中國。

再來是一九六〇年代起由於國民黨的親美政策，美國思潮開始向台灣社會傳布而形成的對中國的認識，可以概括為透過美國自由主義及其現代化理論的視野來認識中國。對於台灣戰後新生代而言，這是在國民黨的中華民族教育之後的第二次重大生命啟蒙，追求的不再是國族這種大集體，而是個人與自我的發展。其中起重大作用的是殷海光、柏楊、李敖等人、與此相配合的一九六〇年代出版業榮景，以及美國新聞處為了宣傳美式民主自由、現代化理論、現代文學與前衛藝術，而大量出版的印刷精美的中文翻譯圖書。

殷海光的自由主義與個人主義、柏楊的反傳統 (批判「醬缸文化」) 以及李敖的個性解放與青年崇拜，十分契合台灣戰後新生代進入青少年反叛期的生命成長需求，以及他們在制式的反共教育與苦悶的聯考體制下尋找出路的渴望。這套可以籠統稱之為自由主義的思想體系隨著台灣的經濟發展，也構成了如何認識中國的強大指引，一直延續至今。

當時隨著思想界對美國的開放，歐美六十年代青年運動的各種思潮，也透過各種管道滲入台灣。雖然這些東西在少數的進步知識青年圈子起了不小作用，也引發對中國認識的反思，但是整個一九六〇年代的思想氛圍基本上還是親美反共的。

直到一九七〇年代，才在保釣運動與美國總統尼克森訪問北京這兩個重大事件的衝擊下，開啟了從左翼觀點，尤其是中共革命路線的觀點，來重新認識中國的新視野。雖說這是戰後台灣青年的第三次啟蒙，但是這視野在當時的戒嚴環境下，不像美式自由主義那樣可以公然宣揚，必須以十分隱諱與拐彎抹角的方式來表現，只能局限在少數人圈內，因此就一直沒能在台灣社會形成一個強大的政治運動。然而作為廣義的左派思潮，尤其是蘇聯垮台後歐美流行的各色各樣西方新左思潮，倒是在解嚴之後的台灣思想界與社會運動界流行開來，並且提供看待當代中國的西方「進步視角」。

這三大思潮——民族主義、自由主義與左翼思潮——正是西方現代啟蒙運動幾百年來的三大思想支柱，藉由各種政治或社會載體，影響著台灣戰後幾代知識分子的中國認識。今天台灣對中國認識的紛紛擾擾，不管統獨藍綠，也無論政治或社會運動，基本不脫這三種西方啟蒙思想的籠罩、糾結與局限。然而我們可以看出這些不接地氣、甚至僵化為意識形態的思潮，不論互相如何爭論，都在共同努力打造對中國的刻板印象，並且與前述因對社會自我知識積累的不足，而形成在生活與感覺層次上對中國概念的各種成見，互相為用，互相加強。

當然在 1949 年跟著國民黨撤退來台的，還有從中國傳統社會發展出來的一些人物與思想，例如新儒家、一貫道與「人間佛教」等。這些人物與國府的關係，除了早期的一貫道外，大致相安無事。然而他們在當年追求進步的知識青年中卻比較缺乏吸引力，也沒能形成具有改變社會的政治動能，因而在社會上一直有著保守的形象，被進步知青視為落後中國的代表。

可以說，今天台灣人認識中國不脫以上這些西方認識框架，及各色各樣的變種，如今在這些西方現代意識形態對當下全球困局已顯得力不從心的時刻，我們講「重新認識中國」即意味著如何超克這些意識形態的框架，而回到中國自身來認識中國。這意味著中國這概念與民族主義、自由主義或左翼思想，以及新儒家等，是同位階的，是個有待大家一起論述、成全的新知識系統。

本文是以筆者於 2015 年 10 月在中央大學舉辦的第二屆「重新認識中國」研討會之發言稿〈戰後台灣人中國認識的形成與局限〉為基礎，擴充修定而成。

代跋：我的中國反思與書寫之路

一

我在 1963 年秋天升上初中之後才真正開始上中國地理課。原因是台灣那時從小學升初中要通過聯考，而且據説為了減輕學童負擔，就只考國語與算術兩科。於是有了這麼一個效果：小學課程裡的其它科目包括地理課的時間，幾乎全部被學校挪用來加強國語與算術。尤其是在升上高年級後，我們整天都在上國語與算術兩科，課後補習與回家作業也全都是。

因此在那年代升上初中是個大解放，不僅不再需要課後補習，下午四、五點就及早放學，課程也一下子多了起來，除了國、英、數之外，還有博物、理化、歷史、地理、音樂、美術、工藝、體育，五花八門。而其中一開始就上的是中國歷史與中國地理，對戰後嬰兒潮的台灣新生代而言，這是完整的中華民族教育的真正開始。

中國歷史從黃帝開始，接著堯舜禹湯文武周公一路講下來。中國地理則從有著三十五省，還包括「外蒙古」的一張地圖講起。這張中國地圖以其形似而被暱稱為一葉秋海棠，而不是一隻老母雞，東北有九個省而非三個。然而這張地圖上面的鐵路線縱橫不過數條，稀稀疏疏。可以說，這張地圖是被凝固在 1949 年，甚至更早的年代，然而卻是我們學生用以認識中國地理的基礎。

我還記得，少年時候看著中國地圖上稀疏的鐵路線，比較著歐美日等國密集的鐵路網，曾經就在這張秋海棠式的大地圖上，想像著從這城市到那城市連起一條條的新路線來。那時鐵路是現代國家最重要的交通建設，詹天佑是耳熟能詳的民族英雄。這是初受民族教育的台灣少年的共同記憶。

其實這類民族教育在年幼的時候就已陸續出現在小學的國語課本上，即使是零零碎碎的，效果還是蠻大的。我記得還是七、八歲時，下著大雨的日子，下水道不通，尚未鋪上柏油的巷子滿是泥濘，我和鄰居幾個頑皮小孩在雨中玩起大禹治水的遊戲。「大禹治水」是我們從學校的不知什麼課上剛學到的故事。

然而這樣的民族教育有個明顯的缺漏，那時兩岸是劍拔弩張互相對立，我們學到的中國歷史與地理是在那觸摸不到的「神州大陸」。這個觸摸不到的感覺，這種對立，也是很早就知道的。也就在那玩大禹治水的日子，大約是念小一的 1958 年，學校有次舉行防空演習——當得知敵機將要來襲時，學生要如何疏散躲避。我那時擔任小排長，除了負責在班上收取坐同一排課桌同學的考卷外，就是在放學時將這排同學整隊帶出校門解散。演習是在上午舉行的，我只聽到老師突然說「敵機」來襲了，我們要疏散躲避。事出突然，我以為「敵人」真的來襲，就糊裡糊塗地把這排同學整隊帶出學校解散回家了，大家都不知道真正發生了什麼事。其中有幾個同學住得遠，還有大半天的時間可以玩耍，我就把他們帶回家玩彈珠，看小人書，以為這就是「敵人」來襲時我們小學生該做的事。就在看小人書、玩彈珠的時候，我們竟也爭論起「敵人」是否真的攻來了，因為我們也注意到街頭巷尾的大人們一無動靜。記得幾個小鬼頭還在為金門、馬祖防禦堅強、敵人是否過得了那一關而爭辯。接著就是老師發現防空演習的結果是弄丟了一整排同學，趕忙派人四出到各家一一帶回學校，繼續上課。兩岸的隔絕與對立在那幼年時刻就以如此的方式銘刻於心了。

國民政府的民族精神教育對台灣戰後嬰兒潮世代的影響是如此重大，我讀高中的一九六〇年代末期，還有同學組織的地下社團取名「丹心會」，志在「恢復漢唐雄風」。丹心會之名自是取自文天祥的「人生自古誰無死，留取丹心照汗青」，顯示出民族教育的刻骨銘心。當然這樣的教育方式有其反作用，當年受過這種教育影響的我們這代人後來有不少卻走上了台灣民族主義之路。然而無論如何，對當年活在庸俗、自利、謹小慎微的庶民社會中的台灣青少年而言，民族精神教育的確實是生命成長的第一個啟蒙力量，它鼓勵的是超越小我、追求大我。

二

我們家住台灣南部老城，是日本殖民政府曾經費大力氣進行現代化改造過的城市，至今留下甚多類似於上海外灘而小一號的十九世紀歐式建築，這些建築現在已被定為「古蹟」。在家裡，我們不像外省人家庭，難得受到中華民族的傳統教育。然而到了學校之後，我們這些戰後新生代的學童卻順利接上了那套民族教育，接受了五千年傳承的歷史與一葉秋海棠的疆域，以及兩岸嚴峻對立的現實。

我們的父母輩是經受過日本殖民式現代化的一代，而且是台灣的第一代現代化人，他們對周遭事物與文化的判斷標準為是否現代化，追求的是現代化的產品，對傳統文物則比較輕視，例如他們要聽西方音樂，而不看台灣傳統戲曲歌仔戲，這些地方民俗對他們而言代表著落伍。此外，他們所接受的現代化教育帶著強烈的殖民色彩，其中基本沒有中國歷史與地理的位置，可說是一套斷裂的教育；而光復後的「二二八事件」又讓他們對國府離心離德，更不用說去接受國府的那一套民族思想了。

然而他們的子女卻順利地連接上了那斷裂過的歷史與地理教育，雖然現實上是再一次的兩岸分斷。如今想來，這麼一個重新連結也並非只是從上而下的灌輸，我們從小長大的環境其實就有著諸多潛移默化的民族因素，例如街頭巷尾的廟宇、在廟埕搬演的歌仔戲，還有那倖存的孔子廟的主體建築。而那些沒有被日本現代化教育嚴重影響的台灣人還大量存在著，包括算是前清遺老的我的祖父母輩，以及數量更多的農民、工匠、小生意人等中下階層，這些人裡面很多是不識字的。

我成長所在的台南城因為華南移民的緣故，廟宇林立。與我家隔幾戶就是一座叫朝興宮的媽祖廟，往另一個方向走沒多遠又是一座小廟關帝廳。朝興宮因其所在地區的老名稱叫檨仔林 (芒果林)，又叫檨仔林廟。這兩座廟宇在前清時代都在附近別處，而且規模大很多；是因為日本殖民政府要在傳統格局的台南城裡開闢現代馬路，修築現代建物，而被迫一再搬遷，最後倖存於被大馬路圍起來的傳統小巷弄裡。

這些偏處一隅的廟宇最熱鬧的活動就是節慶時的酬神野台戲了，主要是歌仔戲，也會有布袋戲。小小廟宇五臟俱全，狹小廟埕裡搭起臨時戲台，提供周遭居民各種歷史與神話故事的聲光娛樂。為配合居民作息，演出一般都在晚飯後開始，直到深夜。鑼鼓震天價響，唱腔如泣如訴，但似乎並沒人家在意或抗議。只有隔天一早還要上學的小孩比較苦惱：往往一齣戲正看得入神，卻被家人抓回去睡覺！除了我們這些湊熱鬧的小孩外，大半觀眾就是我的祖父母輩，以及文化水準較低的市民。而父母親那一代受過現代化教育的人，是不會來看這些傳統野台戲的。

1961 年發生了一件大事。那年是鄭成功「開台」三百週年，原來被限制的媽祖遶境活動利用這個時機爭取開放了。台南市所有大小媽祖廟宇全部出動，「迎媽祖」的盛大隊伍彎彎曲曲，繞著台南城裡狹小的古老街巷，到每一家躲在裡面的媽祖廟巡禮，其中當然也包括我家旁邊的朝興宮。巡禮隊伍每到一處，都會把小巷弄擠得水泄不通，到處是炮聲震耳，硝煙迷漫。那真是盛況空前，野台戲連演了好多天。

在這次的野台戲盛會中，有個晚上竟然來了一班京劇團。不同於歌仔戲較為斯文的小生小旦，這次出場的竟是一群武生花臉。那些大花臉角色呈現出的各種京劇臉譜以及深厚的重低音，雖然未能讓台下的老祖母們完全了然，但戲台上的人物與故事倒也都是熟識的。而花臉們頭頂上一堆晃動的小球球、背上插的一排飄舞的三角旗、手執的各色兵器以及鏗鏘的鑼鼓聲，更讓小孩子興奮不已。據說這場戲是特意為廟裡喜歡看武戲的另一尊神祇「池府千歲」安排的，主事者為避免在這場盛會中冷落祂，特別找了京劇團來搬演。後來我才瞭解，以前通常是找用官話演出的北管亂彈戲班來演的，只是因為前清時期在台灣盛極一時的北管亂彈大戲漸驅式微，一九六〇年代的台南地區很難找到戲班，只好找一個唱官話的京劇團來代替。在地方民俗的層次，中國各地的不同戲曲曾經是那麼彼此交融，互通有無。

我在童年時代就是看著這些野台戲長大的，而我祖母除了看這些野台戲外，也會帶著我去僅存的傳統戲園看戲。不識字的、全身老唐裝打扮的她那一代婦女，就是靠著這些傳統戲曲蓄積著她們的民族因素。她們或許不知道當代知名人物，但是戲曲舞台上的古代人物如關公、呂布、山伯、英台卻都耳熟能詳。他們與其他中下階層的市民一樣，是廟宇的忠實信眾。或許就是靠著這些較不現代化的信眾，廟宇及其民族因素才能躲過日據時期由上而下的現代化改造大潮，以及光復後的嚴苛管制，而存活下來。

如此，戰後新生代竟然與前清遺老隔代掛了勾。也許就是因為日常生活中的這些因素，國民政府帶來的一套現代民族教育遂能順利接榫。在戰後台灣的特殊環境下，上層的現代民族國家教育與下層的傳統地方民俗文化本是鐘鼎山林，上下互不干涉，而我們這代人在成長過程卻能夠遊移其間。

然而，我們所接受的中華民族教育與我父母那代人所接受的日本殖民教育，雖説同屬現代化範疇，卻有著情感上的不投契。我父母那代人的現代化啟蒙來自日本的殖民，沒有經歷中國大陸的現代化歷史，光復之後又發生了悲劇性的二二八事件，以致他們對國民政府的那套民族思想十分疏離。這種疏離感多多少少傳染給了子女，但我們卻通過民俗文化中的民族因素與國民政府的民族教育接上了線。這裡似乎有個國家與文化的分合辯證關係。

一九六〇年代的台灣青少年在這種錯綜矛盾的情境下成長，他們會尋找什麼樣的出路呢？

三

就在媽祖遶境「硝煙迷漫」的氛圍，以及學校民族教育的灌輸中，那時的青少年學生又開始感受到另一種文化景象的衝擊。

在經歷了一九五〇年代的嚴厲氣氛之後，台灣從一九六〇年代開始有個出版的榮景：不僅冒出許多新的出版社，大量出版新書與叢刊；不少大陸遷台的老出版社也開始大批翻印他們二三十年代在大陸時期的老書，其中涵蓋了當時的各種思潮與論戰。這種景況有如一場思想的盛宴，帶給當時台灣的青少年另一類重要啟蒙；而這是我們父母輩未曾經歷過的。

經歷過一九六〇年代的有心的青年學子，當還記得柏楊批判傳統的「醬缸文化」、諷喻警察的「三作牌」(「作之君，作之父、作之師」) 這些攻擊言詞，還有李敖追求青年個性解放、要求「老年人交出棒子」的呼喊。這些是當年眾聲喧嘩中聲音最大的，主要的訴求是反權威、反傳統、追求個性。這些帶著叛逆因子的主張正好投合了戰後新生代進入反叛期的青少年的成長需求。

一九六〇年代也是五四運動的文化與思想在台灣重新演練的時代。作為中國現代革命的重要一環，不僅經由翻印的關於五四新文化運動的出版物在台灣重新出現，還借著《文星》雜誌的「中西文化論戰」，讓當年的中國現代化路線之爭在台灣得到重演，這一切有若在為戰後新生代進行中國近代史的補課。李敖等人當時以全盤西化派的姿態及潑辣的文筆挑戰對手，他們的觀點與視野雖沒超過五四時期，而且其中也充滿各自隱諱的政治意圖，卻無損於這是一次中國現代化議題的實質論辯，無損於這是一次台灣遲來的五四的重演。

但是這些補課與重演卻都必須限制在當時親美反共的思想框架之內，就是說，我們當時是讀不到左翼陣營參加這些論辯的圖書文字的，我們學習到的只能是五四豐富意涵中的有限面向。不僅如此，我們對日據時期台灣左翼前輩的活動也毫無所知，甚至連林獻堂等人較為溫和的抗日活動也不見諸當時的出版文字。

一九六〇年代又是冷戰時期美國文化開始全面影響台灣的年代，歐美青年那時對既有體制的造反行動和文化如反越戰、民權、嬉皮、搖滾樂及新潮電影等，大量傳入。台灣的文藝青年在經過「文藝復興」洗禮的同時，也如饑似渴的接受全球青年造反風潮的感染。加上台灣是美國圍堵社會主義國家的冷戰前哨，駐台美軍與來台休假的越戰美軍也帶來一番美式風光。除了美國新聞處圖書室成了學生朝聖之地外，全部英語廣播的美軍電台更是大家聆聽「上國」之音的重要頻道，而其中有不少是帶著叛逆因子的西洋流行音樂節目。因此歐美青年運動除了帶來政治方面如反越戰與民權運動的衝擊之外，還有著文化方面的深遠影響：經由音樂、書刊、影像的傳布，美國青年的「反文化」運動，從花童、嬉皮、搖滾樂到嗑藥等等潮流，也感染了那個年代的台灣知識圈。這是來自盟邦「上國」而能穿透管制的一些左翼因素。而與此同時，「現代化」在年輕人心目中戴上了神聖光環，以美國為標竿的全球化思想基石「現代化理論」，也在台灣的知識圈開始發聲。

於是只能間接感受到一九五〇年代白色恐怖餘威的台灣戰後新生代，在接受民族精神教育之餘，竟在一九六〇年代台灣文藝思想的復興風潮中汲取了另類的豐富養分。其中除了個性解放、現代化的理念外，也開始有一些左翼的、社會主義的因素——雖然是以頗為隱諱的方式呈現。

四

台灣的戰後新生代先後接受了民族精神的教育，以及五四運動的補課(雖說只是其中的一個片面)，其中有一個核心的認識就是中國人的身分。這個身分對一九五〇、六〇年代的台灣青少年來說，像是呼吸空氣那樣的自然。在那冷戰的嚴峻時代，台灣就是中國的代表，中國就在台灣。青少年的宏圖大志是以全中國為範圍的，如我的同學所組織的丹心會即志在恢復漢唐雄風，一葉秋海棠是我們築夢的天地。

那時的知識青年寫文章搞活動都言必稱中國人，例如1963 年發生的自覺運動。那年五月一個美國的「留華」學生狄仁華在回國前夕寫了一篇文章〈人情味與公德心〉，登在報紙上引起極大迴響。這篇文章講的是中國人有很豐富的人情，卻缺乏公德，普遍存在像自私自利、上車不排隊、考試作弊等行為。很多青年學生的自尊心遭受打擊，於是提出了「不要讓歷史批判我們是頹廢自私的一代」等訴求，並在台灣大學發起了旨在「自我改造」的運動，該運動遍及了全台灣的大專院校以及一些中學。那時我讀小六，正面臨初中聯考的壓力，也密切注意報上的消息，深受感染。後來發起保釣運動的王曉波，那時還是高三學生，也同樣面臨聯考壓力，卻奮不顧身參與進去。這個運動最後被命名為「中國青年自覺運動」，雖然只是發生在一九六〇年代的台灣。

這種中國人的認同意識俯拾皆是，例如一九六〇年代末、一九七〇年代初我上大學時，台大學生報紙《大學新聞》上有篇評論白景瑞電影《新娘與我》的文章，標題是〈給中國電影界的一帖藥方〉；另一篇〈中國人要什麼〉的文章則主要在談台灣社會的缺漏；某個學生社團請了外國留學生來座談他們「對中國青年的感想」，有位學生則以〈一個現代中國青年的平心而論〉進行回應；而在一篇政治評論中，學生也以〈誰是中國的主人〉來自我定位。

這一切意味著，我們這些戰後新生代在成長與受教育的時期，說出「我們中國人」是毫無心理障礙的。不管後來變成什麼派，中國民族教育曾經是這代人成長時期接受現代啟蒙的起點，革命救國的理念深植於心。即使自由派也是師承上一代的中國自由主義者。在那匱乏的，一切都巴望著美國、日本的年代，中國的民族情懷是這代人青少年時期的精神初戀。

五

到一九六〇、七〇年代之交，台灣戰後新生代在精神層次上既滿懷豐沛的民族情懷，也渴求個性的解放，而在心理底層，則有著地方民俗與殖民遺留的潛流。在這樣錯綜矛盾的心理狀態下，戰後新生代對現實環境是充塞著不滿與批判的：一方面台灣的經濟發展已經啟動，社會變動激烈；另一方面在美日的現代化標竿下，國府的統治卻遠遠不能令人滿意，尤其在政治管制與行政效率上。如此便到了釣魚台問題浮出檯面的時刻。

在一九六〇年代末，知識青年心目中的幾個英雄好漢如殷海光、李敖、陳映真、柏楊等人，或者已經去世，或者身繫囹圄。一九六〇年代中期參與自覺運動的那批人也都畢業離校或出國留學，校園幾乎一片沉寂。然而就在進入一九七〇年代之際，美國宣布將琉球群島以及釣魚台列嶼交給日本的計畫，竟然就在太平洋兩岸的校園同時觸發了保釣運動。這場海內外有如驚蟄般的運動，可說是台灣戰後新生代在累積了一九六〇年代能量之後的一次爆發，也開啟了台灣此後不同的政治走向。

1969 年秋天，我從充滿著地方民俗文化的老城台南來到台北上台灣大學，翌年加入有著批判傳承的大學論壇社。1971 年春天，我隨著論壇社的弟兄捲入了保釣運動，也在隨後兩年的時間被保釣的後續威力所拉扯，直到畢業離校。《青春之歌》一書即是我從一九六〇年代高中時期到一九七〇年代大學時代，以保釣運動為重心的一群台灣知識青年的紀錄。

我從 1998 年開始為《青春之歌》一書搜集資料，尋訪老友，整理回憶，並著手書寫，而在 2001 年定稿出版。那時距離書中故事已有三十年時光，雖說很多東西已經事過境遷，但更多的情境卻是與書寫時的當下現實息息相關。書寫的那幾年正是民進黨取得政權的關鍵時刻，台灣在歷經保釣運動的三十年後，竟然發生了如此的政權轉換，而且上台的是一個對保釣抱著事不關己甚至敵意態度的政黨。這當然也影響到我書寫時的心情，於是將這個巨變回溯到三十年前台大學生在保釣之後的一場重要論辯「民族主義論戰」。這場論戰雖然局限於校園，並未帶來立即的社會影響，卻是代表著當時不同立場的戰後台灣新生代知識青年對中國與兩岸問題的第一次交鋒。

發生在 1972 年底的那場論戰中，保釣派師生的中國民族主義立場受到了台獨派、自由派以及國民黨派學生的質疑與圍剿。那時台灣正處在中國大陸重返聯合國以及中美開始和解後的極度焦慮不安狀態，各種立場的人爭相發言。接著就發生了「台大哲學系事件」，將兩年多來的校園躁動畫下了句點。

撇開統獨立場，那場論戰也代表著追求國家自主的反帝民族主義，與以美國馬首是瞻的西方主流意識形態之間的對立。這是三十年後我在寫作此書時的重新認識，我也試圖在書中釐清當時會有如此思想變局的歷史與國際因素。

六

從李登輝真正掌權到陳水扁接續當權的那十多年，是台灣分離主義的第一次高峰，也大約就是我開始書寫《青春之歌》到書寫《尋找大範男孩》與《母親的六十年洋裁歲月》的這段時期。台灣社會幾乎所有的論述，包括傳媒與教科書，無不望風披靡，捲入去中國化的潮流。而這段時間也正是蘇東集團解體、美國獨霸、新自由主義大潮席捲全球的時候。對於這場大潮兩岸皆無能回避，相率競逐其間。

在這大潮下，分離主義在其去中國化的論述中，也竭盡所能抬高日本殖民統治對台灣的貢獻，例如，紀念嘉南大圳的建造者日本工程師八田與一，又如呂秀蓮公開感謝日本帝國在 1894 年打敗中國而占領台灣。如此我們面臨的就不再只是台灣民族主義的問題，更是現代化帶來的失去自我的問題——歷史虛無主義下的空洞主體。

現代化是落後國家追求的理想，在過去一個世紀以來，美國、德國、日本、蘇聯的國家模式都曾是這個理想的具體標竿。由於這些不同標竿的交錯影響，落後地區的現代化之路於是呈現出各種複雜而矛盾的發展，很多衝突因此而起，如國共內戰、二二八事件等。這是我在體會到現代化的問題後，再回頭觀看台灣時的新認識，等於是開啟了一個重新理解兩岸歷史的新視野。

我在 2004 年寫了〈台灣的大陸想像〉一文，企圖以此新視野來重新審視百年多來四代的台灣人，如何在不同的現代化影響下面對大陸。在文章中我首次將台灣分離意識的問題放在兩岸不同的現代化道路的衝突中來考察：從 1895 年割讓給日本之後，台灣走上了與大陸不同的現代化之路。正當大陸的變法維新、辛亥革命、五四運動、北伐 / 大革命等中國人自主的現代革命運動如火如荼地接續展開之際，台灣人卻在民間武力抗日失敗之後，在日本的殖民地改造計畫下被迫現代化了。

台灣的現代化啟蒙主要是日本殖民政權從上而下強加的。當然從一九二〇年代開始，文化協會、民眾黨、農民與工人運動等活躍的抗日分子進行著台灣社會的自我改造，但在一九三〇年代日本法西斯勢力進一步抬頭之後，也一一被撲滅了。可以說，台灣的現代化是一種非自主的殖民式現代化。

台灣在日據時期的現代化雖然缺乏自主性，但因為是由一個現代化的先進國家所強加的，在現代化的排序上就有著較高的位階。這樣的處境在光復之後一直影響著國民政府在台灣知識菁英心目中的位置，從 1947 年的二二八事件到 2000 年國民黨的敗選，其中都有這個重要因素的影響。

在現代化大潮下的自主性與競逐，成了我的關切所在。然而純粹理論的探討容易陷入現化化論述的漩渦，唯有重新去審視具體的社會變化，或許較有可能呈現真相。何況理論文章非我所長，回頭審視自身的成長經歷卻是我較能掌握的。在這段時間我陸續寫了些與此有關的文章，如 2006 年的〈水龍頭的普世象徵——國民黨是如何失去「現代」光環的？〉，以水龍頭做為現代文明的象徵，來呈現發生在兩岸的各種競逐關係。此外我更進一步去爬梳家族幾代人在這現代化過程中的變化，以為任何地方史都是民族史不可或缺的部分——起碼這是我該做的。在這樣的心境與動力下，我陸續完成了《尋找大範男孩》與《母親的六十年洋裁歲月》二書。

這兩本書都是以家族史的形式來呈現三四代人之間，在現代化大潮之下的不同反應與相互關係：從我的祖父母輩——精神上算是前清遺老，歷經父母親輩——接受日本殖民式現代化教育的第一代台灣人，最後到光復後接受中國民族精神教育的我這一代人，以及在全球化風潮下的下一代人。我在《尋找大範男孩》一書中描繪台灣這幾代人歷經殖民、回歸、分斷、疏離種種因素的交相作用後的生命情境與精神狀態，試圖在百年來改朝換代的不同現代化衝撞中，尋找如今當權的我這一代台灣男性的扭曲心理及政治表現的歷史緣由。

當《尋找大範男孩》的題材構思與資料搜集大致完成時，《母親的六十年洋裁歲月》一書也就順理成章了。這本書藉由洋裁這行業在台灣的興衰，及百年來服飾的演變，來呈現台灣現代化對庶民影響的一個重要面向。先母生於台南一個經營小生意的傳統家族，她在少女時代偶然接觸到洋裁之後，即以此為志業終其一生，直到七十七歲退休。這整整一甲子的時光，經歷了台灣社會從傳統唐裝到量身訂做的洋裝，再到如今滿街名牌成衣的演變。此外，泛黃的老照片是不可少的，這些具象的歷史資料正可彌補抽象概念之不足，尤其是對缺乏歷史觀、常以當下主流價值來評斷一切的現代人而言。

七

在這幾本交織著自己生命成長與台灣社會變遷的書寫前後，我也在各個場合發表了一些反思百年來兩岸與台灣現代化演變的文章，記錄了筆者從年少時的國族啟蒙到重新認識兩岸現代化落差的歷程。在這樣的思想框架中，台灣在整個中國的現代化過程中便有其特殊性，是解決兩岸問題時需要特別重視的，這是我在完成《尋找大範男孩》時的想法。

然而當這本書在台灣出版的 2012 年，隔海遠眺，香港竟然傳來陣陣鼙鼓。其中有些香港青年的「嗆聲」竟讓我想起台灣在光復之初那幾年的景況，真令人有點慘不忍睹。台灣光復之後幾十年來內部的種種衝突與磨合的歷程，在香港九七之後好似被濃縮再現了，我驚覺到後殖民的同樣處境與機制：香港與台灣一樣，是曾被現代化先進國——英國與日本——長期統治過的中國地區，都在由上而下的模式中被現代化了。如果香港與台灣有著相同的處境與機制，那這個問題就不再只是台灣的特殊問題，而恐怕是中國在現代化過程中諸多難題的一部分了。

中國大陸在改革開放之後，陸續解放了生產力，經濟高速成長。在新世紀全球金融危機之後，成長之輪仍繼續滾動。放眼望去，不只一線城市有成片的摩天大廈，二三線城市也高樓成群。這種極為具象的高樓競逐不免透露出複製歐美日大都會天際線的積極性，似乎也正走在台灣與香港曾走過的同一條現代化之路上。如果大陸百年來的現代化之路最後還是與被殖民過的港台同向而趨，那我原來以為的那個與港台有別的「自主」道路或許就該打上引號了。

當然現代化這件事不能在自主與否上二分看待，台、港的現代化也非完全被動，兩地各有其複雜、特殊的際遇。因此我在 2015 年也發表了〈關於東亞被殖民經驗的一些思考〉，來比較台港被殖民經驗的異同。反過來說，中國大陸的現代化在其自主性上也是充滿著弔詭。這或許是包括港台在內的整個中國的共同問題，必須一體多面的來看，就是說，兩岸三地的問題不是個別的，而有著共同因素，也需要尋找共同出路。如今當高速鐵路網基本建成，而我無需在中國地圖上畫鐵路線的時候，或許我們應回到十九世紀中國與西方碰撞的起點，甚至更早時期中國自身的演變中，去開啟一個不算新的視野來重新理解自身的歷史，重新認識中國，重建自我，這是我這本累積十多年來文字準備集結出版時的心境。我當繼續探索，也期待讀者一起探索。

本文是從為北京三聯書店於 2014 年 8 月出版的簡體字版《青春之歌》、《母親的六十年洋裁歲月》與《尋找大範男孩》三本書而寫的〈「鄭鴻生作品」前言〉修訂而來。(2017 年 12 月)

國家圖書館出版品預行編目資料

重認中國：台灣人身分問題的出路 / 鄭鴻生
作. -- 初版. -- 臺北市：人間, 2018.06
440面；14.8×21公分
ISBN 978-986-96302-0-7(平裝)

1.臺灣問題　2.言論集

573.07　　107005313

重認中國：台灣人身分問題的出路

作者　鄭鴻生
發行人　呂正惠
社長　陳麗娜
總編輯　林一明
封面設計　仲雅筠
出版　人間出版社
台北市長泰街59巷7號
（02）2337-0566
郵政劃撥　11746473・人間出版社
電郵　renjianpublic@gmail.com
排版印刷　龍虎電腦排版股份有限公司
總經銷　聯合發行股份有限公司
新北市新店區寶橋路235巷6弄6號2樓
（02）2917-8022
初版一刷　2018年6月
初版二刷　2019年8月
ISBN　978-986-96302-0-7
定價　460元